독자의 1초를
아껴주는 정성을
만나보세요!

세상이 아무리 바쁘게 돌아가더라도 책까지 아무렇게나 빨리 만들 수는 없습니다.
인스턴트 식품 같은 책보다 오래 익힌 술이나 장맛이 밴 책을 만들고 싶습니다.
땀 흘리며 일하는 당신을 위해 한 권 한 권 마음을 다해 만들겠습니다.
마지막 페이지에서 만날 새로운 당신을 위해 더 나은 길을 준비하겠습니다.

즐거운
프로그래밍
경험

개정 2판
동영상 강의
무료 제공

모두의 스크래치

블록 쌓기로 배우는 프로그래밍 기초 개념

문혜영 지음

길벗

모두의 스크래치 개정 2판
Scratch for everyone 2nd

초판 발행 · 2019년 9월 25일
초판 4쇄 발행 · 2022년 8월 10일

지은이 · 문혜영
발행인 · 이종원
발행처 · (주)도서출판 길벗
출판사 등록일 · 1990년 12월 24일
주소 · 서울시 마포구 월드컵로 10길 56(서교동)
대표전화 · 02)332-0931 | **팩스** · 02)323-0586
홈페이지 · www.gilbut.co.kr | **이메일** · gilbut@gilbut.co.kr

기획 및 책임편집 · 안윤경(yk78@gilbut.co.kr) | **디자인** · 배진웅 | **제작** · 이준호, 손일순, 이진혁
영업마케팅 · 임태호, 전선하, 차명환, 박민영, 지운집, 박성용 | **영업관리** · 김명자 | **독자지원** · 윤정아, 최희창

교정교열 · 박한솔 | **전산편집** · 박진희 | **출력** · **인쇄** · 예림인쇄 | **제본** · 예림바인딩

- 잘못된 책은 구입한 서점에서 바꿔 드립니다.
- 이 책에 실린 모든 내용, 디자인, 이미지, 편집 구성의 저작권은 (주)도서출판 길벗과 지은이에게 있습니다.
  허락 없이 복제하거나 다른 매체에 옮겨 실을 수 없습니다.

ISBN 979-11-6050-924-3 93000
(길벗 도서번호 080213)

정가 20,000원

....

독자의 1초를 아껴주는 정성 길벗출판사

(주)도서출판 길벗 | **www.gilbut.co.kr**

페이스북 · www.facebook.com/gbitbook

시간 가는 줄 모르고 재미있게 했습니다. 먼저 중 2 아이에게 시켜 보았더니 하루만에 몇 장을 하기에 "뭐지? 재밌나?" 싶었고, 직접 해 보니 다양한 명령어들을 쉽게 실습할 수 있도록 차근차근 상세하게 설명되어 있었습니다. 특히 다른 스크래치 교재와 다르게 예제가 재미있고 흥미로웠습니다. 스크래치로 코딩을 처음 접한다면 이 교재를 꼭 추천하고 싶습니다.

도*희 님 | 45세, 학부모

처음에는 스크래치 에디터 사용이나 스프라이트 같은 용어가 낯설어 2장까지만 엄마인 저와 같이 천천히 해 보고, 1장을 아이 혼자 한 번 더 했습니다. 3장부터는 혼자서 읽고 실습하며 종종 엄마, 아빠를 불러가며 재미있게 잘했어요. 특히 예제가 재미있어 아이의 관심과 흥미를 사로잡은 것 같습니다. 학교 갔다 오면 '스크래치~'를 외치며 푹 빠져 있습니다. 3장부터는 앞에 '미리보기'와 '코드'만 봐도 아이가 먼저 이해하더라고요. 한글 타자 연습도 한 번 안 해 본 아이인데, 책에 있는 예제를 스스로 실습하면서 열심히 연습 중입니다. 정말 보람찬 실습 시간이었습니다.

서윤영 님 + 엄마와 함께 | 초등학생(2학년)

'소수 판별하기를 코딩으로?', '공놀이 게임을 만든다고?'하며 흥미를 가지고 쉽고 재미있게 따라 했습니다. 목표가 주어지고 어떻게 전개해 나갈 것인지 실습 과정을 한눈에 보여 주고 시작하니, 진행 과정을 이해하기 쉬웠습니다. 또한, 중간중간에 있는 팁 덕분에 왜 이렇게 코딩하는지를 이해하며 쉽게 실습할 수 있었습니다.

정고운 님 | 42세, 방과 후 교사

스크래치로 게임이나 프로그램을 만드는 것이 어려울 것이라고 생각했습니다. 하지만 이 책에 설명한 순서대로 진행하니 쉽고 재미있었습니다. 초등학생인 저도 할 수 있으니, 교재만 잘 따라한다면 누구나 쉽게 할 수 있을 것 같습니다.

최다은 님 | 초등학생(6학년)

우리 사회는 IT와 밀접하게 연결되어 있습니다. 인공 지능과 로봇, 빅데이터, 사물인터넷 등을 통한 융합과 혁신이 빠르게 진행되고 있는 4차 산업혁명의 시대입니다.

프로그래밍 언어는 컴퓨팅 사고력과 문제 해결 능력을 길러 주는 수단으로 활용되고 있으며 우리는 과학 기술의 변화에 적응하기 위해 창의적이고 협력적인 인재가 되기를 희망합니다. 코딩 교육의 목표도 컴퓨팅 사고력을 기반으로 한 다양한 문제의 분석과 해결 방안을 유도하고 해결하는 데 있습니다.

스크래치는 다양한 연령대에서 이해하기 쉽고 학습이 용이합니다. 블록을 쌓아 연결하는 시각적인 코딩 방식을 이용하여 프로그래밍을 처음 접하는 학생들도 쉽게 배울 수 있습니다. 스스로 계획하고 창조하며 오류를 수정해 가면서 원하는 결과물을 얻어내는 과정을 통하여 학생들의 창의성이 자라납니다.

스크래치는 '좀 더 쉽게 프로그래밍을 배우자'라는 개념에서 출발하였습니다. 프로그래밍 언어를 몰라도 레고 블록 놀이나 퍼즐 게임처럼 단순히 블록을 결합하는 것만으로 게임이나 애니메이션 등을 손쉽게 만들 수 있고 이러한 과정을 통해 프로그래밍 언어를 이해할 수 있습니다.

또한, 수많은 실패를 거듭하면서 문제 해결을 향해 한걸음씩 나아가는 도전 정신도 배울 수 있습니다. 떠오르는 코딩 아이디어로 세상을 바꿀 수 있는 응용 프로그램을 만들 수 있고, 즐겁고 신나게 만든 프로그램을 인터넷으로 공유하여 다른 사람들과 소통하면서 협동 정신도 익힐 수 있습니다.

프로그래밍 세계에 첫발을 내딛은 여러분! 우리에게 중요한 것은 시작입니다. 이 책을 보고 하나씩 따라 하다 보면 어느새 여러분이 원하는 곳에 도착해 있을 것입니다. 이 책을 학습하는 동안 여러분이 순수하게 즐거웠으면 합니다.

감사합니다.

2019년 9월
윤혜영

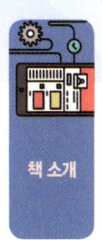

책 소개

 **스크래치가 뭐예요?**

스크래치는 MIT(매사추세츠공과대학교) 미디어랩에서 창의력을 개발하기 위해 만들었습니다. 기존에 써 온 글자 방식의 프로그래밍 언어와 달리 레고 블록이나 퍼즐 조각을 조립하듯이 명령어를 연결시켜 프로그래밍을 놀이처럼 익히도록 만든 프로그래밍 도구입니다. 따라서 프로그래밍 언어에 익숙하지 않은 사람도 쉽게 사용할 수 있습니다. 또한, 스크래치 작품은 온라인 커뮤니티에서 다른 사람들과 공유할 수 있습니다.

 **스크래치로 무엇을 할 수 있나요?**

스크래치를 이용하면 블록을 쌓는 것만으로 게임과 애니메이션 등을 만들 수 있습니다. 이러한 과정을 통해 문제 해결 능력을 키우고, 프로젝트의 진행 흐름도 익힐 수 있습니다. 또한, 작성한 프로그램을 온라인 커뮤니티에서 전 세계 사람들과 공유할 수 있고, 이 과정에서 서로 협력하는 법을 배울 수 있습니다.

이 책의 구성과 활용법

이 책은 크게 세 부분으로 구성하였습니다. 학습할 때 지루하지 않도록 재미있는 예제로 구성하고자 노력했습니다. 각 장마다 '한번 더 해 봐요'가 있어 배운 내용을 다시 정리할 수 있습니다.

| 준비하기 (0장) | 스크래치가 무엇인지 살펴봅니다. 학습에 필요한 스크래치 3 에디터를 준비합니다. |

| 스크래치 기본 블록 익히기 (1~14장) | 톰과 제리가 만나 대화하기, 화살표 키로 자동차와 로봇 제어하기, 소리 내며 발레 하기, 피아노 연주하기, 블록 쌓기 게임, 마우스 포인터에 따라 움직이는 야옹이, 떨어지는 오렌지 피하기 게임 등을 만들면서 스크래치 기본 블록을 익힙니다. |

| 프로그래밍에 한 단계 더 다가가기 (15~20장) | 변수와 리스트 블록을 사용해서 1부터 10까지의 수가 짝수, 소수, 약수인지 판별하고 합계를 구합니다. 또한 직접 만든 나만의 블록을 사용해 계단 오르내리기, 거미줄 만들기 등의 예제를 만들면서 프로그래밍 개념을 익히고 응용력을 키웁니다. |

예제 소스 내려받기 & 활용법

이 책에 나오는 모든 예제 프로그램은 완성된 파일 형태로 내려받을 수 있습니다. 하나씩 직접 만드는 것을 권지지만, 해결하기 어려운 문제라면 완성된 예제 파일과 비교하면서 해결해 보세요.

1. 길벗출판사 홈페이지(www.gilbut.co.kr)에 접속합니다.
2. 도서명으로 검색한 후 [실습 예제]를 선택해 예제 파일을 내려받습니다
3. 원하는 폴더에 내려받은 파일의 압축을 풉니다.
4. 0장을 보면서 스크래치를 준비합니다.
5. 바탕화면의 스크래치 아이콘을 더블클릭하거나, 윈도 메뉴에서 [Scratch 3]을 선택해서 스크래치를 실행합니다.

❻ 스크래치 화면에서 [파일] → [Load from your computer(컴퓨터에서 가져오기)]를 선택합니다. 예제 파일이 있는 폴더에서 원하는 파일을 선택하고 [열기] 버튼을 누르면 예제를 확인할 수 있습니다(윈도 탐색기에서 예제 폴더로 이동해 예제 파일을 더블클릭해도 실행할 수 있습니다).

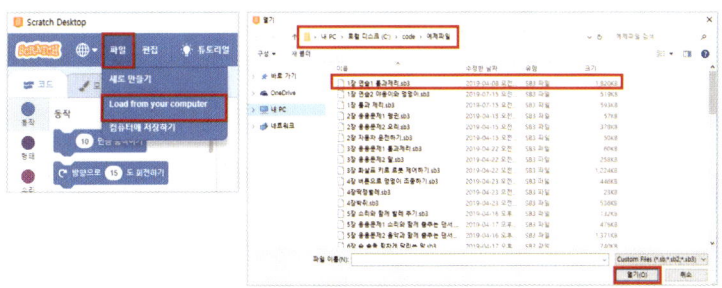

예제 확인과 무료 동영상 강의 듣기

무료 동영상 강의 듣기

유튜브에서 이 책의 무료 동영상 강의를 들을 수 있습니다.

 http://bit.ly/scratch-for-everyone

스크래치 웹 사이트에서 예제 확인하기

스크래치 웹 사이트(https://scratch.mit.edu)에 접속해 검색 창에서 '김벗'으로 검색하세요. [스튜디오] > [모두의 스크래치 개정2판]에서 책에 실린 모든 예제를 실행해 볼 수 있습니다.

목차

베타 테스터의 한마디 · 3 | 머리말 · 4 | 책 소개 · 5 | 이 책의 구성과 활용법 · 6

0장	스크래치 준비하기	9
1장	톰과 제리가 만나 대화하기	23
2장	자동차 운전하기	43
3장	화살표 키로 로봇 제어하기	59
4장	버튼으로 멍멍이 조종하기	73
5장	소리 내며 발레 하기	91
6장	숲속을 힘차게 달리는 말	109
7장	피아노 연주하기	125
8장	모래바람이 불면 도망가는 꽃게	143
9장	자유롭게 그림 그리기	159
10장	블록 쌓기	177
11장	정다각형 그리기	195
12장	나는 누구일까요?	211
13장	마우스 포인터에 따라 움직이는 야옹이	231
14장	떨어지는 오렌지 피하기	249
15장	짝수 판별하기	273
16장	소수 판별하기	293
17장	약수 구하기	309
18장	계단 오르내리기	325
19장	거미줄 만들기	341
20장	공놀이	361

부록 한번 더 해 봐요 풀이 · 381 | 찾아보기 · 407

스크래치 준비하기

학습 목표

스크래치 웹 사이트에서 회원 가입을 할 수 있습니다.
스크래치 오프라인 에디터를 사용할 수 있습니다.

실습 과정

스크래치 웹 사이트에서 회원 가입하기
▼
스크래치를 온라인에서 사용하기
▼
스크래치 오프라인 에디터 사용하기

1 스크래치 웹 사이트에서 회원 가입하기

스크래치는 일반적인 프로그래밍 언어와 달리 마우스로 블록을 드래그하기만 해도 프로그램을 만들 수 있는 쉽고 재미있는 프로그래밍 도구입니다. 스크래치를 이용하면 게임이나 애니메이션 등을 직접 만들 수 있고, 웹 사이트에 회원 가입만 하면 온라인과 오프라인 어디에서나 스크래치를 무료로 사용할 수 있습니다. 그럼 회원 가입부터 시작해 볼까요?

> **TIP**
> 회원 가입을 하지 않고도 스크래치를 사용할 수 있습니다. 또한, 인터넷이 연결되어 있지 않아도 사용할 수 있습니다. 오프라인 에디터를 내려받아 사용하면 됩니다. 스크래치 오프라인 에디터를 내려받아 쓰는 방법은 '스크래치 오프라인 에디터 사용하기'에서 살펴봅니다.

1 웹 브라우저(구글 크롬 추천) 주소 창에 다음 주소를 입력합니다.

   URL : https://scratch.mit.edu

> **NOTE**
> 스크래치 3.0부터는 인터넷 익스플로러 를 지원하지 않습니다. 구글 크롬(Google Chrome) , 마이크로소프트 엣지(Microsoft Edge) 같은 브라우저를 지원하므로 이 브라우저들을 사용해 주세요.

> **NOTE**
> **구글 크롬 설치하기**
>
> **1** 구글 크롬이 설치되어 있지 않다면 검색하여 설치할 수 있습니다. 인터넷 익스플로러에서 '구글 크롬'을 검색합니다.
>
>
>
> **2** 링크를 눌러 구글 크롬 사이트에 접속한 후 [Chrome 다운로드] 버튼을 클릭합니다.

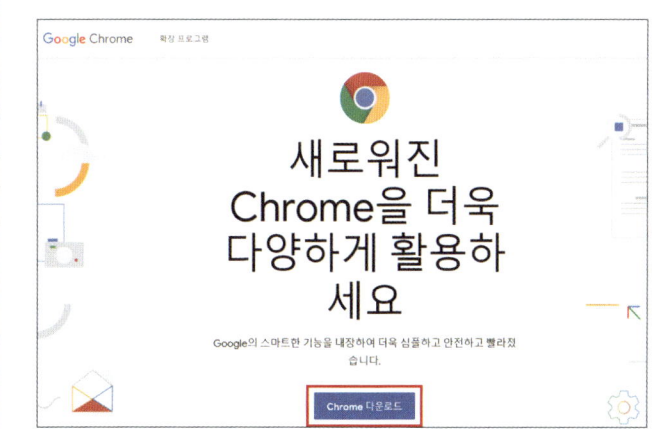

3 다음처럼 다운로드 화면이 뜨면 [동의 및 설치]를 클릭합니다. 크롬 브라우저를 모두 내려받으면 바로 설치가 진행됩니다.

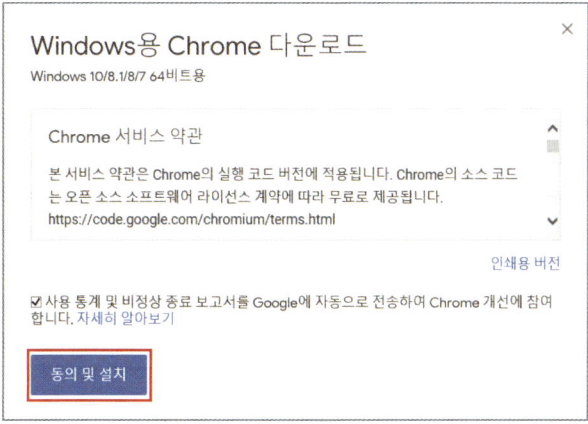

4 설치가 끝나면 다음 화면이 나오면서 크롬 브라우저가 실행됩니다.

2 화면 오른쪽 위에 보이는 [스크래치 가입]을 클릭합니다.

3 사용자 이름과 비밀번호를 입력하고 [다음]을 클릭합니다. 사용자 이름에는 영어, 숫자, 하이픈(-)만 쓸 수 있습니다.

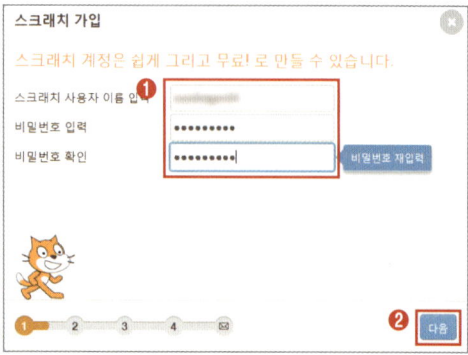

4 생년월일, 성별, 국가를 입력하고 [다음]을 클릭합니다.

5 사용자의 이메일 주소를 똑같이 두 번 입력하고 [다음]을 클릭합니다.

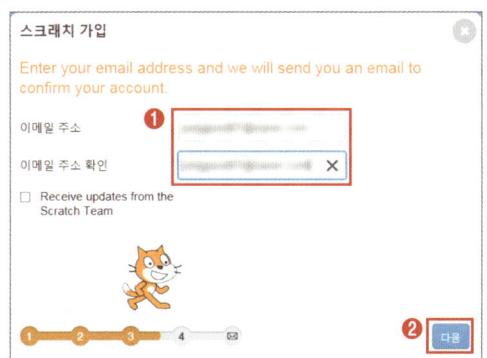

이메일 주소는 어떻게 만드나요?

네이버, 다음, 구글 같은 웹 사이트에 회원으로 가입하면 자동으로 이메일 주소가 만들어집니다. 네이버에서 이메일 주소를 만드는 방법을 살펴보겠습니다.

1 네이버(https://www.naver.com)에 접속합니다. 화면 오른쪽 위에 보이는 [회원가입]을 클릭합니다.

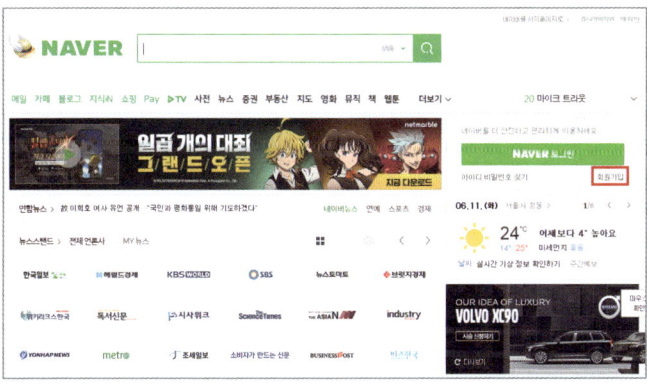

2 이용 약관과 개인 정보 수집 및 이용에 동의하는지 묻는 화면이 나타납니다. 내용을 확인하고 두 번째와 세 번째에 있는 동그라미를 클릭하여 v 표시를 한 다음 [확인]을 클릭합니다.

3 회원 가입 화면이 나타나면 사용할 아이디, 비밀번호, 이름, 생년월일, 성별을 입력합니다. '본인 확인 이메일'은 쓰지 않아도 됩니다. 휴대전화 번호를 입력하고 [인증번호 받기]를 클릭하면 입력한 휴대전화 번호로 인증번호가 담긴 문자가 옵니다. 인증번호를 입력하고 Enter 를 누릅니다. 마지막으로 [가입하기]를 클릭합니다.

4 네이버 회원으로 가입되었다는 환영 메시지가 나타납니다. 가입한 아이디를 확인하고 [시작하기]를 클릭합니다. 이때 이메일 주소는 아이디@naver.com입니다. 아이디를 scratch12345로 만들었다면 이메일 주소는 scratch12345@naver.com입니다.

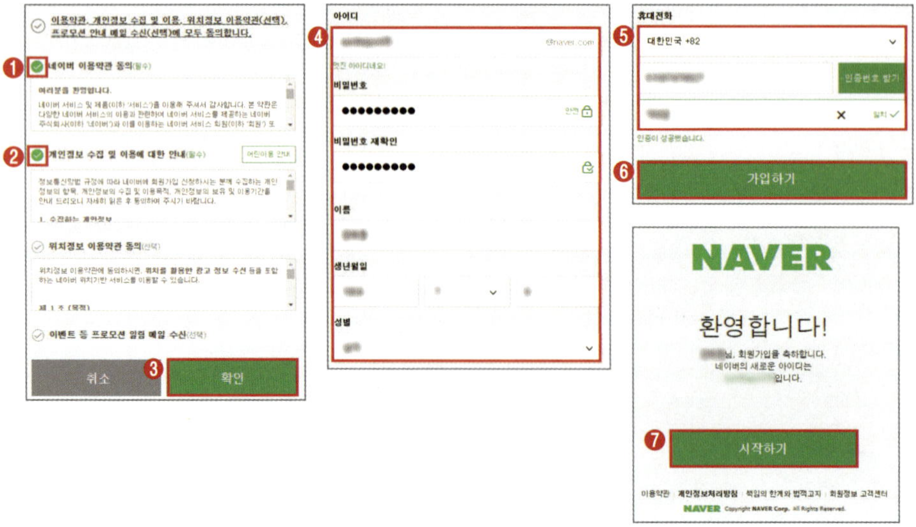

5 로그인하면 다음과 같이 화면이 나타납니다. 오른쪽 위에 보이는 [메일]을 클릭해서 이메일을 사용할 수 있습니다.

6 스크래치 회원으로 가입되었다는 환영 메시지가 나타납니다. [자, 시작합시다!]를 클릭합니다.

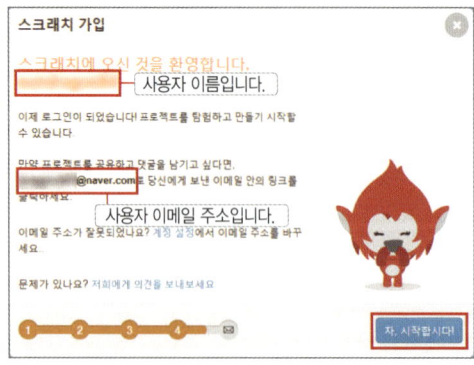

7 로그인한 상태로 스크래치 웹 사이트에 접속됩니다.

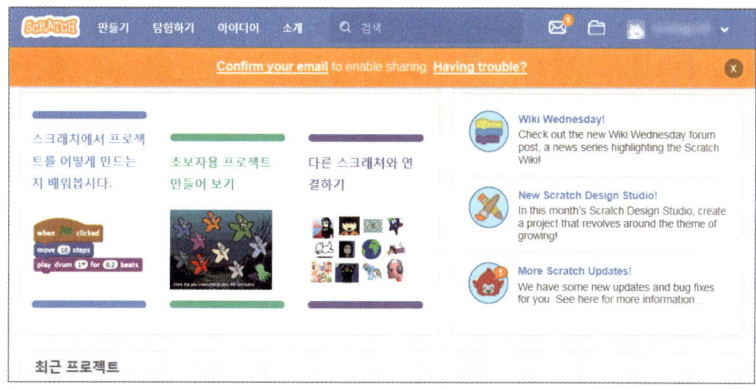

TIP 이메일 인증하기

스크래치 웹 사이트에서 자신이 만든 프로젝트를 공유하고 댓글을 남기려면 회원 가입할 때 입력한 이메일 주소로 온 인증 메일을 확인해야 합니다. 메일함을 열면 스크래치에서 보낸 인증과 관련한 메일이 와 있을 것입니다. 메일을 열고 영문 링크를 클릭합니다.

이메일로 인증이 된 것이므로 스크래치 웹 사이트로 이동합니다.

2 스크래치를 온라인에서 사용하기

스크래치는 온라인과 오프라인 어디에서나 사용할 수 있습니다. 온라인은 인터넷에 연결된 상태를 말하며, 오프라인은 인터넷에 연결되어 있지 않은 상태를 말합니다. 먼저 온라인에서 사용하는 방법을 살펴보겠습니다.

1 스크래치 웹 사이트에서 로그인한 다음 위쪽에 보이는 [만들기] 메뉴를 클릭합니다.

2. 코드(조립된 명령 블록)를 만들 수 있는 화면이 뜹니다. 이 화면의 이름은 에디터(Editor)입니다. 우리는 앞으로 에디터에서 다양한 예제를 만들 것입니다. 처음 시작할 때 초록색 화면이 나타납니다. 초록색 화면의 ❌를 클릭하고 새로운 작업을 합니다.

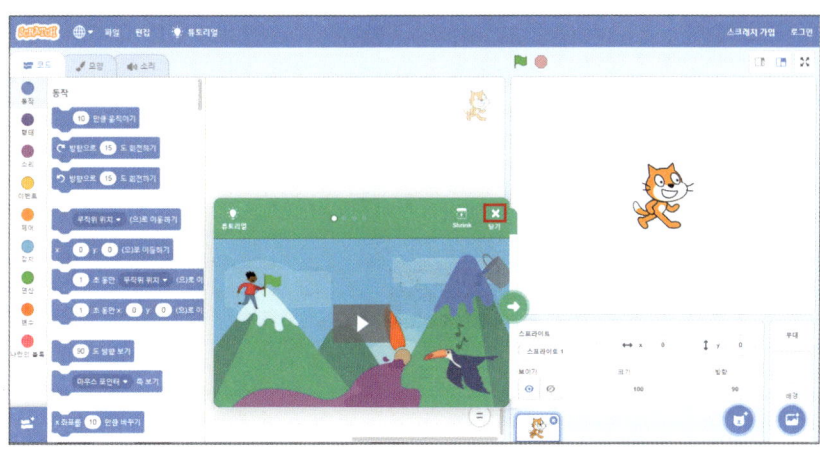

TIP

코드와 에디터

코드는 각본이나 극본의 대화나 지시 사항 등을 기록한 것입니다. 스크래치에서 코드는 컴퓨터에 전달할 명령 블록을 찾아서 조립한 상태를 말합니다. 이러한 코드를 만드는 공간을 코드 영역이라고 부릅니다. 에디터는 스크래치 프로그램을 만들 수 있는 편집기를 말합니다. 에디터는 무대, 블록 팔레트, 코드 영역 등으로 구분되어 있습니다.

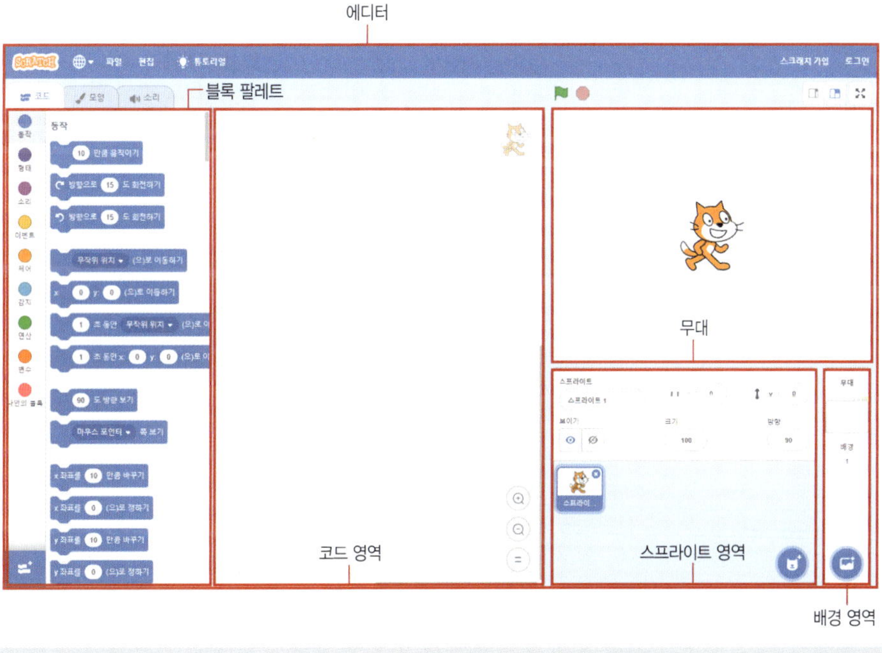

스크래치 오프라인 에디터 사용하기

항상 인터넷에 연결되어 있지는 않을 것입니다. 이럴 때는 스크래치 오프라인 에디터를 쓸 수 있습니다. 오프라인 에디터는 온라인 에디터와 기능이나 구조가 동일합니다. 이 책에서는 오프라인 에디터를 기준으로 설명합니다. 지금부터 설치해 보겠습니다.

1 https://scratch.mit.edu 웹 사이트에 접속합니다. 화면 아래에 보이는 [지원] > [오프라인 에디터]를 클릭합니다. 실행 파일을 내려받을 수 있는 화면으로 이동합니다.

2 운영 체제(대부분 윈도(Windows) 사용)를 선택한 다음 [다운로드] 버튼을 클릭하면 Scratch Desktop Setup 실행 파일을 내려받기 시작합니다. 용량은 100MB입니다. 참고로 이전 버전인 스크래치 2.0과 1.4도 내려받을 수 있습니다.

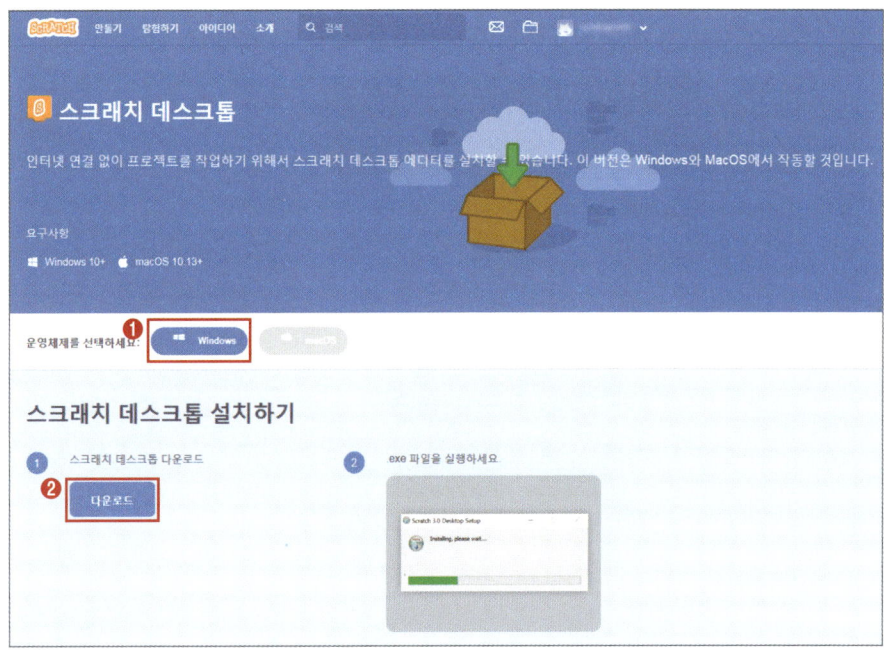

3 파일을 모두 내려받은 후 실행하거나 저장할 것인지를 묻는 창이 나타나면 [실행]을 클릭합니다.

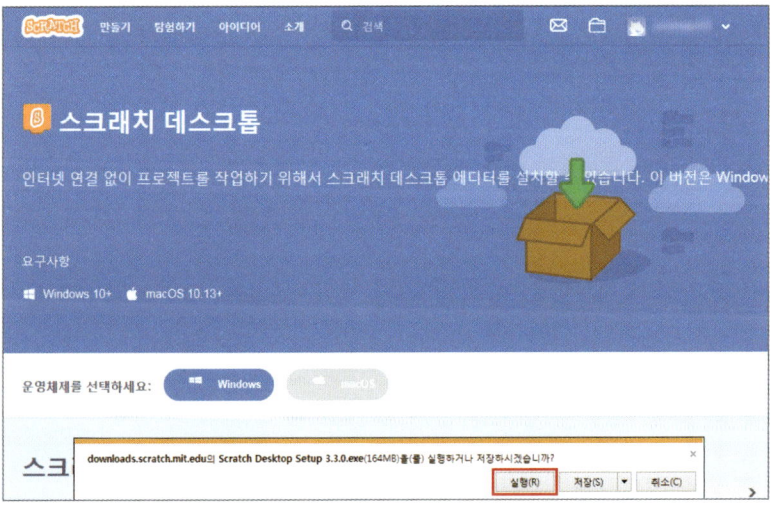

0장 스크래치 준비하기

4 [예, 스크래치가 발전하도록 돕고 싶습니다.]를 클릭하면 설치가 시작됩니다.

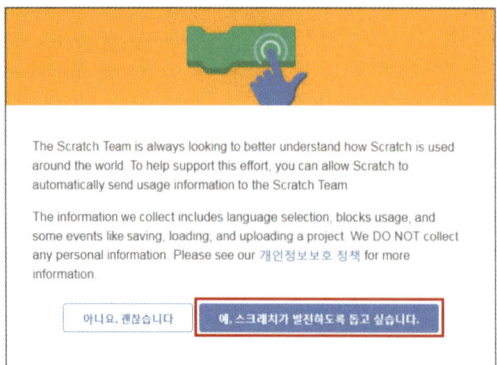

5 설치가 끝나면 자동으로 스크래치가 실행됩니다.

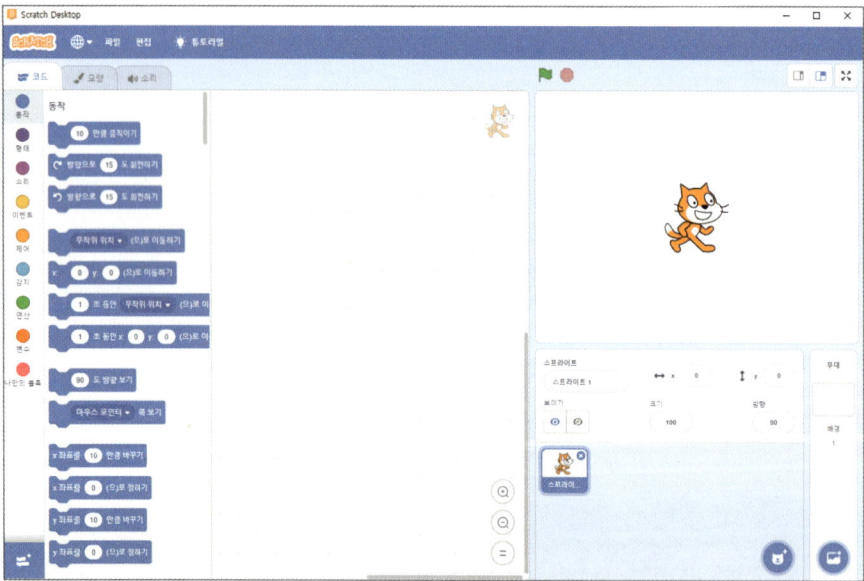

6 사용할 언어를 바꿔 보겠습니다. 화면 왼쪽 두 번째에 보이는 지구본 아이콘 을 클릭하고 [한국어]를 선택합니다.

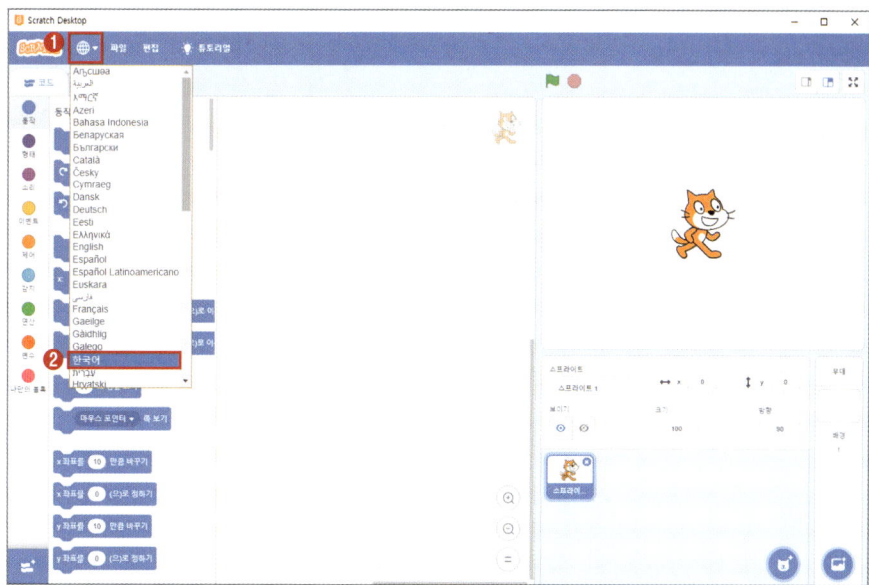

지금까지 스크래치를 사용하기 위한 준비를 했습니다. 다음 장부터는 본격적으로 스크래치를 이용해 재미있는 예제를 만들어 보겠습니다.

톰과 제리가 만나 대화하기

학습 목표

톰과 제리가 인사를 나눕니다.
톰과 제리가 자연스럽게 대화를 나눕니다.

실습 과정

톰과 제리를 만들고 마주 보게 하기
▼
톰과 제리에게 인사말 넣기
▼
2초 동안 기다리는 기능 넣기
▼
대화 추가하기
▼
배경 넣기

PREVIEW

톰과 제리가 만나서 자연스럽게 대화하는 애니메이션을 만들어 보겠습니다. 자연스럽게 대화하려면 시간차를 두고 이야기해야겠지요?

익히기 스프라이트(톰과 제리) 추가하기, 인사말 넣기, 기다리기

코드

톰(Cat)

- 클릭했을 때
- 제리야, 안녕? 잘 지내고 있니? 을(를) 2 초 동안 말하기 — 제리에게 인사하기
- 2 초 기다리기 — 제리가 인사하는 동안 기다리기
- 더하기 문제를 낼 테니 맞혀 봐~ 을(를) 2 초 동안 말하기 ┐
- 3+5는 얼마일까? 을(를) 2 초 동안 말하기 ┘ 더하기 문제를 내기
- 4 초 기다리기 — 제리가 답하는 동안 기다리기
- 맞았어 을(를) 2 초 동안 말하기 — 맞았는지 알려 주기

제리(Mouse1)

- 클릭했을 때
- 2 초 기다리기 — 톰이 인사하는 동안 기다리기
- 톰, 안녕? 잘 지내고 있어 을(를) 2 초 동안 말하기 — 톰에게 인사하기
- 4 초 기다리기 — 톰이 문제를 내는 동안 기다리기
- 음… 을(를) 2 초 동안 생각하기 — 정답 생각하기
- 8이야 을(를) 2 초 동안 말하기 — 답 말하기

톰과 제리를 만들고 마주 보게 하기

등장인물을 만들고 등장인물의 이름을 바꾼 다음 위치와 방향을 정해 대화할 준비를 해 보겠습니다.

1 스크래치를 실행합니다. 화면 오른쪽 아래에 있는 스프라이트 영역에 고양이가 보입니다. 이러한 개체를 '스프라이트'라고 합니다. 먼저 '스프라이트 1'의 이름을 바꿔 보겠습니다. 현재 스프라이트의 이름인 '스프라이트 1' 부분을 클릭합니다.

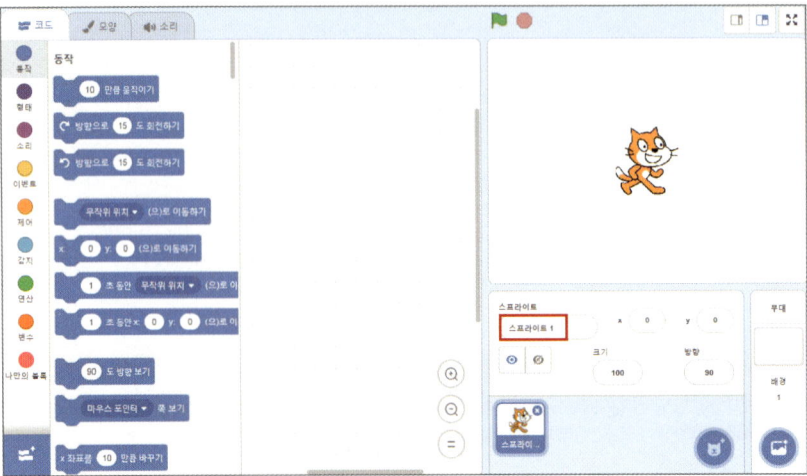

2 스프라이트 이름 부분에 '톰'을 입력하고 Enter 를 누릅니다. 스프라이트 이름이 '스프라이트 1'에서 '톰'으로 바뀌었습니다.

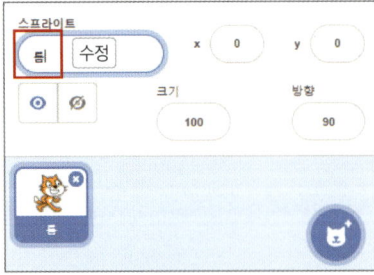

3   무대에서 '톰'을 드래그해 원하는 위치에 놓습니다.

4   '제리'를 추가해 보겠습니다. 스프라이트 영역의 오른쪽 아래에 보이는 스프라이트 고르기 아이콘 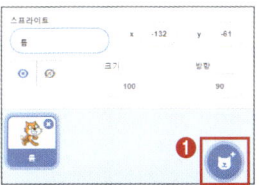을 클릭합니다. 스프라이트 고르기 화면이 나타납니다. 그림은 알파벳 A~Z순으로 나타납니다. 마우스 휠을 움직이거나 화면에서 오른쪽 스크롤 바를 움직여 원하는 스프라이트를 찾을 수 있습니다. [Mouse1]을 클릭합니다.

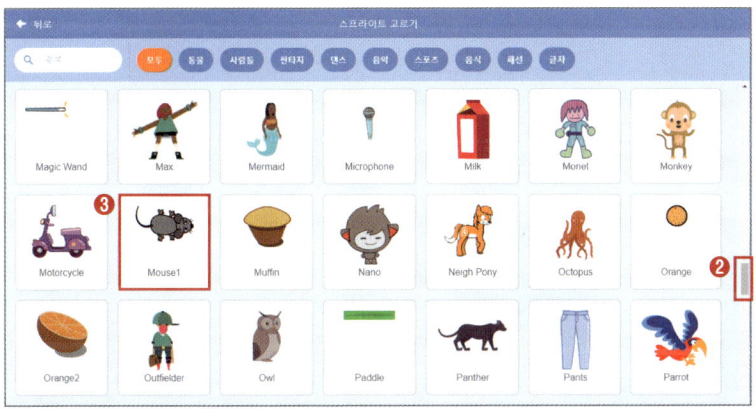

5 'Mouse1' 스프라이트가 추가되었습니다. 'Mouse1'의 스프라이트를 선택한 후 '제리'를 입력하고 Enter 를 누릅니다.

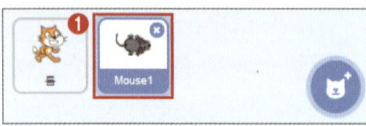

6 대화하는 모습이 자연스러워 보이도록 '제리'의 방향을 바꿔 마주 보도록 만들겠습니다. 블록 팔레트에서 [모양] 탭을 클릭합니다.

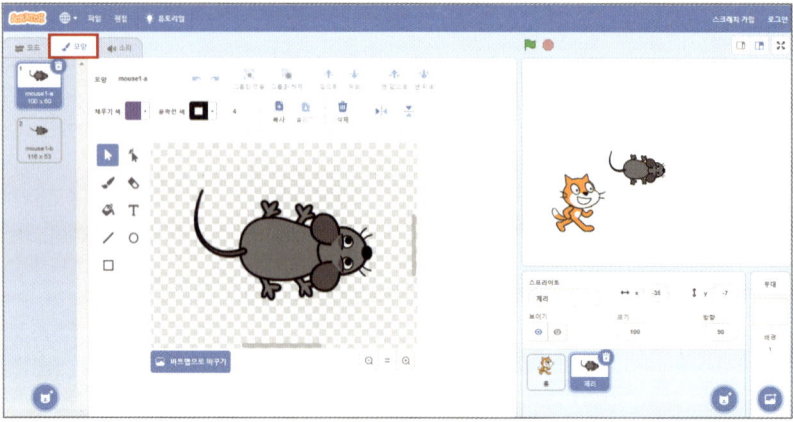

7 좌우뒤집기 아이콘 을 클릭하면 방향이 바뀝니다.

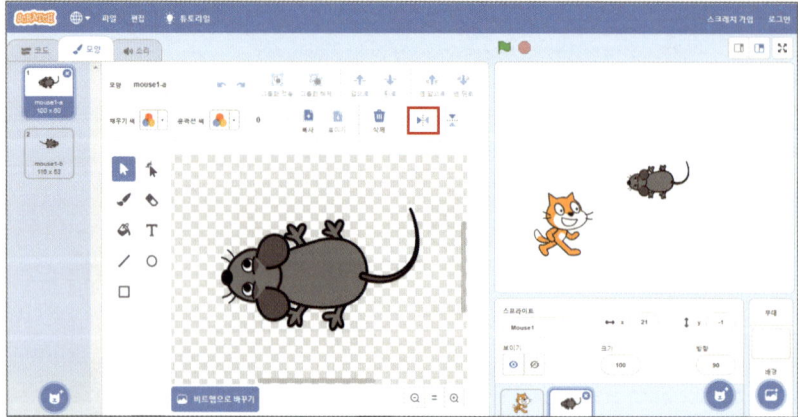

8 크기를 조절하겠습니다. 제리가 전체 포함되도록 드래그합니다. '제리' 전체를 둘러싼 사각 조절점이 8개 생깁니다. 조절점을 이용하여 크기를 조금 줄입니다.

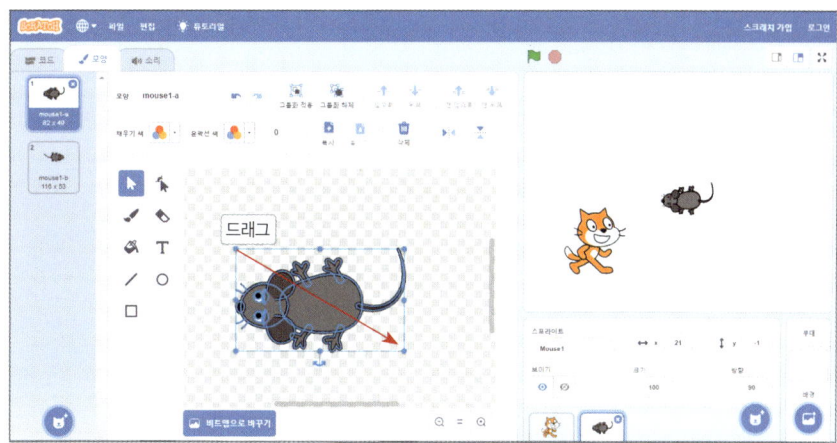

9 가운데 아래 조절점을 보면 모양을 회전할 수 있는 곡선형 좌우화살표 모양 의 조절점이 보입니다. 이 조절점을 왼쪽 위로 드래그해서 회전시킵니다.

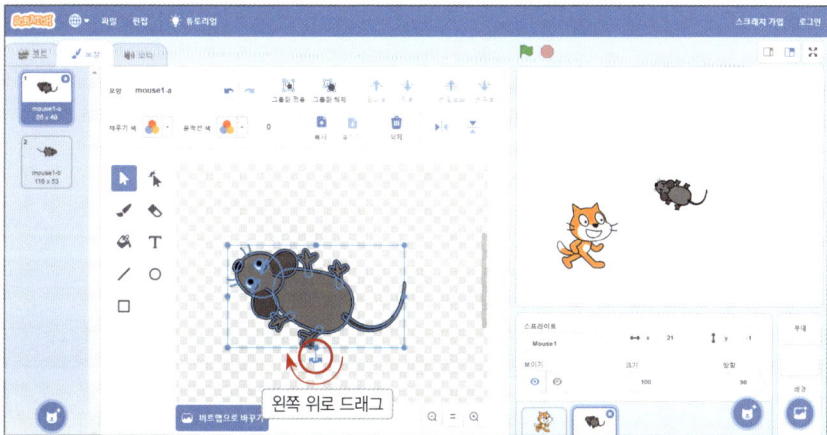

10 [코드] 탭을 클릭한 후 무대에 보이는 '제리'를 드래그해서 '톰'과 마주 보도록 만듭니다.

2 톰과 제리에게 인사말 넣기

지금까지 '톰'과 '제리'가 마주 보도록 만들었습니다. 처음 만났으니 인사를 해야 할 것 같습니다. 인사하는 장면을 만들어 보겠습니다.

1 먼저 '톰'이 '제리'를 보고 인사하도록 만들겠습니다. '톰' 스프라이트를 클릭합니다. [코드] 탭을 클릭하고 [이벤트] 팔레트를 클릭합니다. 클릭했을 때 블록을 코드 영역으로 드래그해서 놓습니다.

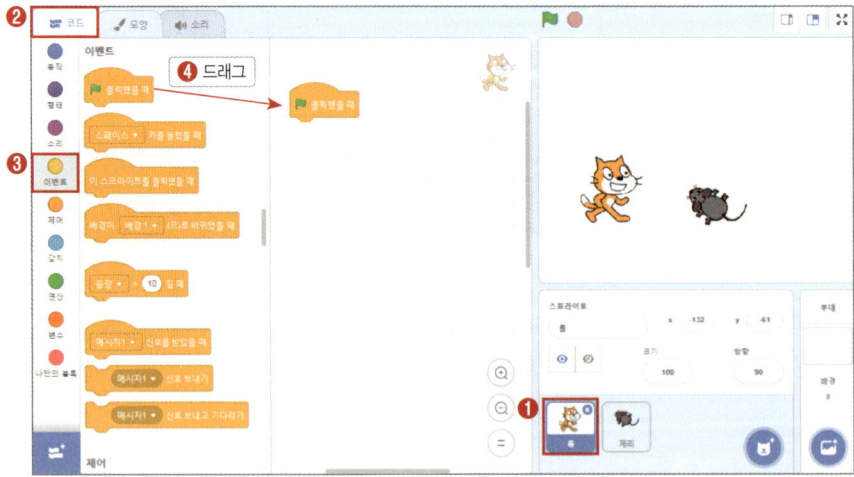

2 [형태] 팔레트를 클릭합니다. 목록에서 안녕!을(를) 2초 동안 말하기 블록을 코드 영역의 클릭했을 때 블록 아래쪽으로 드래그해 연결합니다.

> **NOTE**
> 블록을 블록 아래쪽으로 드래그하면 블록 아래쪽에 회색 테두리가 나타납니다. 이때 마우스 버튼에서 손가락을 떼면 블록이 서로 연결됩니다.

> **NOTE**
> 클릭했을 때 : 시작하기 아이콘 🚩을 클릭하면 아래 명령 블록을 실행합니다
> 안녕! 을(를) 2 초 동안 말하기 : 입력한 문자를 2초 동안 말풍선으로 나타냅니다.

3 '안녕!'을 클릭하고 Delete를 눌러 지운 다음, '제리야, 안녕? 잘 지내고 있니?'를 입력합니다.

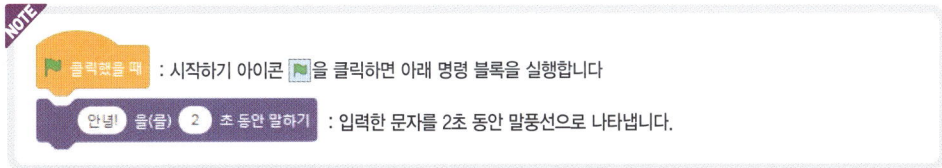

4 이제 '제리'가 대답할 차례입니다. '제리' 스프라이트를 클릭합니다.

5 [코드] 탭의 [이벤트] 팔레트를 클릭하고 `클릭했을 때` 블록을 코드 영역으로 드래그해서 놓습니다.

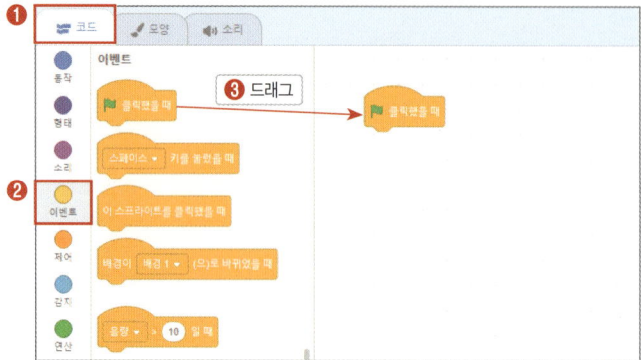

6 [형태] 팔레트를 클릭하고 `안녕!을(를) 2초 동안 말하기` 블록을 `클릭했을 때` 블록 아래쪽으로 드래그해서 연결합니다.

7 '안녕!'을 지우고 '톰, 안녕? 잘 지내고 있어'를 입력합니다.

8 첫 코드가 완성되었습니다. 시작하기 아이콘 을 클릭해 완성된 내용을 확인합니다. 멈추기 아이콘 을 클릭하여 프로그램을 멈출 수도 있습니다.

3 2초 동안 기다리는 기능 넣기

지금 상태라면 '톰'과 '제리'가 동시에 말을 하므로 제대로 대화할 수 없습니다. '톰'이 먼저 2초 동안 말을 하고 '제리'는 잠시 기다렸다 말을 하도록 바꿔야 자연스러울 것 같습니다. 이럴 때는 어떻게 해야 할까요? 기다리기 블록을 사용하면 됩니다.

1 '톰'과 '제리'가 시간차를 두고 말하도록 기다리는 동작을 넣어 보겠습니다. '제리' 스프라이트를 클릭합니다.

2   블록들 사이에 새 블록을 끼워 보겠습니다. [제어] 팔레트를 클릭하고 `1초 기다리기` 블록을 `클릭했을 때` 와 `톰, 안녕? 잘 지내고 있어을(를) 2초 동안 말하기` 블록 사이로 드래그합니다. 끼워 넣을 블록을 블록과 블록 사이로 드래그하면 블록과 블록 중간에 회색 줄이 나타납니다. 이때 마우스 버튼에서 손가락을 떼면 블록과 블록 사이에 새로운 블록이 끼워지면서 연결됩니다.

3   '톰'이 2초 동안 말하므로 '제리'는 2초 후에 말해야겠죠? `1초 기다리기` 블록에서 '1'을 클릭해서 지운 다음 '2'를 입력합니다.

4   코드가 완성되면 시작하기 아이콘 🏁을 클릭해 완성된 내용을 확인합니다. 시간차를 두고 자연스럽게 대화가 이루어지는 것을 볼 수 있습니다.

4 대화 추가하기

계속해서 대화를 진행해 보겠습니다. 간단한 더하기 문제를 내 볼까요? '톰'이 문제를 내고 '제리'가 맞히도록 하겠습니다.

1 '톰' 스프라이트를 클릭합니다.

2 먼저 '제리'가 말하는 동안에는 '톰'이 잠시 기다렸다 시작해야겠죠? [제어] 팔레트를 클릭하고 `1초 기다리기` 블록을 `제리야, 안녕? 잘 지내고 있니?을(를) 2초 동안 말하기` 블록 아래로 드래그해서 연결한 다음 '1'을 '2'로 수정합니다.

3 [형태] 팔레트를 클릭하고 `안녕!을(를) 2초 동안 말하기` 블록을 `2초 기다리기` 블록 아래에 드래그해서 연결합니다. '안녕!'을 '더하기 문제를 낼 테니 맞혀 봐~'로 수정합니다. 다시 `안녕!을(를) 2초 동안 말하기` 블록을 `더하기 문제를 낼 테니 맞혀 봐~을(를) 2초 동안 말하기` 블록 아래에 드래그해서 연결합니다. '안녕!'을 '3+5는 얼마일까?'로 수정합니다.

4　이제 '제리'가 대답해야겠죠? '제리' 스프라이트를 클릭합니다.

5　'톰'이 4초 동안 말을 하므로 '제리'는 4초 동안 기다렸다 대답해야 합니다. [제어] 팔레트를 클릭하고 1초 기다리기 블록을 톰, 안녕? 잘 지내고 있어을(를) 2초 동안 말하기 블록 아래로 드래그해서 연결합니다. '1'을 '4'로 수정합니다.

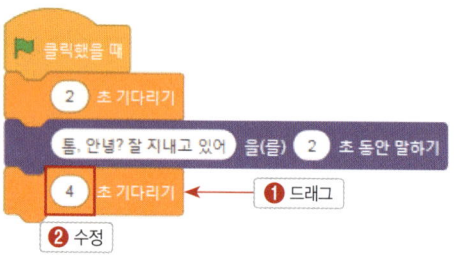

6　'제리'가 잠깐 생각하는 것처럼 보이도록 장면을 넣어 보겠습니다. [형태] 팔레트를 클릭하고 음…을(를) 2초 동안 생각하기 블록을 드래그해 4초 기다리기 블록 아래로 드래그해서 연결합니다.

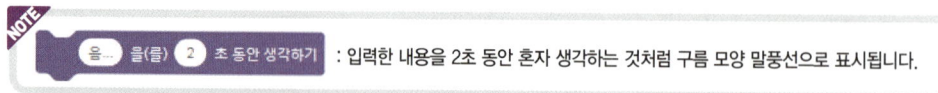

7 [형태] 팔레트의 `안녕!을(를) 2초 동안 말하기` 블록을 `음...을(를) 2초 동안 생각하기` 블록 아래에 드래그해서 연결하고, '안녕!'을 '8이야'로 수정합니다.

8 '제리'의 대답을 들은 '톰'이 '맞았어'라고 말하도록 해 보겠습니다. '톰' 스프라이트를 클릭합니다.

9 '제리'가 2초 동안 생각하고 2초 동안 말하므로 '톰'은 4초를 기다렸다 말해야겠죠? [제어] 팔레트를 클릭하고 `1초 기다리기` 블록을 `3+5는 얼마일까?을(를) 2초 동안 말하기` 블록 아래로 드래그해서 연결합니다. '1'을 '4'로 수정합니다.

10 4초를 기다렸으므로 이제는 '톰'이 '맞았어'라고 말해야 합니다. [형태] 팔레트를 클릭하고 `안녕을(를) 2초 동안 말하기` 블록을 `4초 기다리기` 블록 아래에 드래그해서 연결합니다. '안녕!'을 '맞았어'로 수정합니다.

5 배경 넣기

'톰'과 '제리'에 어울리는 무대의 배경을 넣어 보겠습니다. 배경 고르기 아이콘 을 클릭합니다. 목록에서 [Forest]를 클릭합니다.

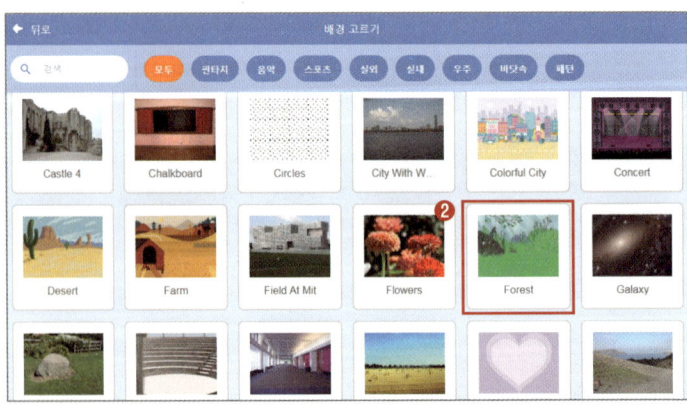

6 실행하기

코드가 완성되면 시작하기 아이콘 을 클릭해 완성된 내용을 확인합니다.

7 저장하기

마지막으로 만든 예제를 저장해 보겠습니다. 에디터 왼쪽 위에 보이는 [파일] > [컴퓨터에 저장하기] 메뉴를 클릭합니다. 다른 이름으로 저장 화면이 나타나면 저장할 폴더를 선택하고 파일 이름에 '01-1'을 입력한 다음 [저장]을 클릭합니다.

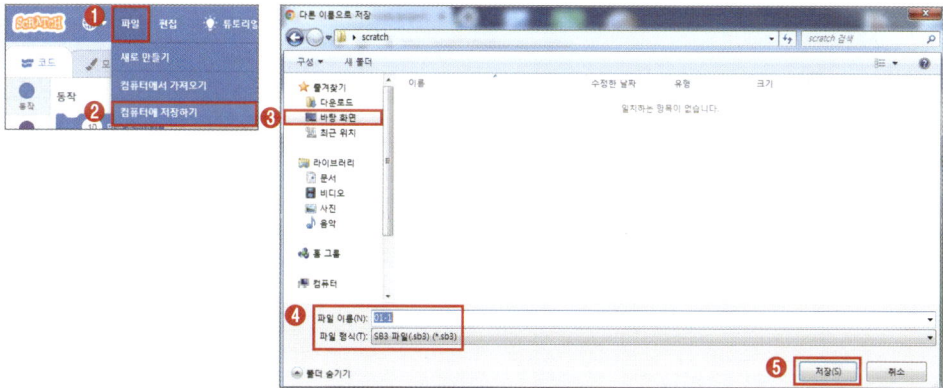

저장한 파일을 불러오려면 [파일] > [컴퓨터에서 가져오기] 메뉴를 클릭합니다. 저장된 폴더를 찾아 파일 이름을 선택한 후 [열기]를 클릭합니다.

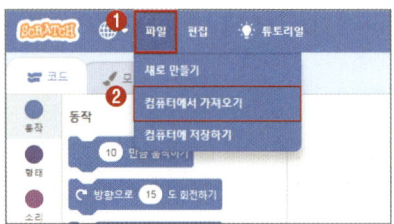

전체 코드 정리하기

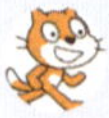

톰(Cat)

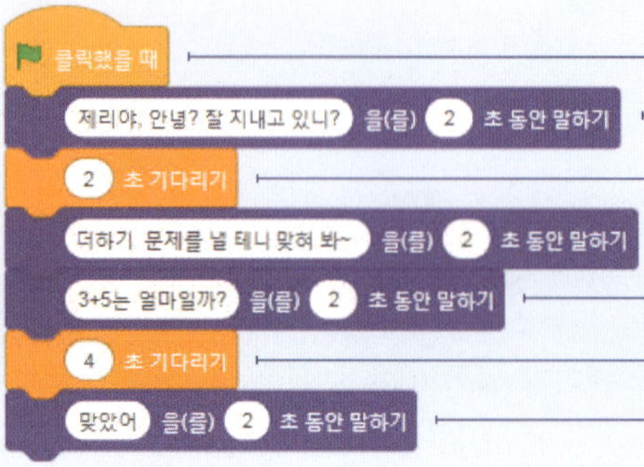

- 깃발을 클릭하면 아래 명령 블록을 실행합니다.
- 제리야, 안녕? 잘 지내고 있니?을(를) 2초 동안 말하기 — 입력한 문자를 2초 동안 말합니다.
- 2초 기다리기 — 2초 동안 기다립니다.
- 더하기 문제를 낼 테니 맞혀 봐~을(를) 2초 동안 말하기 — 입력한 문자를 2초 동안 말합니다.
- 3+5는 얼마일까?을(를) 2초 동안 말하기 — 입력한 문자를 2초 동안 말합니다.
- 4초 기다리기 — 4초 동안 기다립니다.
- 맞았어 을(를) 2초 동안 말하기 — 입력한 문자를 2초 동안 말합니다.

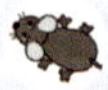

제리(Mouse1)

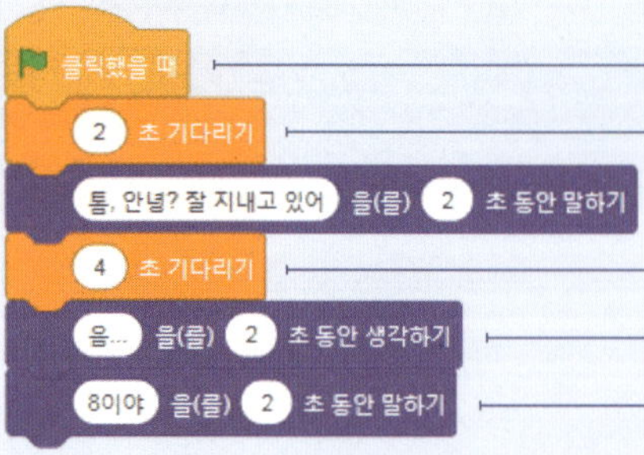

- 깃발을 클릭하면 아래 블록을 실행합니다.
- 2초 기다리기 — 2초 동안 기다립니다.
- 톰, 안녕? 잘 지내고 있어 을(를) 2초 동안 말하기 — 입력한 문자를 2초 동안 말합니다.
- 4초 기다리기 — 4초 동안 기다립니다.
- 음...을(를) 2초 동안 생각하기 — 입력한 문자를 2초 동안 생각합니다.
- 8이야 을(를) 2초 동안 말하기 — 입력한 문자를 2초 동안 말합니다.

◎ « 한번 더 해 봐요 1

톰과 제리가 만나 곱하기 문제를 내고 풀도록 만들어 보세요.

전체 대화 내용

제리 이번에는 내가 문제를 낼 테니 맞혀 봐.

톰   그래? 문제를 내 봐… 나는 어떤 문제라도 맞힐 수 있어.

제리 곱하기 문제인데… 풀 수 있을까?

톰   내 봐. 난 어떤 문제라도 자신 있어.

제리 1024 곱하기 1024는 얼마일까?

톰   음…

톰   ????????

◎ « 한번 더 해 봐요 2

야옹이와 멍멍이가 끝말잇기 게임을 하도록 만들어 보세요.

전체 대화 내용

야옹이 멍멍아. 안녕?

멍멍이 안녕! 야옹이. 우리 끝말잇기 게임할까?

야옹이 좋아. 내가 먼저 시작할게. '운동회'

멍멍이 '회장'

야옹이 '장보기'

멍멍이 음…

자동차 운전하기

학습 목표

화살표 키로 전진과 후진을 합니다.
자동차의 움직임에 따라 자동차 색을 바꿉니다.

실습 과정

자동차 전진하기
▼
자동차 후진하기
▼
자동차 색 바꾸기
▼
자동차의 출발 위치 지정하기
▼
배경 넣기

P R E V I E W

←와 →를 이용해 자동차가 움직일 방향을 조절하고 방향과 위치에 따라 자동차 색을 바꾸며, SpaceBar 를 누르면 자동차가 출발 위치로 되돌아가 기다리도록 만들어 보겠습니다.

익히기 화살표 키 설정하기, 색 지정하기

→를 누르면 자동차 색이 초록으로 바뀌면서 전진합니다.

←를 누르면 자동차 색이 빨강으로 바뀌면서 후진합니다.

SpaceBar 를 누르면 자동차 색이 파랑으로 바뀌면서 출발 위치에서 기다립니다.

코드

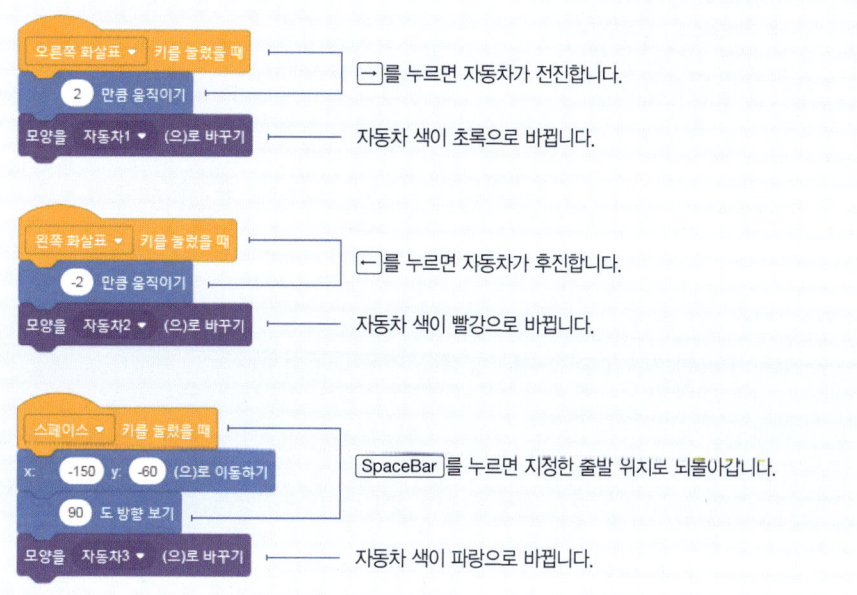

1 자동차 전진하기

를 누르면 자동차가 전진하도록 만들어 보겠습니다.

1 [파일] > [새로 만들기] 메뉴를 클릭합니다. 자동차를 이용할 것이므로 화면에 보이는 '고양이' 스프라이트를 없애야 합니다. '스프라이트 1'의 ⊗ 부분을 클릭해 삭제합니다.

 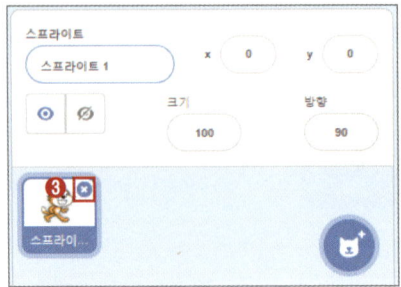

2 '자동차' 스프라이트를 추가하기 위해 스프라이트 고르기 아이콘 을 클릭합니다. 스프라이트 고르기 화면에서 [Convertible 2]를 클릭하여 추가합니다.

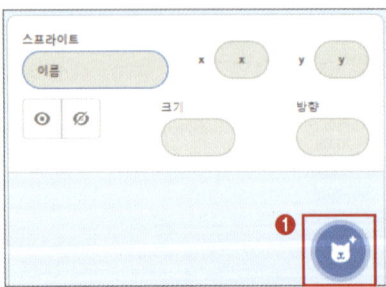

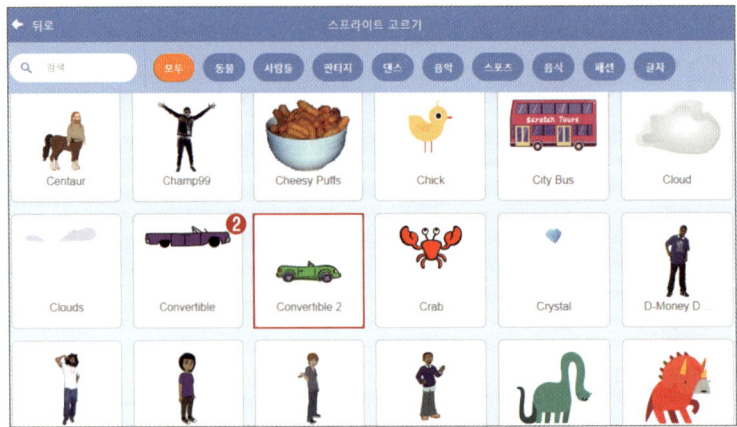

3 'Convertible 2' 스프라이트가 추가되었습니다. 'Convertible 2' 스프라이트의 이름에 '자동차'를 입력한 다음 Enter 를 누릅니다.

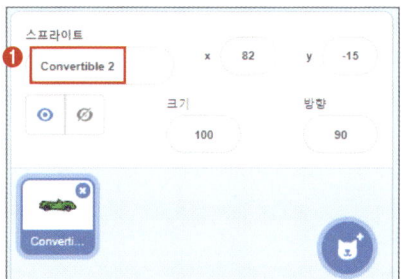 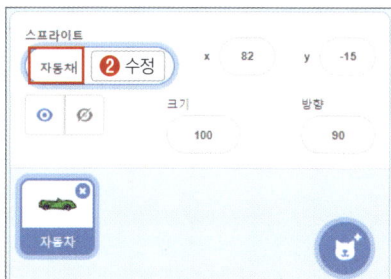

4 →를 누르면 자동차가 전진하는 블록을 만들겠습니다. [코드] 탭의 [이벤트] 팔레트를 클릭합니다. 스페이스 키를 눌렀을 때 블록을 가운데 코드 영역으로 드래그합니다. '스페이스' 글자 오른쪽에 있는 ▽를 클릭합니다. 목록에서 [오른쪽 화살표]를 선택합니다.

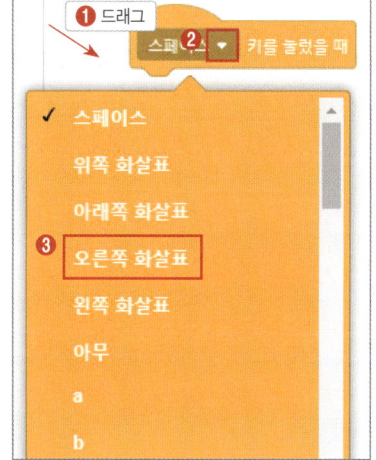

 : 설정한 키가 눌리면 아래 블록을 실행합니다.

5 [동작] 팔레트를 클릭하고 10만큼 움직이기 블록을 오른쪽 화살표 키를 눌렀을 때 블록 아래로 드래그합니다. '10'을 '2'로 수정합니다.

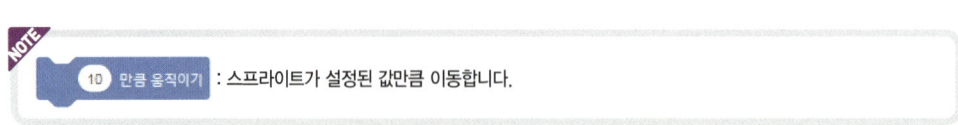

2 자동차 후진하기

←를 누르면 자동차가 후진하도록 만들어 보겠습니다.

1 [코드] 탭의 [이벤트] 팔레트를 클릭하고 스페이스 키를 눌렀을 때 블록을 가운데 코드 영역의 빈 곳에 드래그합니다. '스페이스'를 '왼쪽 화살표'로 바꿉니다.

2 [동작] 팔레트를 클릭하고 10만큼 움직이기 블록을 왼쪽 화살표 키를 눌렀을 때 블록 아래로 드래그합니다. '10'을 '-2'로 수정합니다.

> **TIP** 오른쪽으로 갈 때는 x좌표를 기준으로 + 방향으로 움직이고, 왼쪽으로 갈 때는 x좌표를 기준으로 - 방향으로 움직입니다.

3 자동차 색 바꾸기

자동차가 →를 누르면 전진하고 ←를 누르면 후진하도록 만들었습니다. 이번에는 자동차가 움직이는 방향에 따라 자동차 색을 바꿔 보겠습니다. 색을 바꿀 수 있도록 색이 다른 자동차를 세 대 만들겠습니다.

1 [모양] 탭을 클릭합니다. 자동차 이름을 'Convertible 3'에서 '자동차1'로 수정하고 Enter를 누릅니다. '자동차1' 스프라이트를 마우스 오른쪽 버튼으로 클릭한 후 [복사]를 클릭합니다.

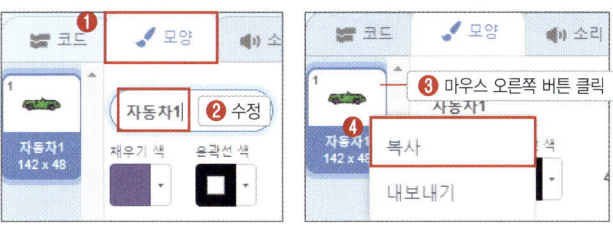

2 '자동차2'가 생겼습니다. 같은 방법으로 '자동차2'를 마우스 오른쪽 버튼으로 클릭하고 [복사]를 클릭하여 '자동차3'을 만듭니다.

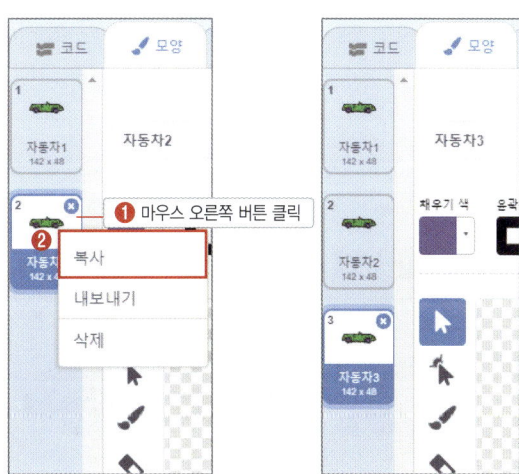

3 이제 자동차 색을 바꾸겠습니다. [모양] 탭에서 '자동차2'를 선택합니다. 채우기 색 툴 을 클릭하고, 채우기 색 지정 부분을 클릭한 후 색상, 채도, 명도 등을 이용하여 빨간색을 지정합니다. 그리고 '자동차2'의 몸체 부분을 클릭합니다.

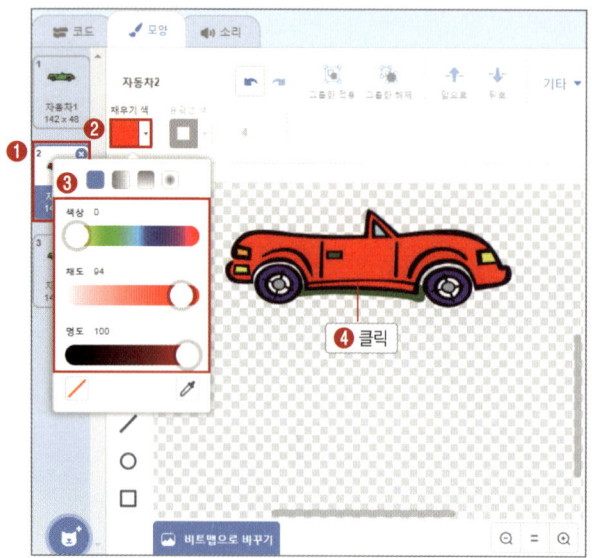

4 같은 방법으로 [모양] 탭에서 '자동차3'을 선택합니다. 채우기 색 툴 을 클릭하고, 채우기 색 지정 부분을 클릭한 후 색상, 채도, 명도 등을 이용하여 파란색을 지정합니다. 그리고 '자동차3'의 몸체 부분을 클릭합니다.

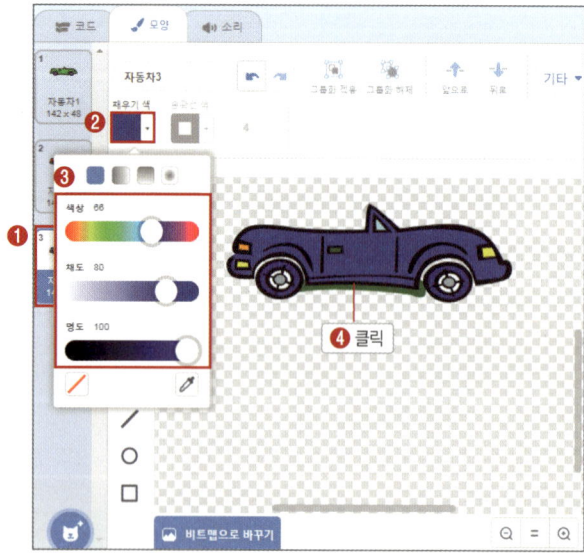

5   [코드] 탭을 클릭하고 [형태] 팔레트를 클릭합니다. 모양을 자동차1(으)로 바꾸기 블록을 오른쪽 화살표 키를 눌렀을 때 블록의 맨 아래로 드래그합니다. 만일 모양이 '자동차1'이 아니면 '자동차1'로 바꿉니다.

6   같은 방법으로 모양을 자동차1(으)로 바꾸기 블록을 왼쪽 화살표 키를 눌렀을 때 블록의 맨 아래로 드래그합니다. '자동차1'을 '자동차2'로 바꿉니다.

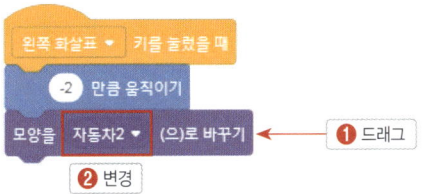

7   코드가 완성되면 시작하기 아이콘 🏁을 클릭해 완성된 내용을 확인합니다. →와 ←를 눌러 움직이는 방향과 자동차 색이 바뀌는지 확인해 봅니다.

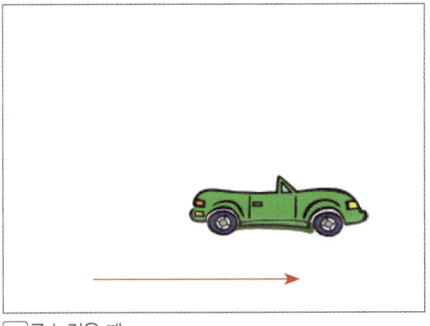 

→를 눌렀을 때   ←를 눌렀을 때

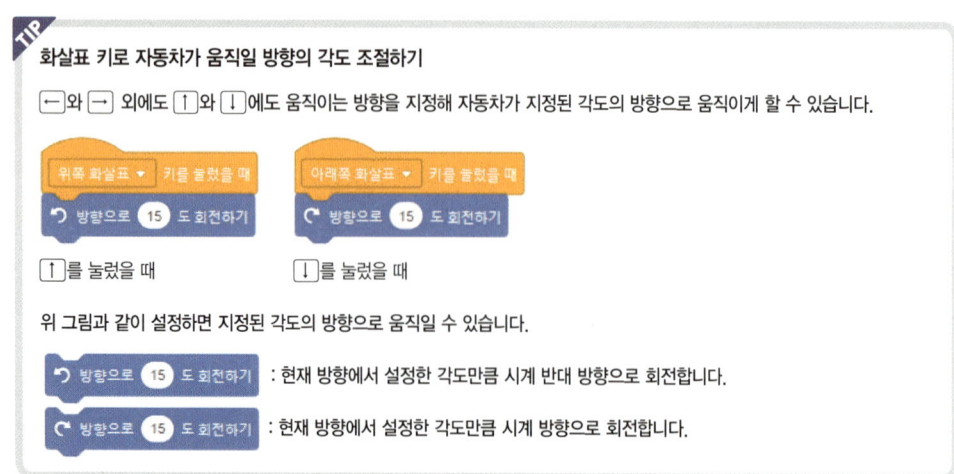

4 자동차 출발 위치 지정하기

자동차가 움직이는 방향에 따라 자동차 색이 바뀌도록 설정하였습니다. 다음으로 SpaceBar 를 누르면 자동차가 출발 위치로 되돌아오도록 만들어 보겠습니다.

1 [이벤트] 팔레트를 클릭하고 스페이스 키를 눌렀을 때 블록을 가운데 코드 영역으로 드래그 합니다.

2 [동작] 팔레트를 클릭하고 x: 0 y: 0(으)로 이동하기 블록을 가운데 코드 영역으로 드래그 합니다(무대의 스프라이트 위치에 따라 x, y 좌푯값은 그때그때 다릅니다). x좌푯값을 '-150', y좌푯값을 '-60'으로 수정합니다.

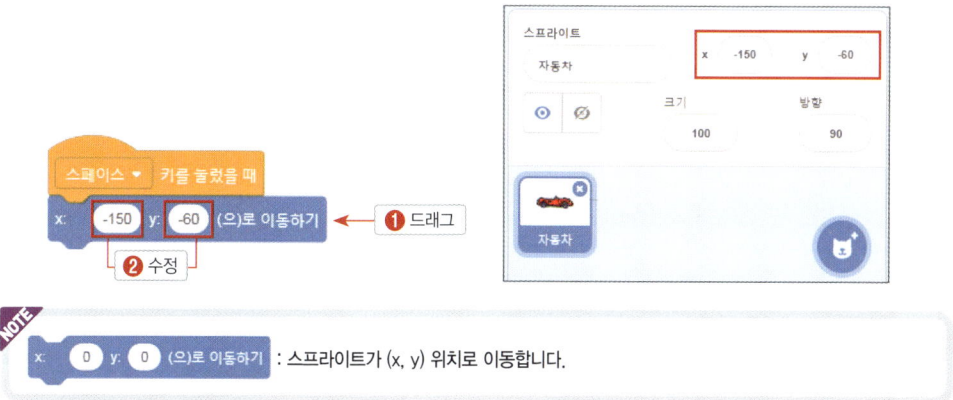

3 자동차가 오른쪽을 바라보도록 바꿔 보겠습니다. [동작] 팔레트의 90도 방향 보기 블록을 가운데 코드 영역으로 드래그합니다.

> 90 도 방향 보기 : 지정된 방향을 바라봅니다. (0 = 위쪽, 90 = 오른쪽, 180 = 아래쪽, -90 = 왼쪽)

4 [형태] 팔레트를 클릭하고 모양을 자동차1(으)로 바꾸기 블록을 가운데 코드 영역으로 드래그합니다. '자동차1'을 '자동차3'으로 바꿔 주세요.

5 배경 넣기

SpaceBar 를 누르면 자동차가 출발 위치로 오고 자동차 색도 파랑으로 바뀌도록 만들었습니다. 이제는 자동차를 운전할 때 어울리는 배경을 넣어 보겠습니다. 배경 고르기 아이콘을 클릭한 후 목록에서 [Night City with The STREET]를 클릭합니다.

6 실행하기

코드가 완성되면 시작하기 아이콘을 클릭해 완성된 내용을 확인합니다. →와 ←를 누르면 자동차가 바르게 전진하고 후진하나요? SpaceBar 를 눌렀을 때 다음 그림처럼 자동차가 출발 위치로 오나요? 그렇다면 제대로 만든 것입니다.

7 저장하기

에디터 왼쪽 위에 보이는 [파일] > [컴퓨터에 저장하기] 메뉴를 클릭합니다. 다른 이름으로 저장 화면이 나타나면 저장할 폴더를 선택하고 파일 이름에 '02-1'을 입력한 다음 [저장]을 클릭합니다.

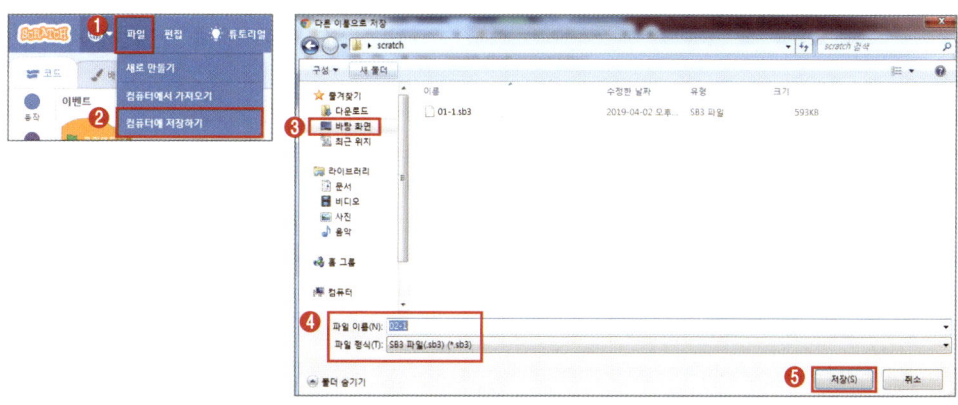

전체 코드 정리하기

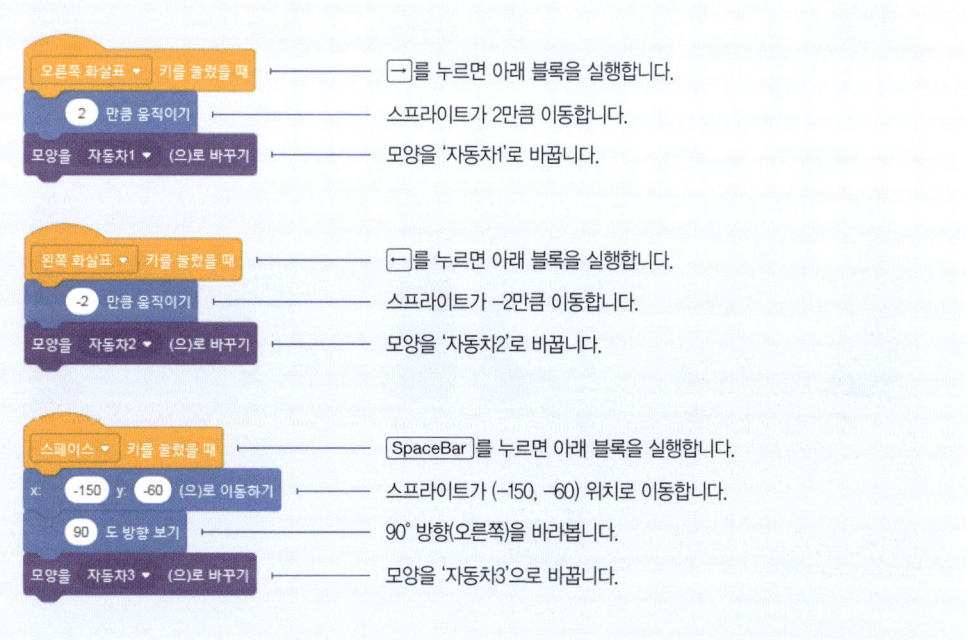

 **« 한번 더 해 봐 요 1**

얼음 위를 걷는 펭귄을 만들어 보세요.

조건

→ 를 누르면 빨간 펭귄이 오른쪽으로 걸어갑니다.

← 를 누르면 펭귄이 노란색으로 바뀌고 뒷걸음질합니다.

↑ 를 누르면 펭귄이 분홍색으로 바뀌고 시계 반대 방향으로 회전합니다.

↓ 를 누르면 펭귄이 파란색으로 바뀌고 시계 방향으로 회전합니다.

SpaceBar 를 누르면 펭귄이 출발 위치 (−180, −80)에서 대기하며 빨간색으로 바뀝니다.

« 한번 더 해 봐요 2

모래 위를 걷는 오리를 만들어 보세요.

조건

SpaceBar 를 누르면 노란 오리가 "꽥꽥~" 말을 하며 출발 위치 (0, 0)에서 대기합니다.

→ 를 누르면 노란색 오리가 오른쪽으로 걸어갑니다.

← 를 누르면 파란색 오리가 왼쪽으로 걸어갑니다.

↑ 를 누르면 검은색 오리가 점점 작아집니다.

↓ 를 누르면 주황색 오리가 점점 커집니다.

3장

화살표 키로 로봇 제어하기

학습 목표

로봇의 회전 방식과 방향 보기를 제어합니다.
로봇이 보는 방향에 따라 배경을 바꿉니다.

실습 과정

위쪽으로 움직이는 로봇 만들기
▼
아래쪽으로 움직이는 로봇 만들기
▼
로봇이 처음 자리할 위치 지정하기
▼
방향에 따라 배경을 다르게 설정하기

P R E V I E W

↑와 ↓를 이용해 로봇이 보는 방향, 로봇이 움직일 방향, 로봇 색상, 무대 배경을 여러 가지로 바꿔 보겠습니다. 그리고 SpaceBar를 누르면 처음 위치로 되돌아오도록 만들어 보겠습니다.

익히기 방향 바꾸기, 배경 바꾸기, 벽에 닿으면 튕기기

처음 시작 화면

↑를 눌렀을 때

↓를 눌렀을 때

SpaceBar를 눌렀을 때

코드

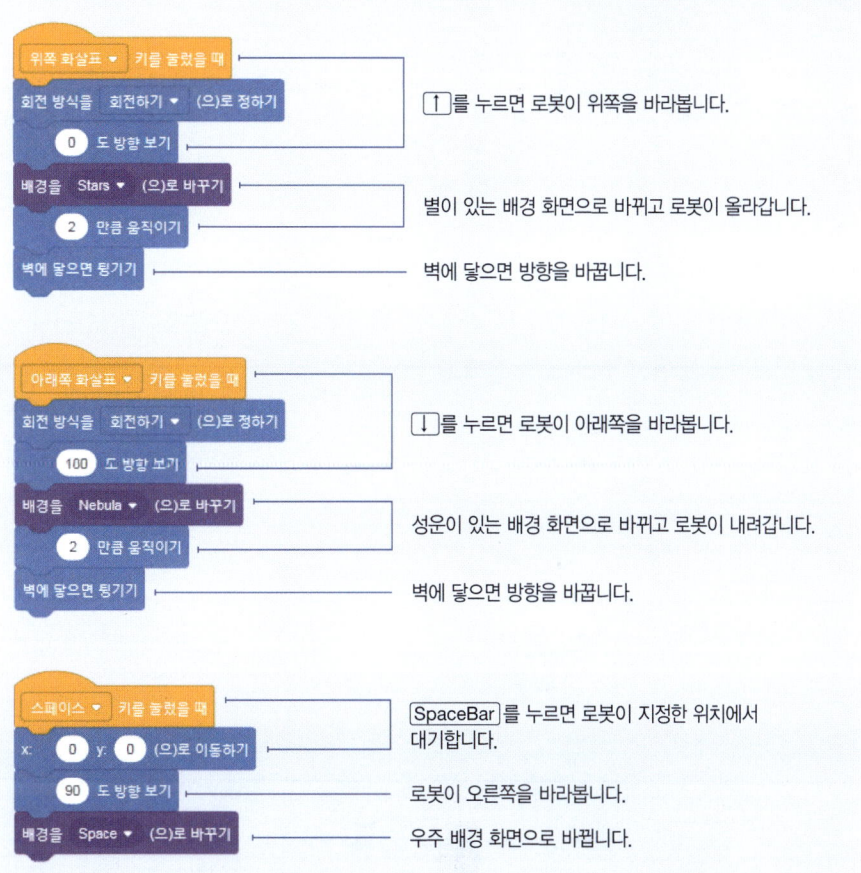

1 위쪽으로 움직이는 로봇

를 누르면 로봇이 위쪽을 보면서 움직이도록 하겠습니다.

1 [파일] > [새로 만들기] 메뉴를 클릭합니다. 로봇을 이용할 것이므로 화면에 보이는 '고양이' 스프라이트를 없애야 합니다. '스프라이트 1'의 ❌ 부분을 클릭합니다.

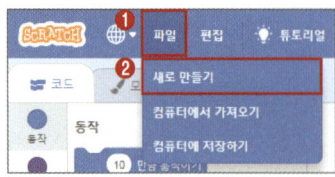

2 '로봇' 스프라이트를 추가해야 하므로 스프라이트 고르기 아이콘 을 클릭합니다. 스프라이트 고르기 화면에서 [Robot]을 클릭합니다.

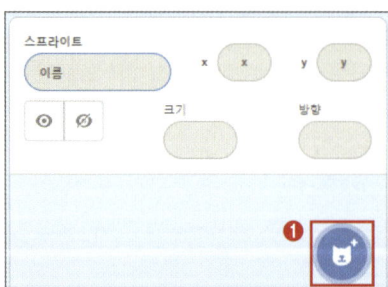
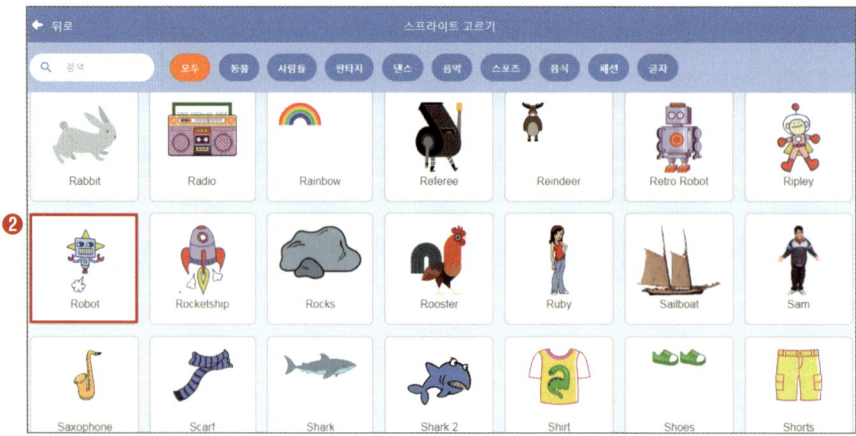

3 'Robot' 스프라이트가 추가되었습니다. 'Robot' 스프라이트의 이름에 '로봇'을 입력하고 Enter 를 누릅니다.

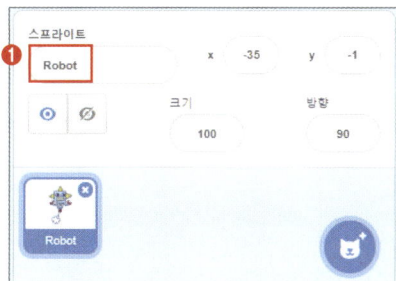 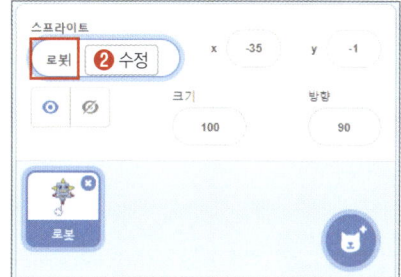

4 ↑를 누르면 로봇이 위쪽을 보도록 설정하겠습니다. [코드] 탭에서 [이벤트] 팔레트를 클릭합니다. 스페이스 키를 눌렀을 때 블록을 가운데 코드 영역으로 드래그합니다. '스페이스' 글자 오른쪽에 있는 ▽를 클릭합니다. 목록에서 [위쪽 화살표]를 선택합니다.

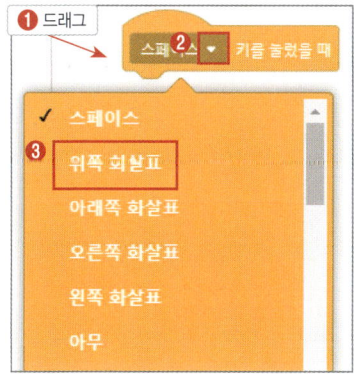

5 [동작] 팔레트를 클릭하고 회전 방식을 왼쪽-오른쪽(으)로 정하기 블록을 위쪽 화살표 키를 눌렀을 때 블록 아래로 드래그합니다. '왼쪽-오른쪽'을 '회전하기'로 바꿉니다.

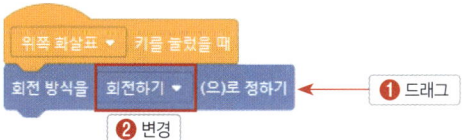

NOTE
회전 방식을 왼쪽-오른쪽 ▼ (으)로 정하기 : 회전 방식을 지정합니다.

왼쪽-오른쪽 = 좌우 회전, 회전하기 = 원하는 방향으로 회전, 회전하지 않기 = 회전하지 않음

6 [동작] 팔레트의 `90도 방향 보기` 블록을 `회전 방식을 왼쪽-오른쪽(으)로 정하기` 블록 아래로 드래그합니다. '90'을 '0'으로 바꿉니다.

7 [동작] 팔레트의 `10만큼 움직이기` 블록을 `0도 방향 보기` 블록 아래로 드래그합니다. '10'을 '2'로 수정합니다.

8 [동작] 팔레트의 `벽에 닿으면 튕기기` 블록을 `2만큼 움직이기` 블록 아래로 드래그합니다.

2 아래쪽으로 움직이는 로봇

⬆를 누르면 위쪽으로 움직이는 로봇을 만들었습니다. 이번에는 ⬇를 누르면 아래쪽으로 움직이는 로봇을 만들겠습니다. ⬆를 눌렀을 때와 ⬇를 눌렀을 때 로봇의 시야와 움직이는 방향만 다르므로 블록을 복사한 다음 일부분만 수정하겠습니다.

1 코드 영역에 있는 `위쪽 화살표 키를 눌렀을 때` 블록을 마우스 오른쪽 버튼으로 클릭하고 [복사하기]를 선택합니다.

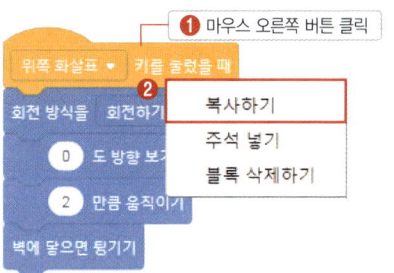

2 마우스를 움직여 코드 영역의 빈 공간을 클릭하면 모든 블록이 복사됩니다.

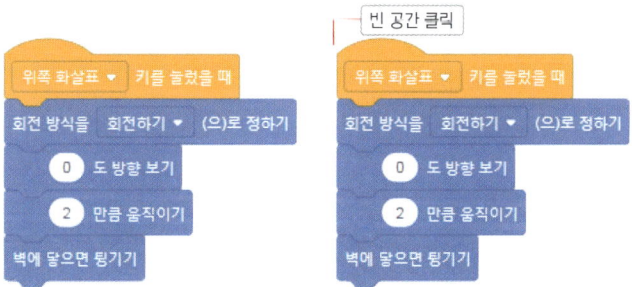

3 복사한 블록에서 `위쪽 화살표 키를 눌렀을 때` 블록의 '위쪽 화살표'를 '아래쪽 화살표'로 바꿉니다. `0도 방향 보기` 블록의 '0'을 '180'으로 바꿉니다.

3 로봇의 처음 위치 지정하기

↓를 누르면 아래쪽으로 움직이도록 설정했습니다. 다음으로 SpaceBar 를 누르면 로봇이 지정된 처음 위치에 오도록 설정하겠습니다.

1 [코드] 탭에서 [이벤트] 팔레트를 클릭합니다. 스페이스 키를 눌렀을 때 블록을 가운데 코드 영역으로 드래그합니다.

2 [동작] 팔레트를 클릭합니다. x: 0 y: 0(으)로 이동하기 블록을 스페이스 키를 눌렀을 때 블록 아래로 드래그합니다. 만약 좌푯값이 0, 0이 아니라면 x좌푯값과 y좌푯값을 각각 '0'으로 입력합니다.

3 로봇이 오른쪽을 바라보도록 [동작] 팔레트의 90도 방향 보기 블록을 x: 0 y: 0(으)로 이동하기 블록 아래로 드래그합니다.

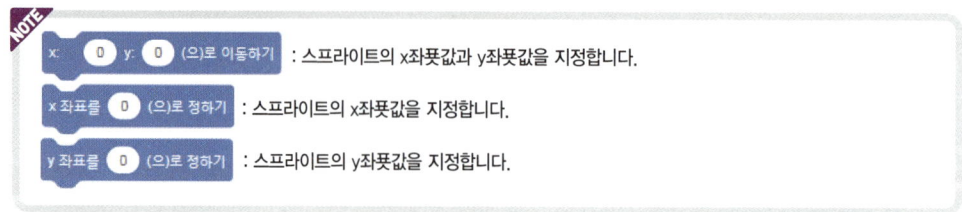

4 다양하게 변하는 배경 설정하기

로봇이 움직이는 방향에 따라 배경이 바뀌도록 설정하겠습니다.

1 배경 고르기 아이콘 을 클릭한 후 목록에서 [Stars]를 클릭합니다.

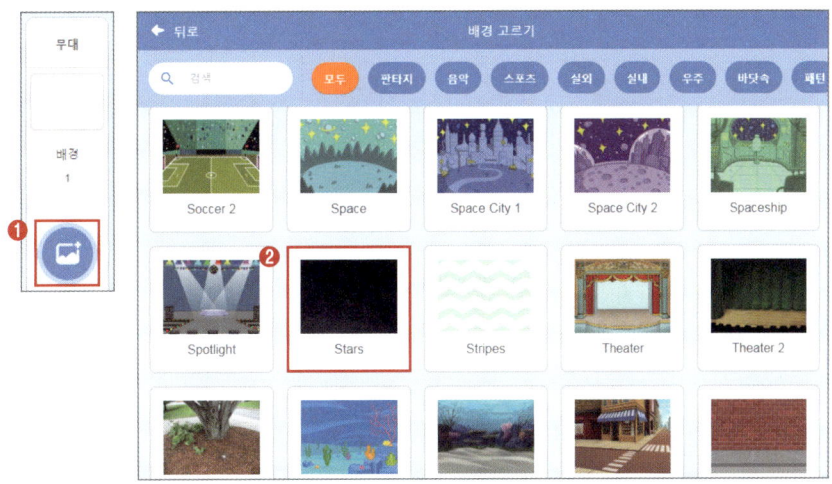

2 로봇의 시선 방향에 따라 배경이 바뀌도록 만들어야 하므로 배경을 두 가지 더 고르겠습니다. 배경 고르기 아이콘 을 클릭한 후 목록에서 [Nebula]를 클릭합니다.

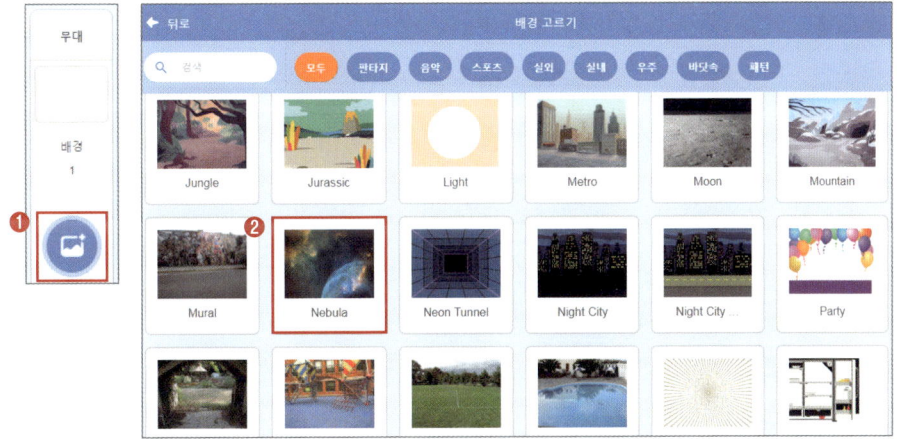

3장 화살표 키로 로봇 제어하기

3   배경 고르기 아이콘 을 클릭한 후 목록에서 [Space]를 클릭합니다.

4   스프라이트에 로봇이 선택된 상태에서 [코드] 탭의 [형태] 팔레트를 클릭합니다. `배경을 배경1(으)로 바꾸기` 블록을 `위쪽 화살표 키를 눌렀을 때` 블록에서 `2만큼 움직이기` 블록의 위쪽으로 드래그합니다. '배경1'을 'Stars'로 바꿉니다.

5   `배경을 배경1(으)로 바꾸기` 블록을 `아래쪽 화살표 키를 눌렀을 때` 블록의 `2만큼 움직이기` 블록 위쪽으로 드래그합니다. '배경1'을 'Nebula'로 바꿉니다.

6 `배경을 배경1(으)로 바꾸기` 블록을 `스페이스 키를 눌렀을 때` 블록의 맨 아래로 드래그합니다. '배경1'을 'Space'로 바꿉니다.

> TIP
> ←를 누르면 왼쪽으로 움직이고, →를 누르면 오른쪽으로 움직이도록 추가할 수도 있습니다.

5 실행하고 저장하기

코드가 완성되면 시작하기 아이콘 을 클릭해 완성된 내용을 확인합니다. [파일] > [컴퓨터에 저장하기] 메뉴를 클릭합니다. 폴더를 지정하고 파일명을 '03-1'로 저장합니다.

전체 코드 정리하기

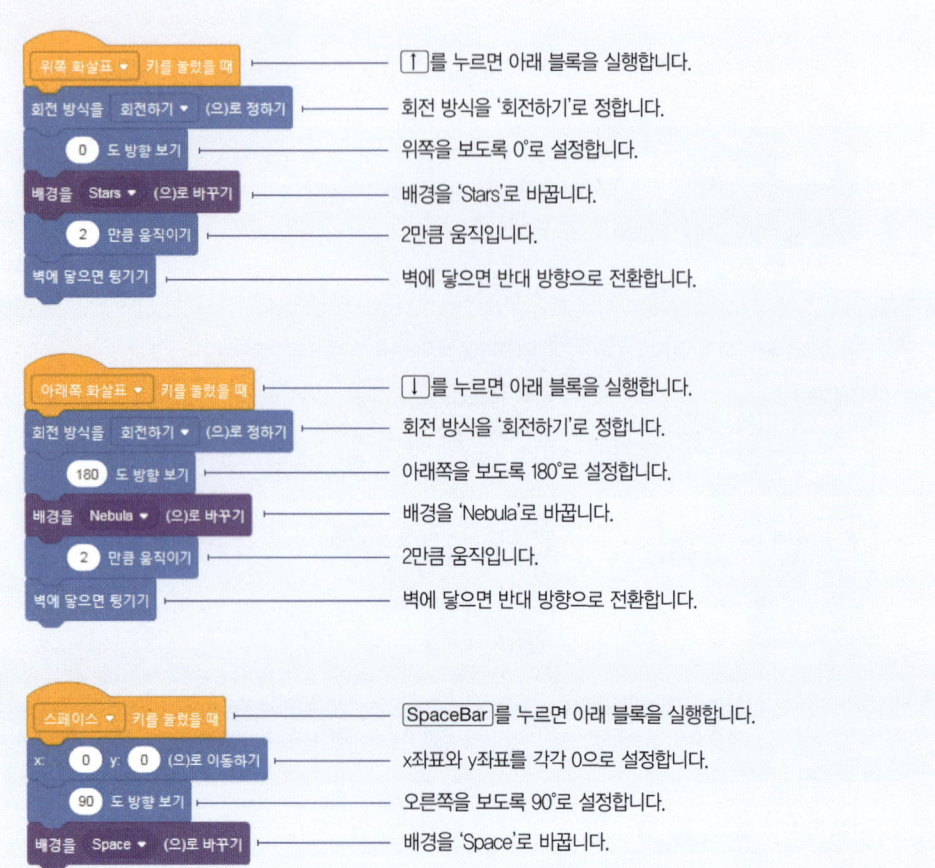

« 한번 더 해 봐요 1

톰과 제리가 화살표 키에 따라 움직이는 프로그램을 만들어 보세요.

조건

⬆를 누르면 제리가 톰과 함께 위쪽을 바라보면서 움직입니다.

⬇를 누르면 제리가 빨간색으로 바뀌고, 톰과 함께 아래쪽을 바라보면서 움직입니다.

⬅를 누르면 제리가 노란색으로 바뀌고, 톰과 함께 왼쪽을 바라보면서 움직입니다.

➡를 누르면 제리가 초록색으로 바뀌고, 톰과 함께 오른쪽을 바라보면서 움직입니다.

SpaceBar를 누르면 톰은 (0, -30), 제리는 (150, -120) 위치에서 대기합니다.

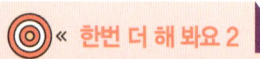 **한번 더 해 봐요 2**

말이 화살표 키에 따라 움직이는 프로그램을 만들어 보세요.

조건

→ 를 누르면 말이 오른쪽을 바라보면서 움직입니다.
← 를 누르면 말이 왼쪽을 바라보면서 움직입니다.
SpaceBar 를 누르면 말이 (-60, -80) 위치에서 오른쪽을 바라보며 대기합니다. 이때 물컵이 나타나며 "아~ 목말라!"를 2초 동안 말합니다.
말이 움직이면 물컵이 사라집니다.

4장
버튼으로 멍멍이 조종하기

학습 목표

방향 버튼을 누르면 신호 보내기가 전달됩니다.
신호를 받은 대로 멍멍이가 움직입니다.

실습 과정

- 버튼 만들기
- 신호 보내기
- 방향 보기
- 시작 위치 정하기
- 배경 넣기

P R E V I E W

신호 보내기 기능을 이용하여 방향 버튼을 눌러 신호를 전달하고, 해당하는 신호를 받아서 멍멍이를 조정해 보겠습니다.

익히기 버튼 삽입하기, 신호 보내기

- 초록 버튼을 누르면 '시작 신호 보내기' 실행
- 항상 시작 위치에서 시작

- 오른쪽 방향 버튼을 누르면 '오른쪽 신호 보내기' 실행
- 멍멍이가 신호를 받고 오른쪽을 바라봄
- 화살표를 클릭할 때마다 모양을 바꾸며 오른쪽으로 이동

- 왼쪽 방향 버튼을 누르면 '왼쪽 신호 보내기' 실행
- 멍멍이가 신호를 받고 왼쪽을 바라봄
- 화살표를 클릭할 때마다 모양을 바꾸며 왼쪽으로 이동

코드

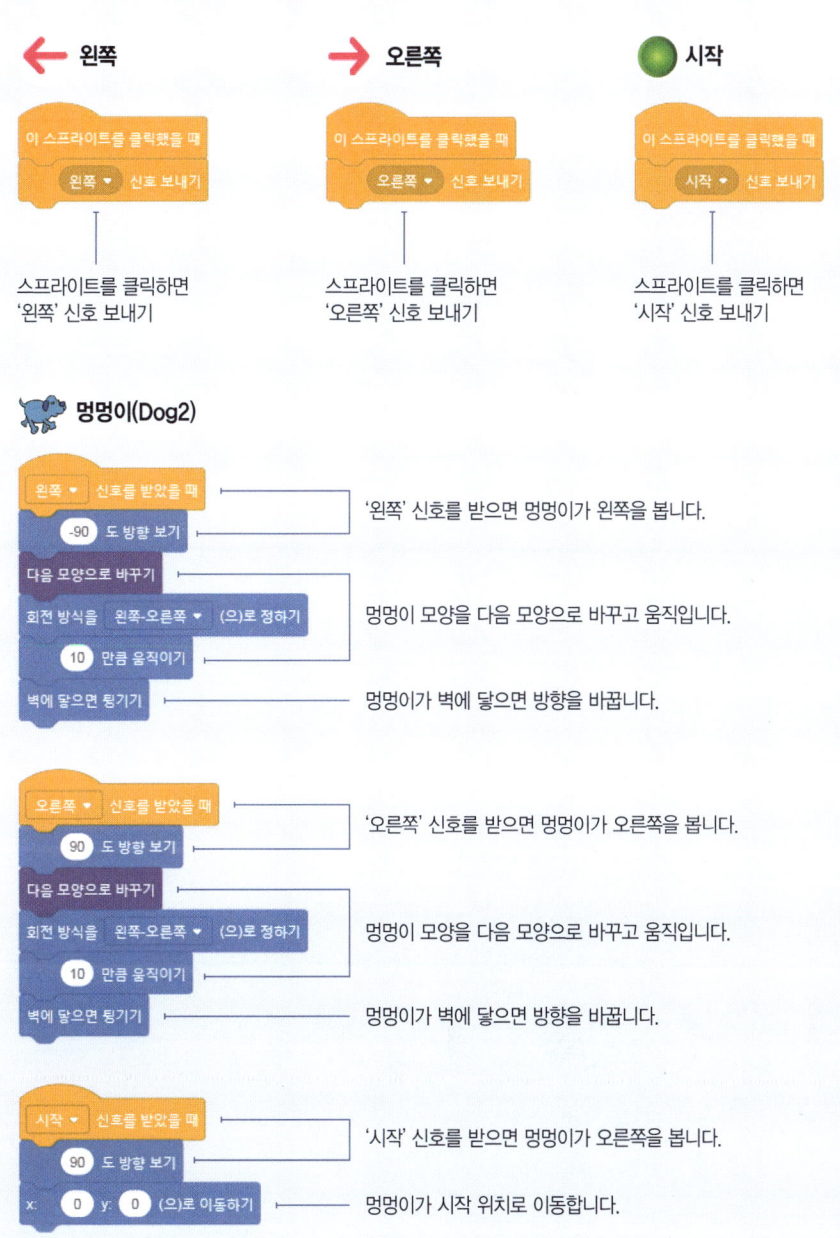

1 버튼 만들기

멍멍이를 조정하기 위해 방향 버튼으로 이용할 화살표 스프라이트를 추가하겠습니다.

1 [파일] > [새로 만들기] 메뉴를 클릭합니다. 멍멍이를 이용할 것이므로 화면에 보이는 '고양이' 스프라이트를 없애야 합니다. '스프라이트 1'의  부분을 클릭합니다.

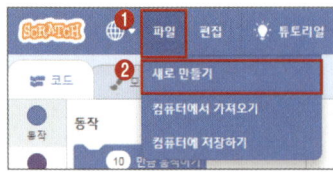
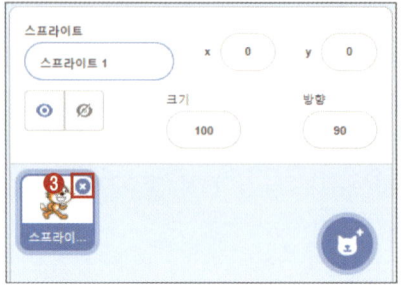

2 방향 버튼으로 이용할 스프라이트를 추가해야 하므로 스프라이트 고르기 아이콘 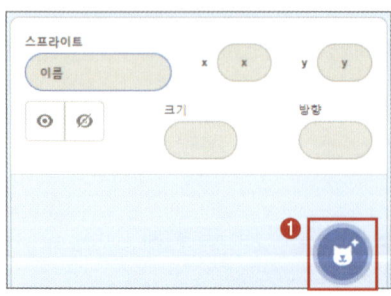을 클릭합니다. 스프라이트 고르기 화면에서 [Arrow1]을 클릭합니다.

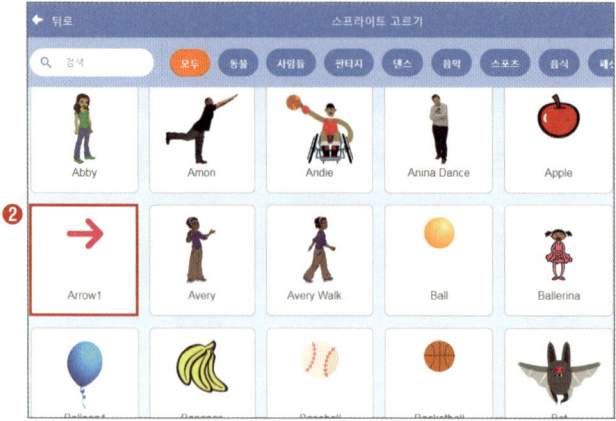

3 모양이 같은 버튼을 만들어야 하므로 'Arrow1'을 마우스 오른쪽 버튼으로 클릭하고 [복사]를 선택합니다.

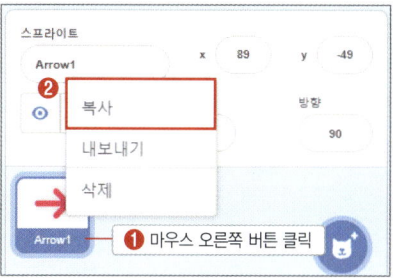

4 이름을 바꿔야 하므로 'Arrow1' 스프라이트의 이름에 '왼쪽'을 입력하고 Enter 를 누릅니다. 같은 방법으로 'Arrow2'의 이름은 '오른쪽'으로 바꿉니다.

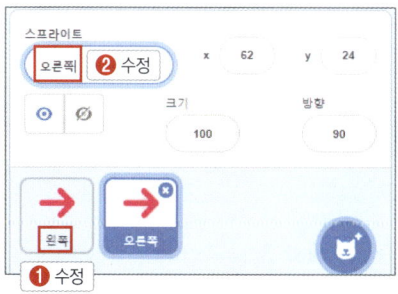

5 '왼쪽' 스프라이트를 클릭하고 [모양] 탭을 클릭한 다음 왼쪽 방향 화살표를 선택합니다.

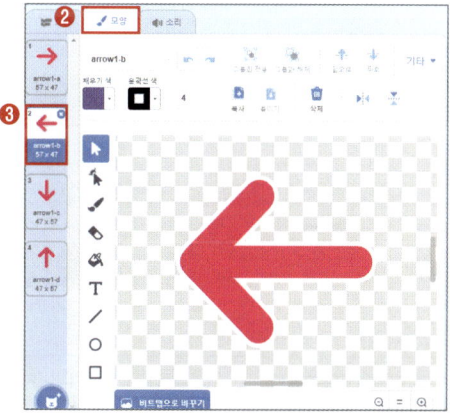

6 '오른쪽' 스프라이트를 클릭하고 [모양] 탭에서 오른쪽 방향 화살표를 선택합니다. 무대 화면에서 오른쪽 방향 화살표를 아래로 드래그하고, 왼쪽 방향 화살표도 아래로 드래그 해서 배치합니다.

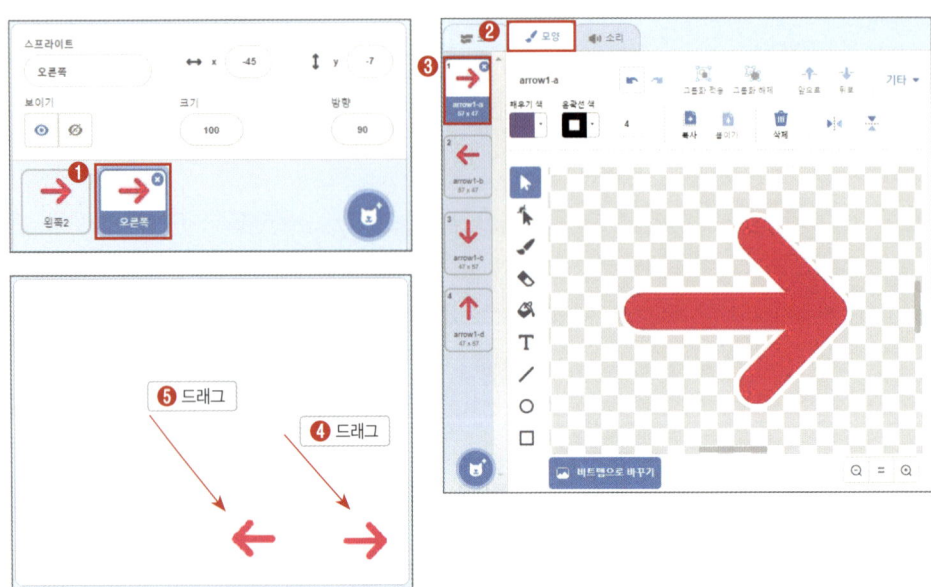

7 시작 버튼을 나타내는 스프라이트를 추가해야 하므로 스프라이트 고르기 아이콘 을 클릭합니다. 스프라이트 고르기 화면에서 [Button1]을 클릭합니다.

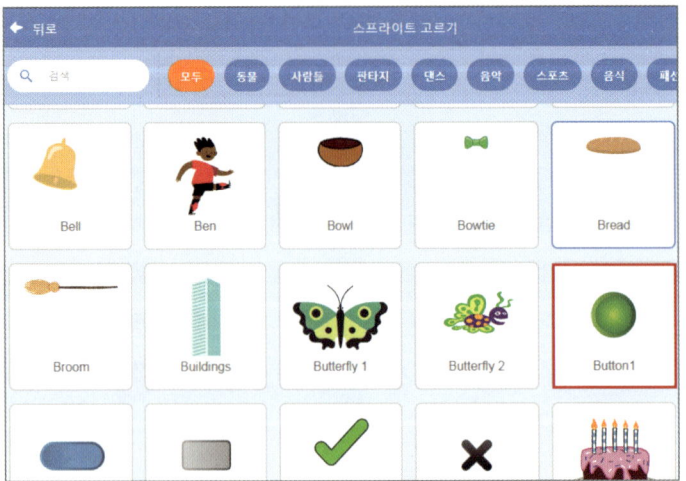

8 이름을 바꿔야 하므로 'Button1' 스프라이트의 이름에 '시작'을 입력하고 Enter 를 누릅니다.

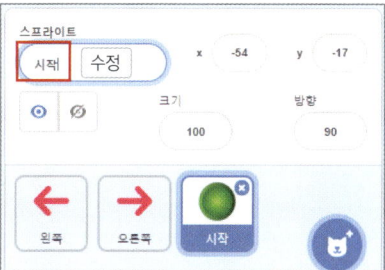

9 '시작' 스프라이트의 크기 '100'을 '50'으로 수정합니다(크기를 50%로 줄임).

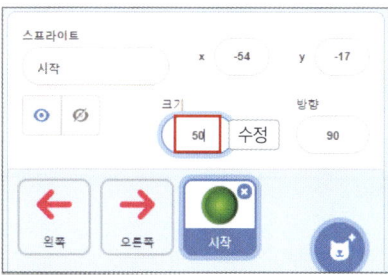

10 무대 화면에서 '시작' 스프라이트를 왼쪽 방향 화살표와 오른쪽 방향 화살표 사이로 드래그해서 배치합니다.

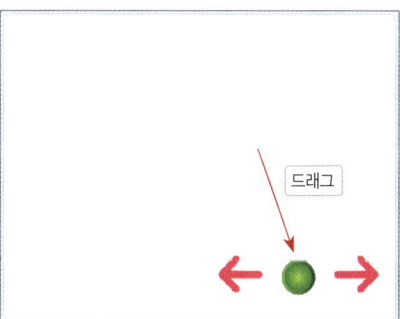

2 신호 보내기

방향 버튼으로 사용할 스프라이트를 추가하였습니다. 이제 방향 버튼을 클릭하면 움직이는 방향에 따라 신호 보내기를 진행하겠습니다.

1 '왼쪽' 스프라이트를 클릭합니다. [코드] 탭을 클릭하고 [이벤트] 팔레트를 클릭합니다. `이 스프라이트를 클릭했을 때` 블록을 코드 영역으로 드래그합니다.

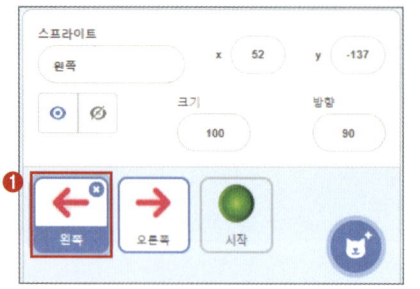

> NOTE
> `이 스프라이트를 클릭했을 때` : 스프라이트를 클릭하면 아래 명령 블록을 실행합니다.

2 `메시지1 신호 보내기` 블록을 `이 스프라이트를 클릭했을 때` 블록 아래로 드래그합니다.

> NOTE
>  : 모든 스프라이트에 설정된 메시지를 신호로 보냅니다.

> **TIP**
> **'신호 보내기' 블록**
>
> 신호 보내기는 스프라이트가 다른 스프라이트와 정보를 주고받기 위해 사용합니다. 스프라이트에서 코딩을 하다가 다른 스프라이트를 제어하고 싶을 때 유용하게 쓸 수 있습니다. 신호 보내기로 다른 스프라이트에게 메시지를 보내고, 메시지를 받은 스프라이트가 실행되도록 할 수도 있습니다. 신호 보내기 이름은 문자나 숫자 모두 쓸 수 있지만 뜻을 알아보기 쉽게 쓰는 것이 좋습니다. 신호 보내기에는 세 가지 종류가 있습니다.
>
> - 메시지1 신호 보내기 : 모든 스프라이트에 지정된 메시지를 보냅니다.
> - 메시지1 신호를 받았을 때 : 지정된 메시지를 받았을 때 코드를 실행합니다.
> - 메시지1 신호를 보내고 기다리기 : 모든 스프라이트에게 지정된 메시지를 보내고 끝내기를 기다립니다.

3 [메시지1] 목록을 클릭하고 [새로운 메시지]를 클릭합니다. 새로운 메시지 창이 나타나면 메시지 이름을 '왼쪽'으로 입력하고 [확인]을 클릭합니다.

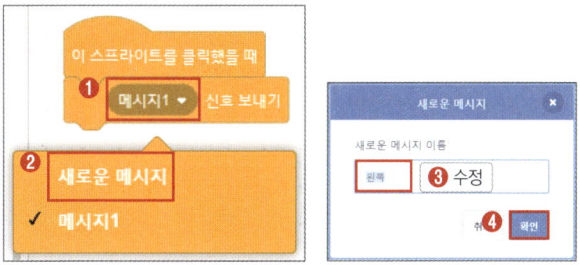

4 '오른쪽' 스프라이트를 클릭합니다. [이벤트] 팔레트의 `이 스프라이트를 클릭했을 때` 블록을 코드 영역의 빈 영역으로 드래그합니다.

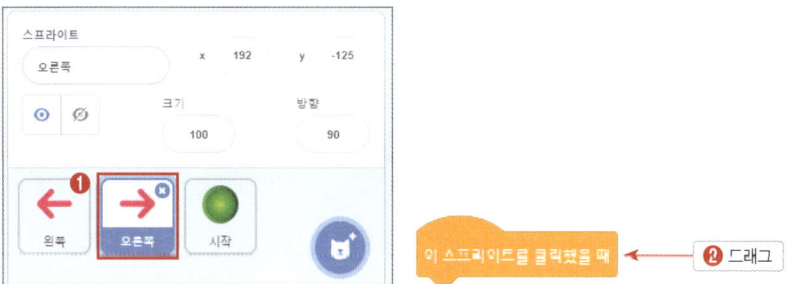

5 `왼쪽 신호 보내기` 블록을 `이 스프라이트를 클릭했을 때` 블록 아래로 드래그합니다.

6 [왼쪽] 목록을 클릭하고 [새로운 메시지]를 클릭합니다. 새로운 메시지 창이 나타나면 메시지 이름을 '오른쪽'으로 입력하고 [확인]을 클릭합니다.

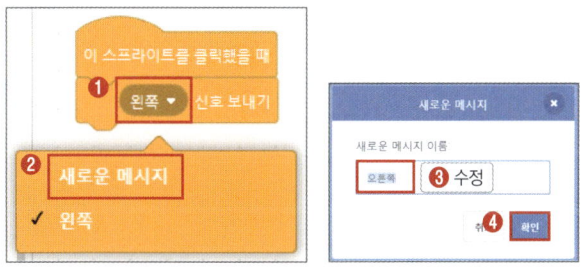

7 '시작' 스프라이트를 클릭합니다. [이벤트] 팔레트의 이 스프라이트를 클릭했을 때 블록을 코드 영역의 빈 영역으로 드래그합니다.

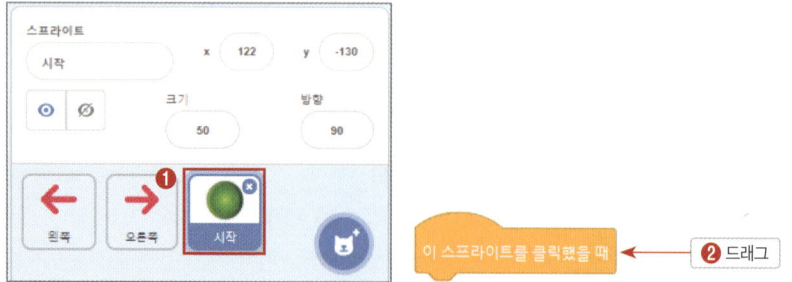

8 오른쪽 신호 보내기 블록을 이 스프라이트를 클릭했을 때 블록 아래로 드래그합니다.

9 [오른쪽] 목록을 클릭하고 [새로운 메시지]를 클릭합니다. 새로운 메시지 창이 나타나면 메시지 이름을 '시작'으로 입력하고 [확인]을 클릭합니다.

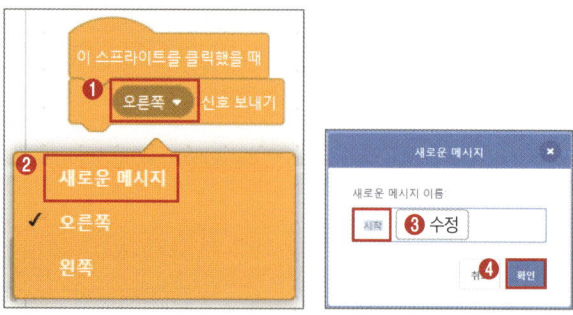

3 방향 보기

왼쪽, 오른쪽, 시작 버튼에 신호 보내기를 설정했습니다. 다음으로 멍멍이가 신호를 받았을 때 지정된 방향으로 걸어가도록 설정해 보겠습니다.

1 주인공인 '멍멍이' 스프라이트를 가져오겠습니다. 스프라이트 고르기 아이콘 을 클릭합니다. 스프라이트 고르기 화면에서 [Dog2]를 클릭합니다.

2 [코드] 탭의 [이벤트] 팔레트를 클릭합니다. 시작 신호를 받았을 때 블록을 코드 영역으로 드래그합니다. '시작' 목록을 '왼쪽'으로 바꿉니다.

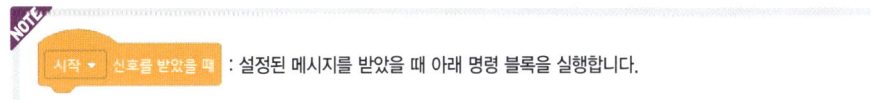

3 [동작] 팔레트를 클릭하고 `90도 방향 보기` 블록을 `왼쪽 신호를 받았을 때` 블록 아래로 드래그합니다. '90'을 '-90'으로 바꿉니다.

   ❶ 드래그
   ❷ 수정

4 [형태] 팔레트를 클릭하고 `다음 모양으로 바꾸기` 블록을 `-90도 방향 보기` 블록 아래로 드래그합니다.

   드래그

5 [동작] 팔레트를 클릭하고 `회전 방식을 왼쪽-오른쪽(으)로 정하기` 블록을 `다음 모양으로 바꾸기` 블록 아래로 드래그합니다.

   드래그

6 [동작] 팔레트의 `10만큼 움직이기` 블록을 `회전 방식을 왼쪽-오른쪽(으)로 정하기` 블록 아래로 드래그합니다.

   드래그

7 [동작] 팔레트의 벽에 닿으면 튕기기 블록을 10만큼 움직이기 블록 아래로 드래그합니다.

8 오른쪽 신호를 받았을 때 블록은 앞의 내용과 비슷하고 일부분만 수정하면 되므로 복사하겠습니다. 왼쪽 신호를 받았을 때 블록을 마우스 오른쪽 버튼으로 클릭하고 [복사하기]를 선택합니다.

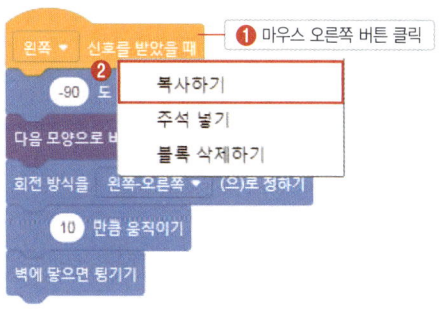

9 복사된 코드들을 코드 영역의 빈 곳으로 드래그하면 됩니다. 복사된 코드에서 '왼쪽' 목록을 '오른쪽'으로 바꾸고, '-90'을 '90'으로 바꿉니다.

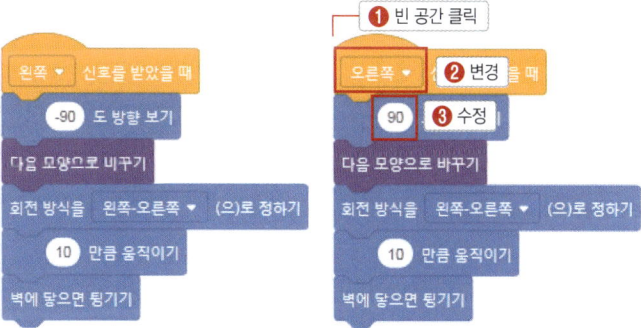

4 시작 위치 정하기

'왼쪽'과 '오른쪽' 신호 보내기를 살펴보았습니다. 지금부터 '시작' 신호를 받으면 지정된 위치에 있도록 설정해 보겠습니다.

1 'Dog2' 스프라이트를 클릭합니다.

2 [이벤트] 팔레트를 클릭하고 `시작 신호를 받았을 때` 블록을 코드 영역의 빈 곳으로 드래그합니다.

3 [동작] 팔레트를 클릭하고 `90도 방향 보기` 블록을 `시작 신호를 받았을 때` 블록 아래로 드래그합니다.

4 [동작] 팔레트의 `x: 0 y: 0(으)로 이동하기` 블록을 `90도 방향 보기` 블록 아래로 드래그합니다.

> NOTE
> `x: 0 y: 0 (으)로 이동하기` : 스프라이트의 x좌푯값과 y좌푯값을 지정합니다.

5 배경 넣기

'시작' 버튼을 누르면 멍멍이가 (0, 0) 위치로 오도록 설정했습니다. 다음으로 멍멍이가 산책하는 데 어울리는 배경을 삽입하겠습니다.

배경 고르기 아이콘 을 클릭하고 [Bench With View]를 클릭합니다.

6 실행하고 저장하기

코드가 완성되면 시작하기 아이콘 을 클릭해 완성된 내용을 확인합니다. 화살표와 시작 버튼을 클릭하면 '멍멍이' 스프라이트가 설정한 대로 움직입니다. [파일] > [컴퓨터에 저장하기] 메뉴를 클릭합니다. 폴더를 지정하고 파일명을 '04-1'로 저장합니다.

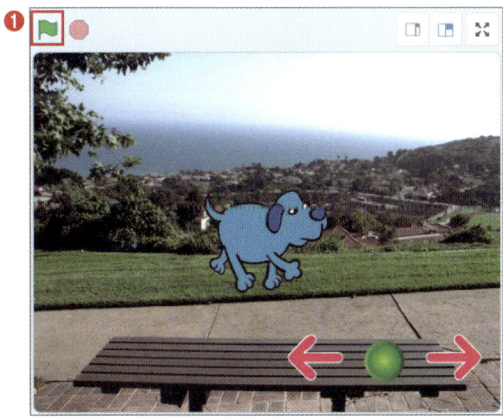
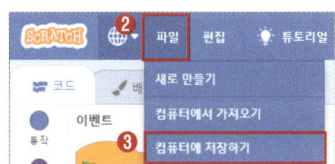

전체 코드 정리하기

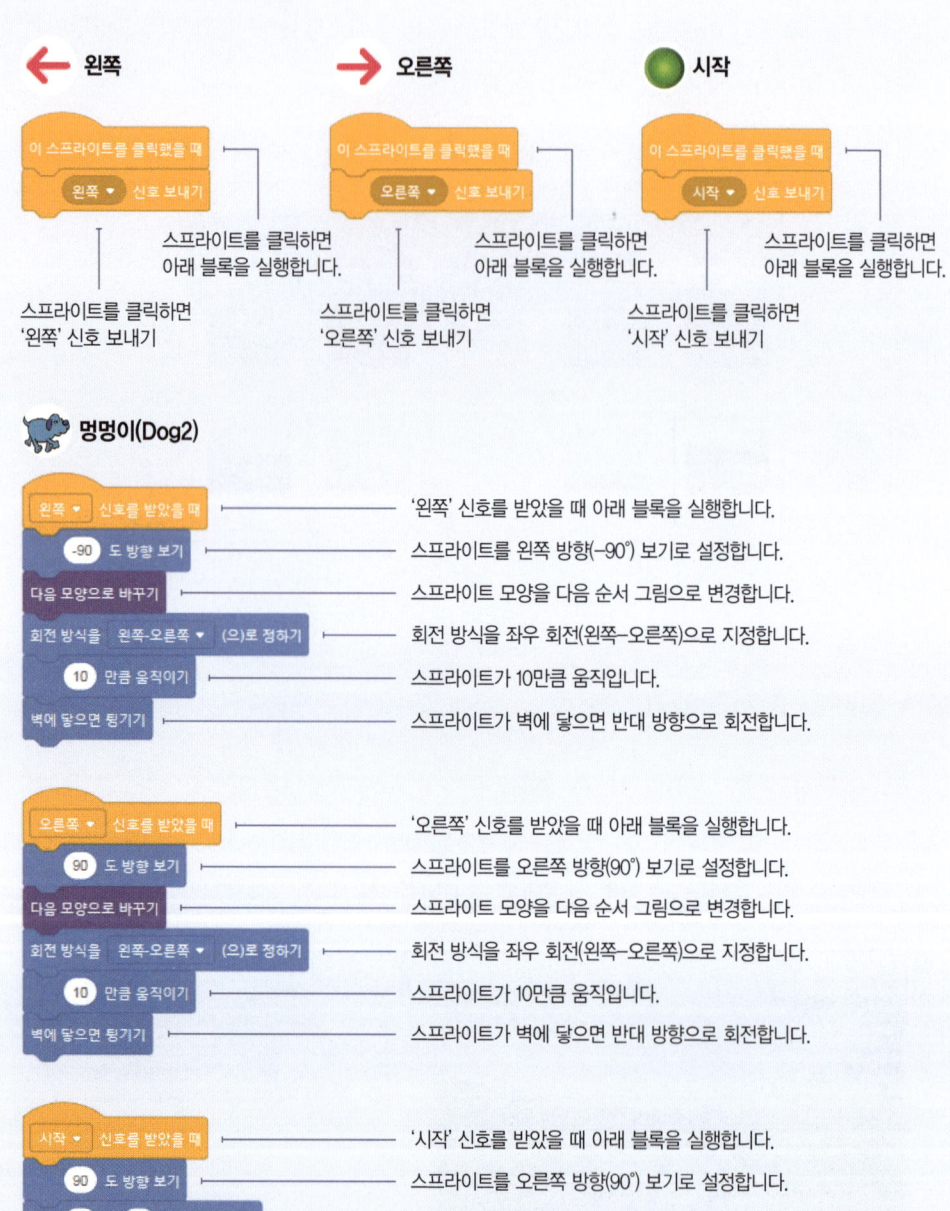

« 한번 더 해 봐요 1

방향 버튼으로 딱정벌레(Beetle)의 방향과 위치를 조절하는 프로그램을 만들어 보세요.

조건

아래쪽 방향 버튼을 누르면 아래를 보면서 10씩 움직입니다.

위쪽 방향 버튼을 누르면 위를 보면서 10씩 움직입니다.

시작 버튼을 누르면 (60, −50) 위치에서 아래를 보며 대기합니다.

« 한번 더 해 봐요 2

방향 버튼으로 박쥐의 방향과 위치를 조절하는 프로그램을 만들어 보세요.
박쥐가 빵에 닿으면 박쥐는 "맛있다"라고 말하고 빵은 사라지게 해 보세요.

조건

박쥐 스프라이트(5개의 버튼)

- 왼쪽 방향 버튼을 누르면 모양을 바꿔가면서 왼쪽으로 5씩 움직입니다.
- 오른쪽 방향 버튼을 누르면 모양을 바꿔가면서 오른쪽으로 5씩 움직입니다.
- 위쪽 방향 버튼을 누르면 모양을 바꿔가면서 위쪽으로 5씩 움직입니다.
- 아래쪽 방향 버튼을 누르면 모양을 바꿔가면서 아래쪽으로 5씩 움직입니다.
- 시작 버튼을 누르면 (0, 0) 위치에서 앞을 보면서 대기합니다.

빵 스프라이트

- 시작 버튼을 누르면 (-110, -120) 위치에서 보입니다.
- 박쥐에 닿으면 사라집니다.

5장

소리 내며 발레 하기

· 학습 목표 ·

소리 내며 발레를 합니다.
소리 내며 점프합니다.

· 실습 과정 ·

준비 자세 만들기
▼
발레 기본 동작하기
▼
점프하기
▼
소리 내기
▼
배경 넣기

PREVIEW

x: 0 y: 0(으)로 이동하기 블록과 팝 재생하기 블록을 이용해 발레 하는 모습을 만들겠습니다.

익히기 이동하기, 모양 바꾸기, 소리 넣기

- 발레 준비 자세 잡기
- 'Dance Celebrate' 소리와 함께 발레 기본 동작 5번 하기
- 'Ya' 소리와 함께 점프 5번 하기

코드

- 처음 위치에서 준비 자세로 서 있기
- 'Dance Celebrate' 소리와 함께 발레 기본 동작 5번 추기
- 모든 소리 끄기
- 1초 동안 쉬기
- 'Ya' 소리와 함께 점프 5번 하기
- 다시 준비 자세로 기다리기

1 준비 자세 만들기

발레를 하기 위한 준비 자세를 만들어 보겠습니다.

1 [파일] > [새로 만들기] 메뉴를 클릭합니다. 댄서를 이용할 것이므로 화면에 보이는 '고양이' 스프라이트를 없애야 합니다. '스프라이트 1'의 ⓧ 부분을 클릭합니다.

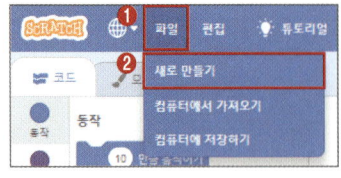
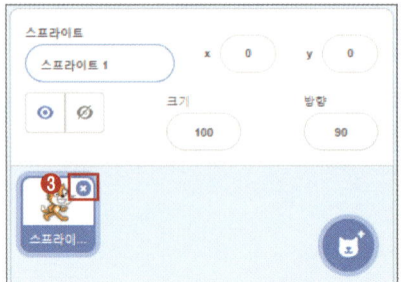

2 '댄서' 스프라이트를 추가해야 하므로 스프라이트 고르기 아이콘 을 클릭합니다. 스프라이트 고르기 화면에서 [Ballerina]를 클릭합니다.

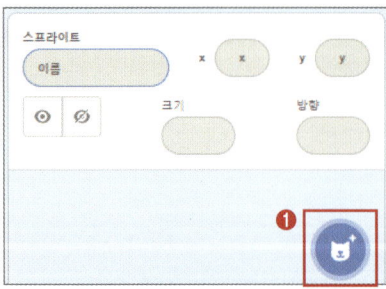
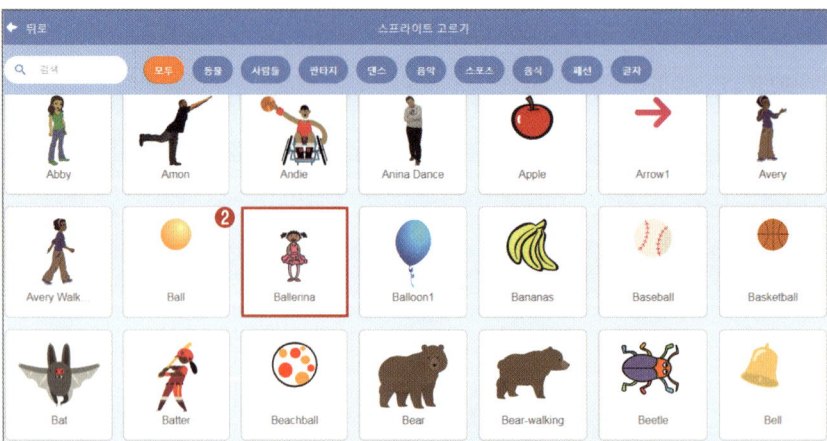

3 [모양] 탭을 클릭하면 발레리나 포즈가 네 가지 나타납니다.

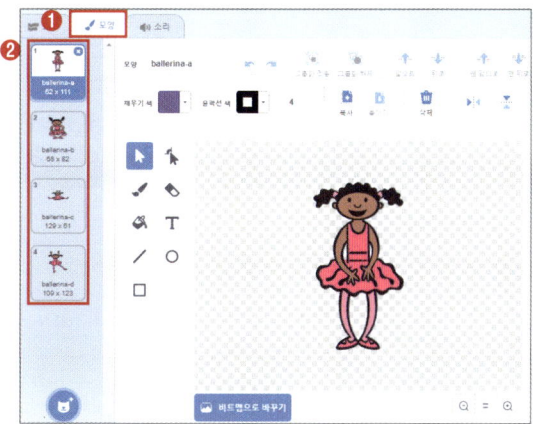

4 [코드] 탭을 클릭하고 [이벤트] 팔레트를 클릭한 다음 클릭했을 때 블록을 코드 영역으로 드래그합니다.

5 [동작] 팔레트를 클릭하고 x: 0 y: 0(으)로 이동하기 블록을 클릭했을 때 블록 아래로 드래그합니다. x좌푯값과 y좌푯값이 '0'인지 확인합니다.

6 [형태] 팔레트를 클릭하고 모양을 ballerina-a(으)로 바꾸기 블록을 x: 0 y: 0(으)로 이동하기 블록 아래로 드래그합니다.

2 발레 기본 동작하기

발레리나가 발레를 할 준비 자세를 만들었습니다. 다음으로 발레 기본 동작을 해 볼까요? 기본 동작을 5번 반복하도록 하겠습니다.

1 [제어] 팔레트를 클릭하고 `10번 반복하기` 블록을 `모양을 ballerina-a(으)로 바꾸기` 블록 아래로 드래그합니다. '10'을 '5'로 수정합니다.

2 [형태] 팔레트를 클릭하고 `모양을 ballerina-a(으)로 바꾸기` 블록을 `5번 반복하기` 블록 안쪽으로 드래그합니다. 모양을 'ballerina-d'로 바꿉니다.

3 [제어] 팔레트를 클릭하고 `1초 기다리기` 블록을 `모양을 ballerina-d(으)로 바꾸기` 블록 아래로 드래그해서 `5번 반복하기` 블록 안에 놓습니다. '1'을 '0.5'로 수정합니다.

4 [형태] 팔레트를 클릭하고 모양을 ballerina-a(으)로 바꾸기 블록을 0.5초 기다리기 블록 아래로 드래그해서 5번 반복하기 블록 안에 놓습니다.

5 [제어] 팔레트를 클릭하고 1초 기다리기 블록을 모양을 ballerina-a(으)로 바꾸기 블록 아래로 드래그해서 5번 반복하기 블록 안에 놓습니다. '1'을 '0.5'로 수정합니다.

5장 소리 내며 발레 하기

6 발레 기본 동작을 마치고 점프할 때까지 잠시 기다려야 하므로 [제어] 팔레트를 클릭하고 `1초 기다리기` 블록을 맨 아래로 드래그합니다.

3 우아하게 점프하기

발레를 멋있게 췄으니 신나는 점프 동작을 연결해 보겠습니다. 점프하려면 y좌표를 변화시켜야 한다는 점을 기억하고 실습을 진행하겠습니다.

1 [제어] 팔레트의 `10번 반복하기` 블록을 `1초 기다리기` 블록 아래로 드래그합니다. '10'을 '5'로 수정합니다.

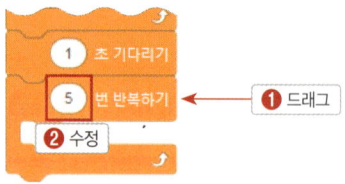

2 [동작] 팔레트를 클릭하고 `y좌표를 10만큼 바꾸기` 블록을 `5번 반복하기` 블록 안으로 드래그합니다. '10'을 '100'으로 수정합니다.

3 [형태] 팔레트를 클릭하고 `모양을 ballerina-a(으)로 바꾸기` 블록을 `y좌표를 100만큼 바꾸기` 블록 아래로 드래그해서 `5번 반복하기` 블록 안에 놓습니다. 모양을 'ballerina-c'로 바꿉니다.

4 [제어] 팔레트를 클릭하고 `1초 기다리기` 블록을 `모양을 ballerina-c(으)로 바꾸기` 블록 아래로 드래그합니다. '1'을 '0.5'로 수정합니다.

5 [동작] 팔레트를 클릭하고 y좌표를 10만큼 바꾸기 블록을 0.5초 기다리기 블록 아래로 드래그합니다. '10'을 '−100'으로 수정합니다.

6 [형태] 팔레트를 클릭하고 모양을 ballerina-a(으)로 바꾸기 블록을 y좌표를 −100만큼 바꾸기 블록 아래로 드래그합니다. 모양을 'ballerina-b'로 바꿉니다.

7 [제어] 팔레트를 클릭하고 1초 기다리기 블록을 모양을 ballerina-b(으)로 바꾸기 블록 아래로 드래그합니다. '1'을 '0.5'로 수정합니다.

8 [형태] 팔레트를 클릭하고 모양을 ballerina-a(으)로 바꾸기 블록을 지금까지 만든 블록 맨 아래로 드래그합니다.

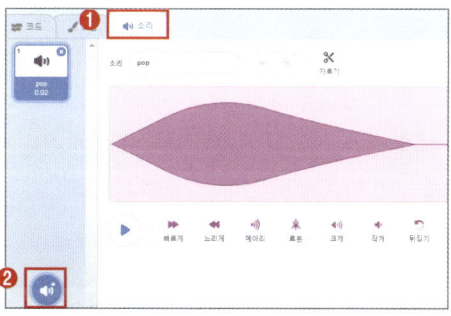

4 소리 내기

발레 기본 동작을 하고 점프하도록 만들었습니다. 여기에 소리까지 넣으면 훨씬 더 신날 것 같습니다. 소리를 넣는 방법을 알아보겠습니다.

1 [소리] 탭을 클릭하면 'pop' 소리가 담겨 있습니다. 소리 파일을 삽입하겠습니다. 소리 고르기 아이콘 을 클릭합니다. 소리 고르기 화면이 나타나면 [Dance Celebrate]를 클릭합니다.

2 같은 방법으로 소리 파일을 하나 더 삽입하겠습니다. 소리 고르기 아이콘 을 클릭한 후 소리 고르기 화면이 나타나면 [Ya]를 클릭합니다.

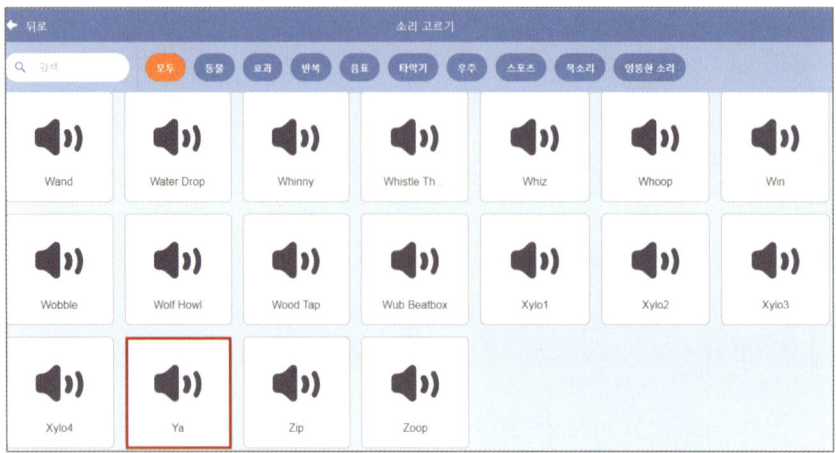

3 [코드] 탭을 클릭하고 [소리] 팔레트를 클릭합니다. pop 재생하기 블록을 위쪽에 있는 5번 반복하기 블록 안의 첫 번째로 드래그합니다. 소리의 종류를 'pop'에서 'Dance Celebrate'로 바꿉니다.

pop 재생하기 : 설정한 소리 파일을 실행해 소리를 재생합니다.

4 발레가 끝날 때 음악도 끝나야 하므로 음악을 끄겠습니다. 모든 소리 끄기 블록을 지금까지 만든 블록 중간쯤에 있는 1초 기다리기 블록 위로 드래그합니다.

5 [소리] 팔레트의 pop 재생하기 블록을 아래쪽에 있는 5번 반복하기 블록의 첫 번째로 드래그합니다. 소리의 종류를 'pop'에서 'Ya'로 바꿉니다.

5장 소리 내며 발레 하기 103

5 배경 넣기

발레와 점프를 하면서 신나는 소리까지 삽입했습니다. 여기에 멋진 배경까지 넣어 보겠습니다. 배경 고르기 아이콘 을 클릭하고 [Party]를 클릭합니다.

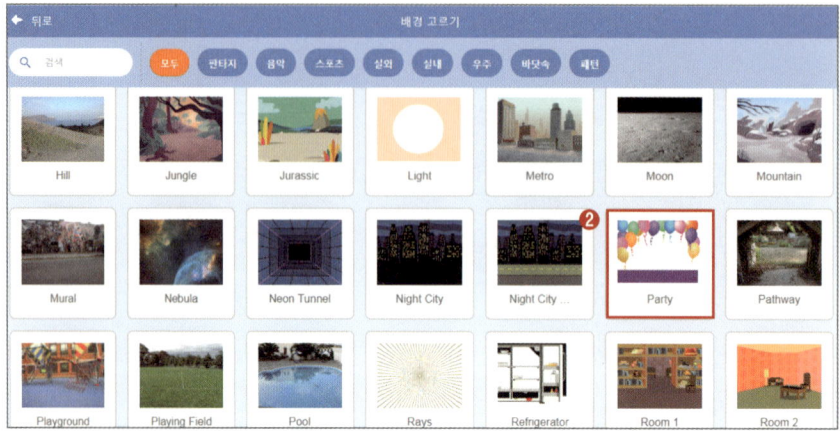

6 실행하고 저장하기

코드가 완성되면 시작하기 아이콘 을 클릭하여 완성된 내용을 확인합니다. [파일] > [컴퓨터에 저장하기] 메뉴를 클릭합니다. 폴더를 지정하고 파일명을 '05-1'로 저장합니다.

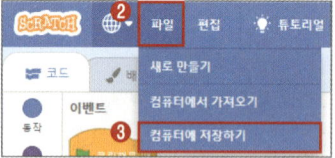

전체 코드 정리하기

5장 소리 내며 발레 하기　105

◎ « 한번 더 해 봐요 1

다음 그림처럼 소리와 함께 댄서가 춤을 추는 모습을 만들어 보세요.

조건

'cham99-b' 모양으로 시작합니다.

다음을 5번 반복합니다.

- 'Dance Celebrate' 소리 재생하기
- 'champ99-d'와 'champ99-e'로 모양 바꾸기

다음을 5번 반복합니다.

- 'Ya' 소리 재생하기
- y좌표를 50만큼 바꾸기
- 모양을 'champ99-a'로 바꾸기
- y좌표를 -50만큼 바꾸기
- 모양을 'champ99-b'로 바꾸기

1 준비 자세로 기다립니다.

2 춤추는 모습을 5번 반복합니다.

3 점프를 5번 반복합니다.

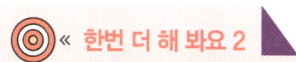 **한번 더 해 봐요 2**

3명의 댄서들이 무대에서 음악에 맞춰 춤추는 모습을 만들어 보세요.

조건

Cassy Dance, Cham99, Jouvi Dance 스프라이트를 각각 준비합니다.

Cassy Dance 스프라이트

- 'cassy-a' 모양으로 시작합니다.
- x : -120, y : 0 위치로 이동합니다.
- 'Dance Around' 소리를 재생합니다.
- 모양 바꾸기를 50번 반복합니다.

다른 스프라이트도 자연스럽게 춤추도록 구성합니다.

숲속을 힘차게 달리는 말

학습 목표

말을 클릭하면 숲속 길을 힘차게 달립니다.
말이 내는 소리 크기를 조절할 수 있습니다.

실습 과정

말발굽 색칠하기
▼
음량 조절하기
▼
힘차게 달려요
▼
제자리에서 숨 고르기
▼
배경 넣기

PREVIEW

말이 숲속 길을 따라 소리를 점점 크게 내면서 달려갑니다. 말발굽도 예쁜 색으로 바꿔 줍니다.

익히기 색칠하기, 음량 조절하기

"히히힝" 소리를 점점 크게 냅니다.

- 힘차게 달려요.
- 말발굽 색이 바뀝니다.

제자리에 멈춰서 숨을 고릅니다.

코드

시작 위치에서 달릴 준비하기

길을 바라봅니다.

소리를 내면서 달려갑니다.
소리를 점점 크게 냅니다.

멈춰서 천천히 숨을 고릅니다.

1 말발굽 색칠하기

'말' 스프라이트를 불러오고 말발굽에 예쁜 색을 칠해 보겠습니다.

1 [파일] > [새로 만들기] 메뉴를 클릭합니다. 말을 이용할 것이므로 화면에 보이는 '고양이' 스프라이트를 없애야 합니다. '스프라이트 1'의 ⓧ 부분을 클릭합니다.

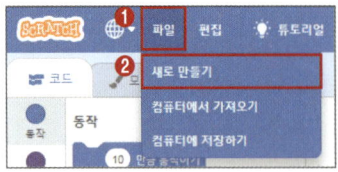 

2 '말' 스프라이트를 추가해야 하므로 스프라이트 고르기 아이콘 을 클릭합니다. 스프라이트 고르기 화면에서 [동물] > [Horse]를 클릭합니다.

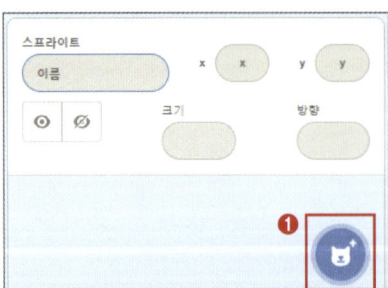

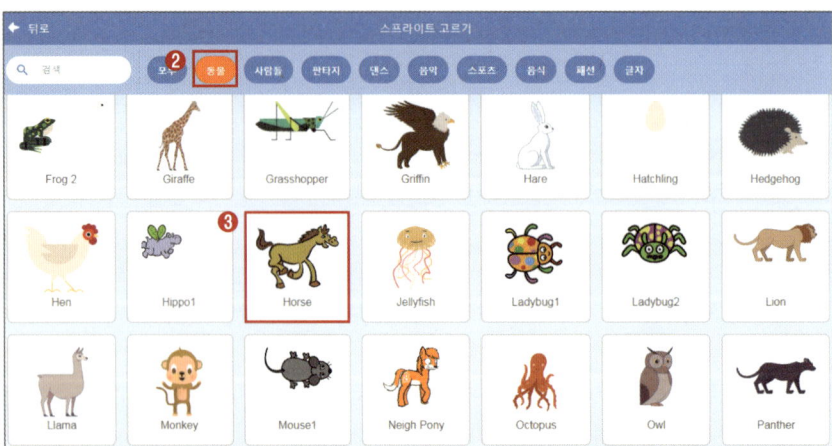

3 [모양] 탭을 클릭하고 'horse-a' 모양을 선택합니다. 채우기 색 툴 을 클릭하고, 채우기 색 조절 부분을 클릭한 후 색상, 채도, 명도 등을 이용하여 빨간색을 지정합니다. 마우스로 말발굽을 클릭하여 색칠합니다.

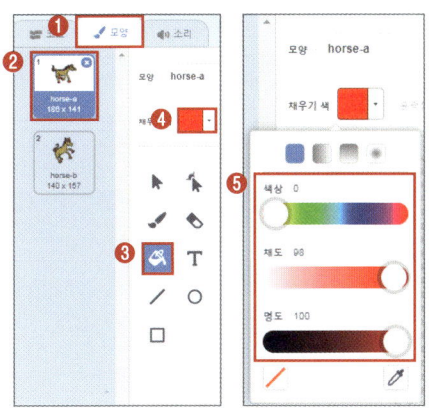

2 음량 조절하기

말을 클릭하면 말이 점점 소리를 크게 내며 달리도록 설정하겠습니다.

1 먼저 말을 클릭하면 움직이도록 하겠습니다. [코드] 탭을 클릭하고 [이벤트] 팔레트를 클릭합니다. `이 스프라이트를 클릭했을 때` 블록을 가운데 코드 영역으로 드래그합니다.

2 말이 처음 있을 위치를 지정하겠습니다. [동작] 팔레트를 클릭하고 `x: 0 y: 0(으)로 이동하기` 블록을 가운데 코드 영역으로 드래그합니다. x좌푯값을 '-130', y좌푯값을 '-100'으로 수정합니다.

6장 숲속을 힘차게 달리는 말 113

3 [동작] 팔레트의 `90도 방향 보기` 블록을 가운데 코드 영역으로 드래그합니다. '90'을 '60'으로 바꿉니다.

4 [소리] 탭을 클릭합니다. 'horse'와 'horse gallop' 소리가 삽입되어 있는지 확인합니다.

> **TIP** 추가로 새로운 소리를 삽입할 때는 왼쪽 하단에 있는 소리 고르기 아이콘 을 클릭하여 원하는 소리를 클릭하면 됩니다.

5 처음에는 말 소리가 작게 들리도록 만들겠습니다. [코드] 탭을 클릭하고 [소리] 팔레트를 클릭합니다. `음량을 100%로 정하기` 블록을 가운데 코드 영역으로 드래그합니다. '100'을 '10'으로 수정합니다.

> **NOTE** `음량을 100 % 로 정하기` : 음량을 주어진 값으로 설정합니다.

6 이제 음량을 단계적으로 높여 보겠습니다. [제어] 팔레트를 클릭하고 `10번 반복하기` 블록을 가운데 코드 영역으로 드래그합니다. '10'을 '4'로 수정합니다.

7 [소리] 팔레트를 클릭하고 `horse 재생하기` 블록을 `4번 반복하기` 블록 안쪽으로 드래그합니다.

8 음량을 높게 설정해 보겠습니다. `음량을 -10만큼 바꾸기` 블록을 `horse 재생하기` 블록 아래로 드래그합니다. '-10'을 '20'으로 수정합니다.

> **NOTE**
>
> `horse ▼ 재생하기` : 설정한 소리 파일을 실행해 소리를 재생합니다.
>
> `음량을 -10 만큼 바꾸기` : 음량을 주어진 값만큼 바꿉니다. 음수를 입력하면 소리가 작아지고, 양수를 입력하면 소리가 커집니다.
>
> `음량을 10 % 로 정하기` : 스프라이트의 음량을 지정된 비율 값으로 설정합니다.

③ 힘차게 달려요

말 소리가 처음에는 작게 나오다가 시간이 흐를수록 커집니다. 이제부터는 말을 달리도록 만들어 보겠습니다.

1 [제어] 팔레트를 클릭하고 `10번 반복하기` 블록을 드래그해서 `horse 재생하기` 블록과 `음량을 20만큼 바꾸기` 블록 사이로 놓습니다. '10'을 '3'으로 수정합니다.

2 [동작] 팔레트를 클릭하고 `10만큼 움직이기` 블록을 `3번 반복하기` 블록 안쪽으로 드래그합니다. '10'을 '30'으로 수정합니다.

❶ 드래그
❷ 수정

3 [형태] 팔레트를 클릭하고 `다음 모양으로 바꾸기` 블록을 `3번 반복하기` 블록 안쪽으로 드래그합니다.

드래그

6장 숲속을 힘차게 달리는 말 117

4 [제어] 팔레트를 클릭하고 1초 기다리기 블록을 3번 반복하기 블록 안쪽으로 드래그합니다. '1'을 '0.3'으로 수정합니다.

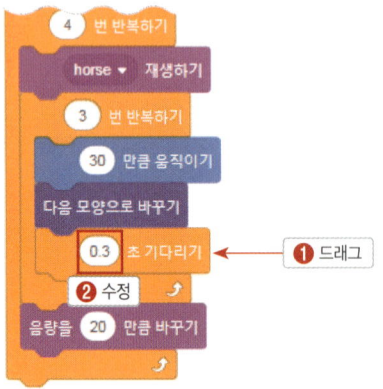

5 말이 달리는 것을 좀 더 효과적으로 하기 위해 말발굽 소리를 추가해 보겠습니다. [소리] 팔레트를 클릭하고 horse 재생하기 블록을 음량을 10%로 정하기 블록 아래로 드래그합니다. 'horse'를 'horse gallop'으로 바꿉니다.

NOTE

[소리] 탭을 누르면 새로운 소리를 추가할 수 있을 뿐만 아니라 선택된 소리의 일부분을 자를 수도 있습니다. 혹시 잘못 잘랐다면 '되돌리기'나 '재시도' 기능을 이용하면 편리합니다.

그 밖에도 빠르게, 느리게, 메아리 등 다양한 기능이 있으니 연습해 보세요.

4 제자리에서 숨 고르기

말이 소리를 내면서 60° 방향으로 달려갑니다. 힘차게 달려온 말이 제자리에서 잠시 쉬면서 숨을 고르는 장면을 넣어 보겠습니다.

1 [제어] 팔레트의 `10번 반복하기` 블록을 가운데 코드 영역 맨 아래로 드래그합니다. '10'을 '3'으로 수정합니다.

2 [형태] 팔레트를 클릭하고 `다음 모양으로 바꾸기` 블록을 맨 아래에 있는 `3번 반복하기` 블록 안쪽으로 드래그합니다.

3 [제어] 팔레트를 클릭하고 `1초 기다리기` 블록을 아래쪽의 `3번 반복하기` 블록 안쪽으로 드래그합니다. '1'을 '0.3'으로 수정합니다.

5 배경 넣기

무대 배경을 말이 뛰어다니기 좋은 숲속으로 설정해 보겠습니다. 배경 고르기 아이콘 을 클릭한 후, [Castle 2]를 클릭합니다.

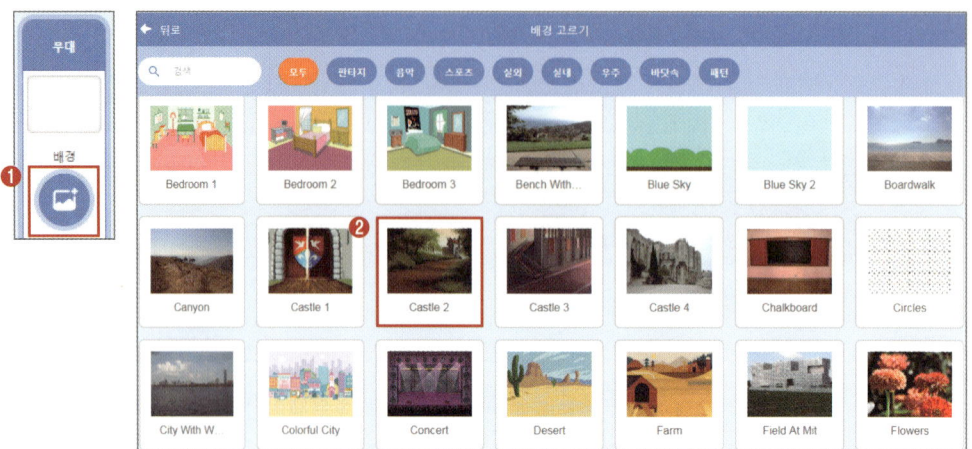

6 실행하고 저장하기

코드가 완성되면 시작하기 아이콘 을 클릭해 완성된 내용을 확인합니다. 화면(무대)에서 말을 클릭하면 말이 소리를 내며 달립니다. [파일] > [컴퓨터에 저장하기] 메뉴를 클릭합니다. 폴더를 지정하고 파일명을 '06-1'로 저장합니다.

전체 코드 정리하기

6장 숲속을 힘차게 달리는 말　121

《 한번 더 해 봐요 1

멍멍이가 "멍멍" 소리를 내면서 달리도록 만들어 보세요.

조건

멍멍이가 'dog1' 소리를 내면서 60° 방향으로 달립니다.

달리면서 점점 소리가 크게 나도록 합니다.

《 한번 더 해 봐요 2

곰이 소리를 내며 운동하고, 이 모습을 보는 병아리는 귀엽게 삐악거리도록 만들어 보세요.

조건

시작하기 아이콘 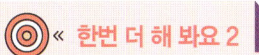을 누르면 곰과 병아리는 시작 위치로 갑니다.

곰 스프라이트

- 스프라이트를 클릭하면 오른쪽으로 가면서 'pop' 소리가 점점 작아집니다.
- 왼쪽으로 오면서 소리가 점점 커집니다.
- 두 가지 곰 모양이 번갈아 나타나도록 합니다.

병아리 스프라이트

- 스프라이트를 클릭하면 좌우로 움직입니다.
- 'Chirp' 소리가 점점 작아졌다 커집니다.
- 병아리 모양이 계속 바뀝니다.

피아노 연주하기

학습 목표

피아노 건반을 만들어서 연주할 수 있습니다.
피아노 건반을 누르면 건반이 커집니다.

실습 과정

- 피아노 건반 만들기
- 피아노 건반을 누르면 건반이 커지는 효과 주기
- 연주하기
- 복사하기
- 배경 넣기

P R E V I E W

피아노 건반을 직접 그린 다음 음을 설정해 연주해 보겠습니다. 피아노 건반을 누르면 누른 건반이 커지도록 만들겠습니다.

익히기 벡터 이미지로 그리기, 음 설정하기

피아노 건반을 그립니다.

피아노 건반에 효과 설정하기 : 건반을 누르면 건반이 살짝 커졌다가 원래 크기로 되돌아갑니다.

피아노에 음 설정하기 : 피아노 건반을 누르면 '도' 소리가 납니다.

코드

건반을 누르면 누른 건반이 살짝 커지면서 '도' 소리가 나요!

건반을 누르면 누른 건반이 살짝 커지면서 '#도' 소리가 나요!

건반을 누르면 누른 건반이 살짝 커지면서 '레' 소리가 나요.

건반을 누르면 누른 건반이 살짝 커지면서 '미' 소리가 나요.

피아노 건반 만들기

피아노를 연주하려면 피아노가 있어야 합니다. 피아노 건반을 만들어 보겠습니다.

1   첫 화면에서 [모양] 탭을 클릭하고, 모양 고르기 아이콘 위에 마우스 포인터를 놓고 그리기 아이콘을 클릭합니다. '모양 3'이 생깁니다(주의 : 모양 고르기 아이콘을 클릭하지 않도록 합니다).

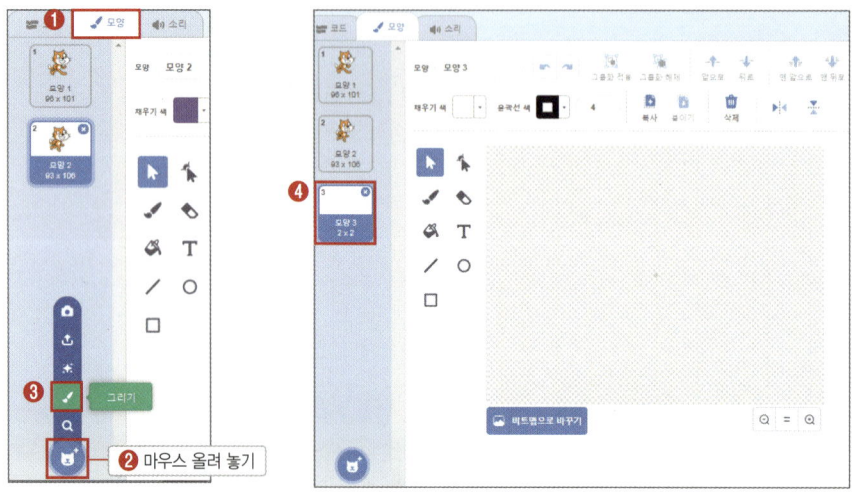

2   기본 형태인 벡터 이미지로 그리면 깔끔한 이미지를 만들 수 있습니다.

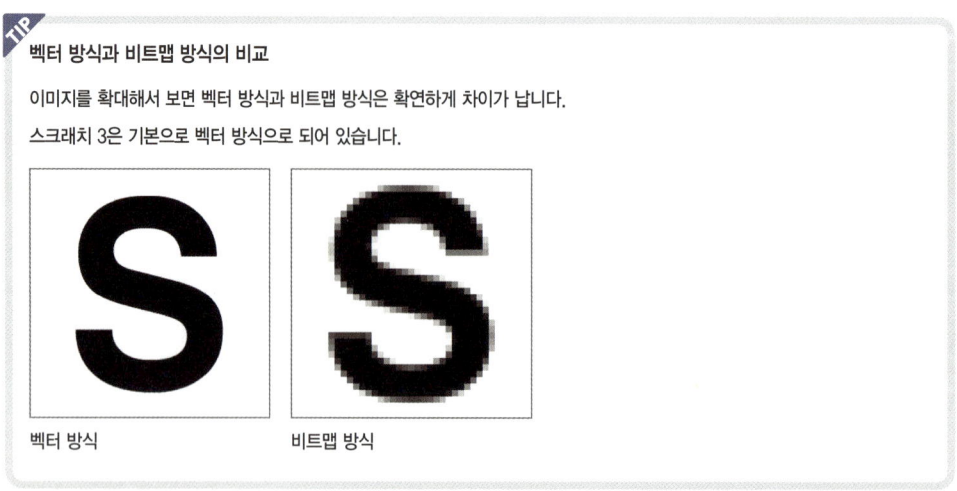

3 직사각형 툴 □을 클릭합니다. 화면 크기 조정 버튼 ⊕ = ⊖ 중 화면 축소 버튼 ⊖을 한 번 클릭하여 화면을 조정합니다. 드래그해서 피아노 건반을 그립니다.

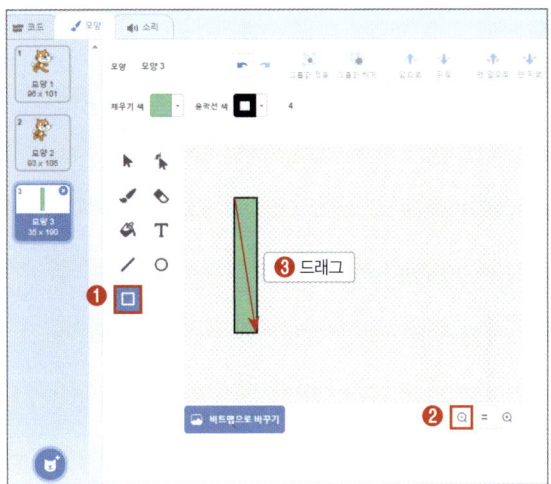

4 채우기 색 툴을 클릭하고 위쪽에 있는 채우기 색 조절 버튼 ■을 클릭합니다. 흰색(색상 0, 채도 0, 명도 100)을 만든 후 건반 안쪽을 클릭해서 흰색으로 채웁니다.

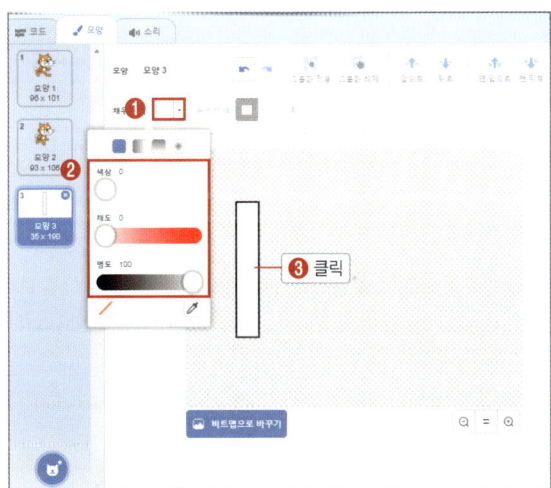

5   모양의 중심을 맞추겠습니다. 선택 툴 을 클릭합니다. 건반을 드래그하여 왼쪽 상단을 화면 중앙에 보이는 모양 중심 에 맞춥니다(잘 안 보이면 화면을 확대한 후 해 보세요).

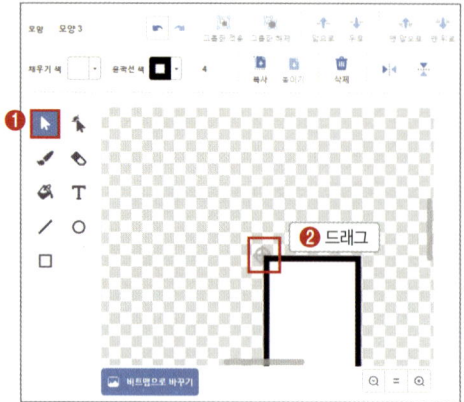

6   검은색 건반을 만들겠습니다. 모양 3을 마우스 오른쪽 버튼으로 클릭하고 [복사]를 선택합니다. '모양 4'가 생깁니다.

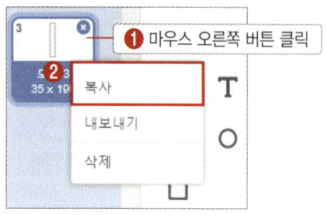

7   '모양 4'가 선택되었는지 확인한 후 선택 툴 을 클릭해 화면에 있는 '모양 4' 스프라이트를 클릭하면 8개의 조절 점이 생깁니다. 조절 점을 드래그해서 크기를 줄입니다.

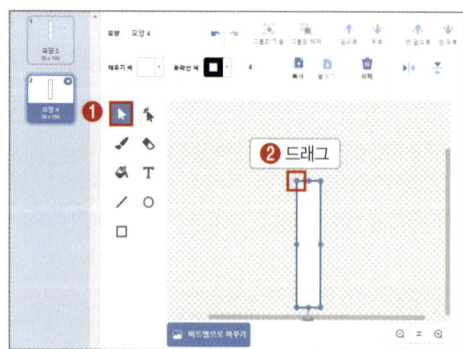

8 채우기 색 툴 을 클릭하고 위쪽에 있는 채우기 색 조절 버튼 을 클릭합니다. 검은색(색상 0, 채도 0, 명도 0)을 만든 후 건반 안쪽을 클릭해서 색을 채웁니다.

9 '검은색 건반' 모양의 중심을 맞추겠습니다. 선택 툴 을 클릭합니다. 검은색 건반을 드래그하여 왼쪽 상단을 화면 중앙에 보이는 모양 중심 에 맞춥니다(잘 안 보이면 화면을 확대한 후 해 보세요).

10 필요 없는 모양을 지우겠습니다. '모양 1'을 마우스 오른쪽 버튼으로 클릭하고 [삭제]를 선택합니다. 같은 방법으로 '모양 2'도 지웁니다. '모양 3'을 클릭하여 선택합니다.

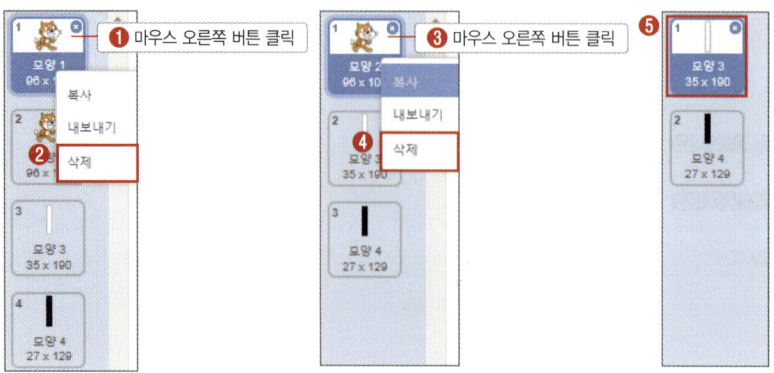

2 피아노 건반에 효과 설정하기

피아노 건반을 눌렀을 때 건반이 눌렸는지 알 수 있도록 건반이 살짝 커졌다가 원래 크기로 되돌아가는 효과를 설정하겠습니다. 먼저 무대에 있는 흰색 건반을 적당한 위치로 드래그합니다.

1 [코드] 탭을 클릭하고 [이벤트] 팔레트를 클릭합니다. `이 스프라이트를 클릭했을 때` 블록을 가운데 코드 영역으로 드래그합니다.

2 건반을 모두 완성하고 연주할 때, 흰색 건반을 누르면 검은색 건반이 안 보일 때가 있습니다. 흰색 건반은 항상 검은색 건반 뒤쪽에 있게 하겠습니다. [형태] 팔레트의 `맨 앞쪽으로 순서 바꾸기` 블록을 가운데 코드 영역으로 드래그합니다. 목록을 눌러 '앞쪽'을 '뒤쪽'으로 바꿉니다.

3 [형태] 팔레트를 클릭하고 크기를 100%로 정하기 블록을 가운데 코드 영역으로 드래그합니다. '100'을 '105'로 수정합니다. 건반을 누르면 살짝 커지는 설정입니다.

> NOTE
> 크기를 100 %로 정하기 : 스프라이트 크기를 설정한 비율로 바꿉니다.

4 [제어] 팔레트를 클릭하고 1초 기다리기 블록을 가운데 코드 영역으로 드래그합니다. '1'을 '0.1'로 수정합니다.

5 105%로 확대되었다가 다시 원래 크기인 100%로 돌아가야 합니다. [형태] 팔레트를 클릭하고 크기를 100%로 정하기 블록을 가운데 코드 영역으로 드래그합니다.

3 피아노 건반에 음 설정하기

건반을 누르면 살짝 커졌다가 원래 크기로 되돌아가도록 만들었습니다. 다음으로 피아노에 음을 설정해 보겠습니다. 먼저 건반에 '도' 음을 설정하겠습니다.

1 건반에 대한 음을 설정하기 위해서는 [음악] 팔레트를 추가해야 합니다. 왼쪽 아래에 있는 확장 기능 추가하기 아이콘 을 클릭한 후 [음악]을 클릭하면 [음악] 팔레트가 추가됩니다.

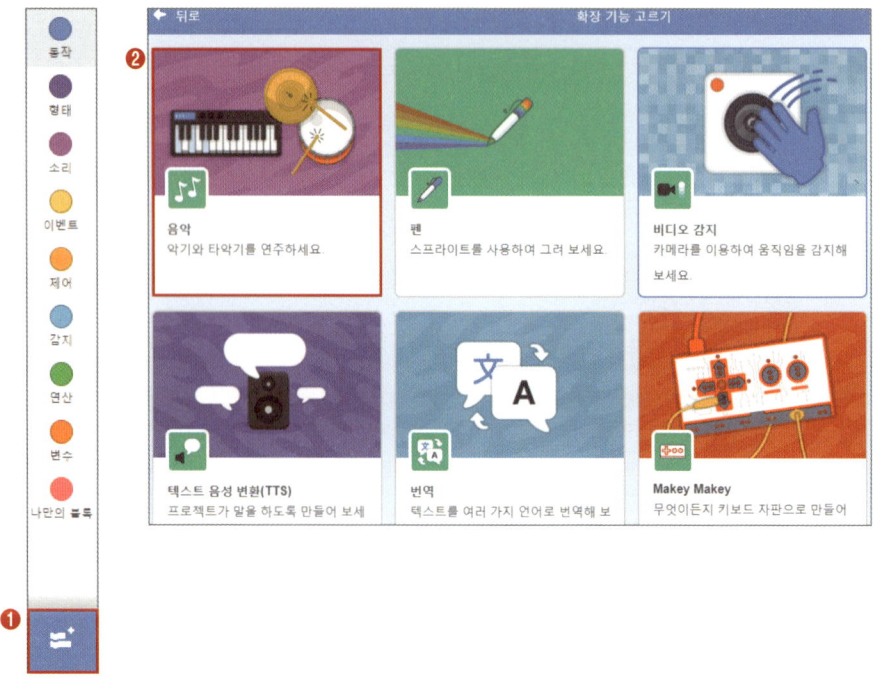

2 [음악] 팔레트를 클릭하고 `60번 음을 0.25박자로 연주하기` 블록을 가운데 코드 영역으로 드래그합니다.

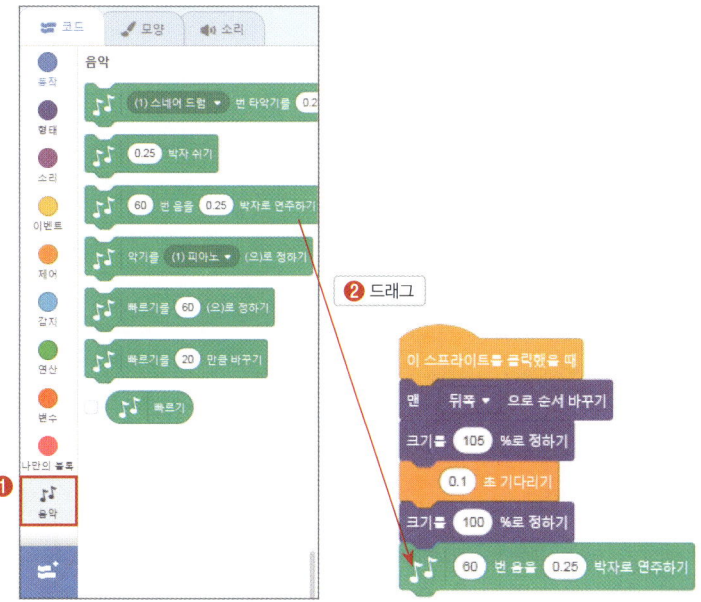

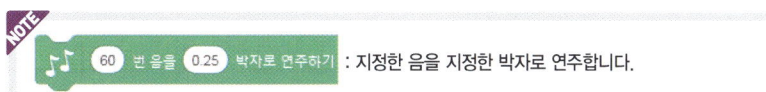

4 복사하기

소리가 울리는 건반을 복사해 나머지 건반도 만들어 보겠습니다.

1 '스프라이트 1'을 마우스 오른쪽 버튼으로 클릭하고 [복사]를 선택합니다. 복사된 '스프라이트 2'를 피아노 건반 모양의 위치로 드래그합니다.

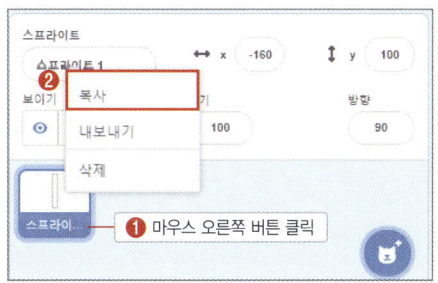

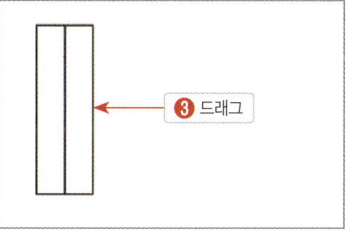

2 '스프라이트 2'가 선택된 상태에서 코드 영역에 있는 60번 음을 0.25박자로 연주하기 블록의 음 '60' 목록을 클릭한 다음 '레' 자리 건반을 누릅니다. '60'이 '62'로 바뀝니다.

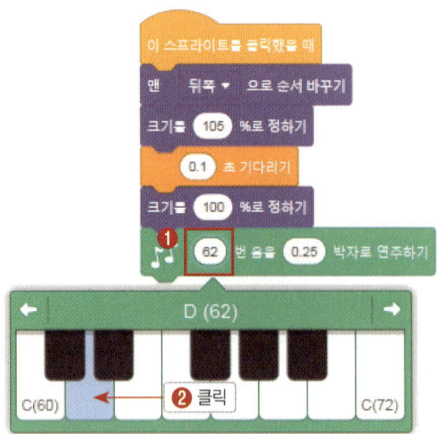

3 같은 방법으로 흰색 건반 여섯 개를 더 만들고 각 건반에 맞는 음을 설정합니다.

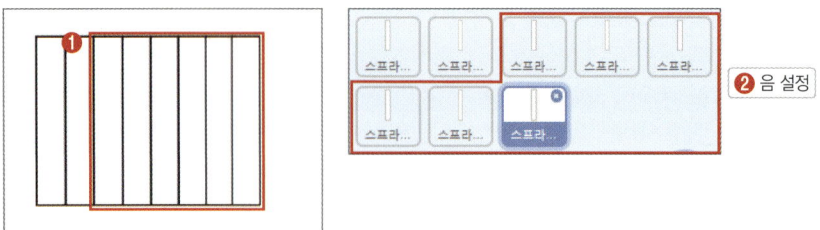

4 '스프라이트 8'을 마우스 오른쪽 버튼으로 클릭하고 [복사]를 선택합니다. '스프라이트 9'가 생깁니다.

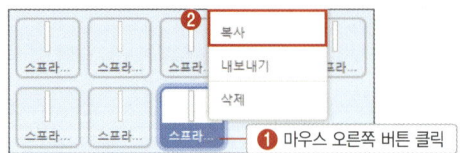

5 '스프라이트 9'를 선택한 상태에서 [모양] 탭을 클릭하고 검은색 건반(모양 4)을 클릭합니다.

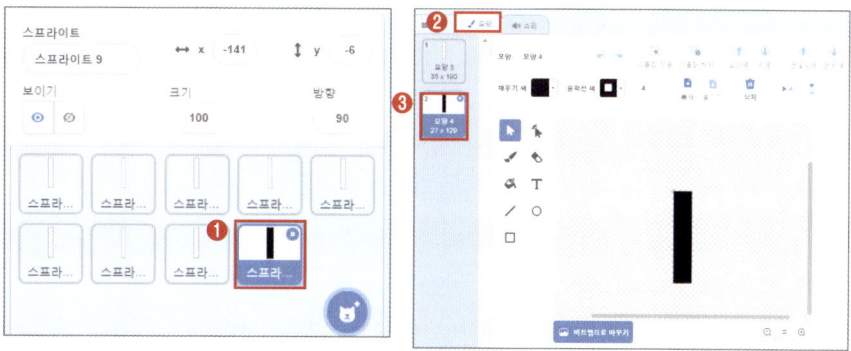

6   [코드] 탭을 클릭하고 코드 영역에 있는 72번 음을 0.25박자로 연주하기 블록의 음 목록을
    클릭한 다음 '도#' 자리 건반을 누릅니다. '72'가 '61'로 바뀝니다. 숫자를 직접 입력하여
    수정해도 됩니다.

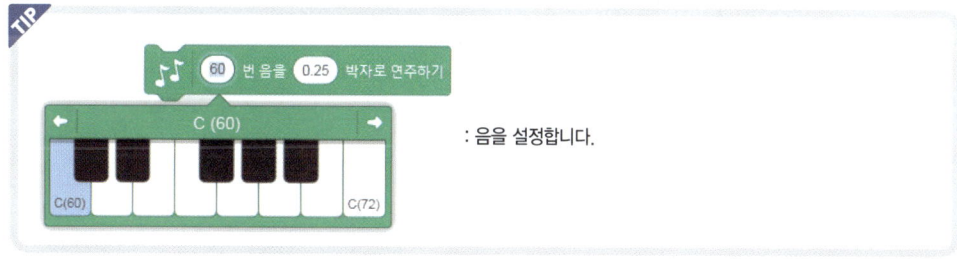

: 음을 설정합니다.

7 검은색 건반에서 필요 없는 블록 맨 뒤쪽으로 순서 바꾸기 를 삭제합니다.

8 '스프라이트 9'를 피아노 건반의 '도#' 자리로 드래그합니다.

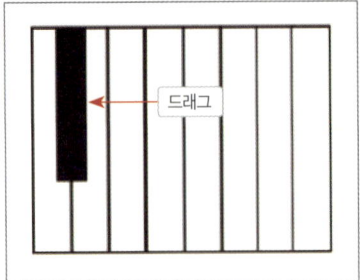

9 같은 방법으로 '#' 건반 네 개를 더 복사하여 배치한 다음 각 건반에 맞는 음을 설정합니다.

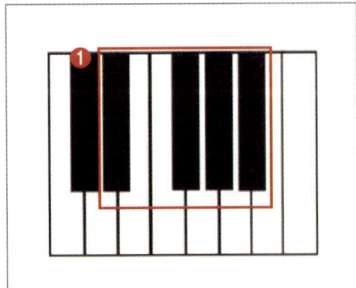

5 배경 넣기

배경 고르기 아이콘 을 클릭한 후 목록에서 [Greek Theater]를 클릭합니다.

6 실행하고 저장하기

시작하기 아이콘 을 클릭해 완성된 내용을 확인합니다. 건반을 클릭하여 연주할 수 있습니다. [파일] > [컴퓨터에 저장하기] 메뉴를 클릭합니다. 폴더를 지정하고 파일명을 '07-1'로 저장합니다.

7장 피아노 연주하기 139

전체 코드 정리하기

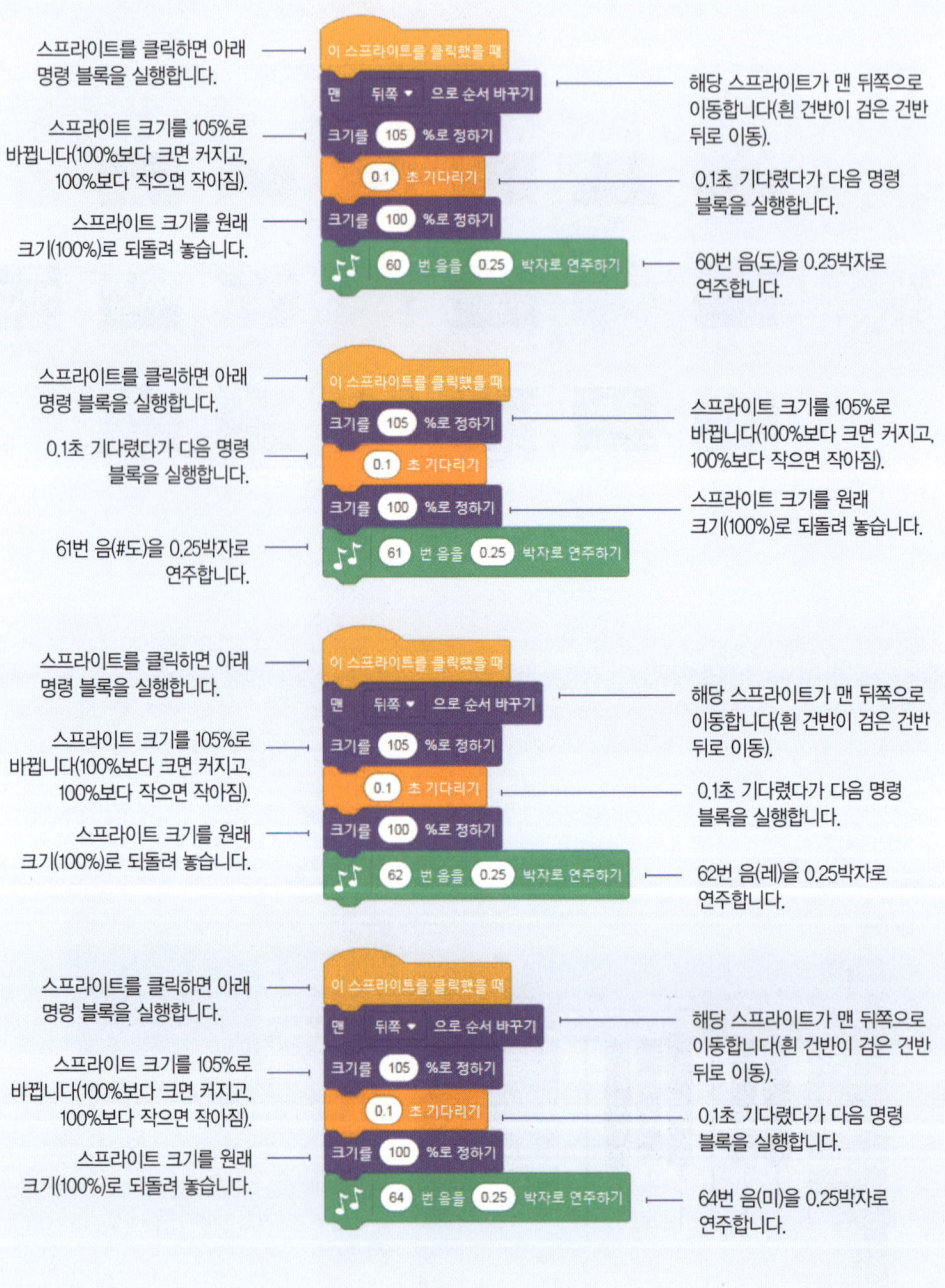

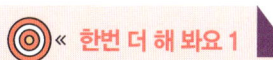 **« 한번 더 해 봐요 1**

드럼 스프라이트를 세 개 추가하고 연주해 보세요.

조건

Drum Kit 스프라이트

- 드럼을 클릭하면 크기가 살짝 커졌다가 원래 크기로 돌아옵니다.
- 'Drum' 소리를 재생합니다.

Drum-snare, Drums Conga 스프라이트의 악기도 위와 같은 방법으로 진행합니다.

« 한번 더 해 봐요 2

음악을 선곡(숫자 1, 2, 3 중 택일)하여 연주해 보세요.

조건

1을 선곡하면 기타에 맞춰 댄서가 춤을 추며 연주됩니다.

2를 선곡하면 드럼에 맞춰 댄서가 춤을 추며 연주됩니다.

3을 선곡하면 하마(Hippo)와 함께 댄서가 춤을 추며 연주됩니다.

모래바람이 불면 도망가는 꽃게

· 학습 목표 ·

그래픽 효과를 이용해 모래바람을 만듭니다.
꽃게가 놀라 심장을 콩닥거리며 도망가도록 만듭니다.

· 실습 과정 ·

모래바람 만들기
▼
더 센 모래바람 만들기
▼
꽃게 심장을 콩닥거리게 만들기
▼
부리나케 도망치는 꽃게 만들기

PREVIEW

소용돌이 효과를 이용해 모래바람이 불도록 하고, 어안 렌즈 효과를 이용해 꽃게의 심장이 콩닥콩닥 뛰는 것처럼 보이도록 효과를 내 보겠습니다.

익히기 그래픽 효과 적용하기

모래바람이 불어요.

모래바람이 더 세게 불어요!

놀란 꽃게는 심장이 콩닥콩닥 뛰어요.

꽃게가 모래바람을 피해 부리나케 도망가네요.

코드

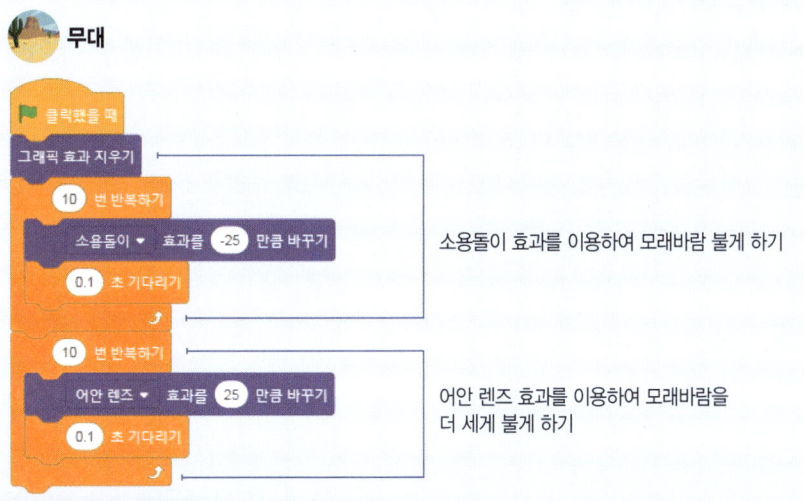

- 소용돌이 효과를 이용하여 모래바람 불게 하기
- 어안 렌즈 효과를 이용하여 모래바람을 더 세게 불게 하기

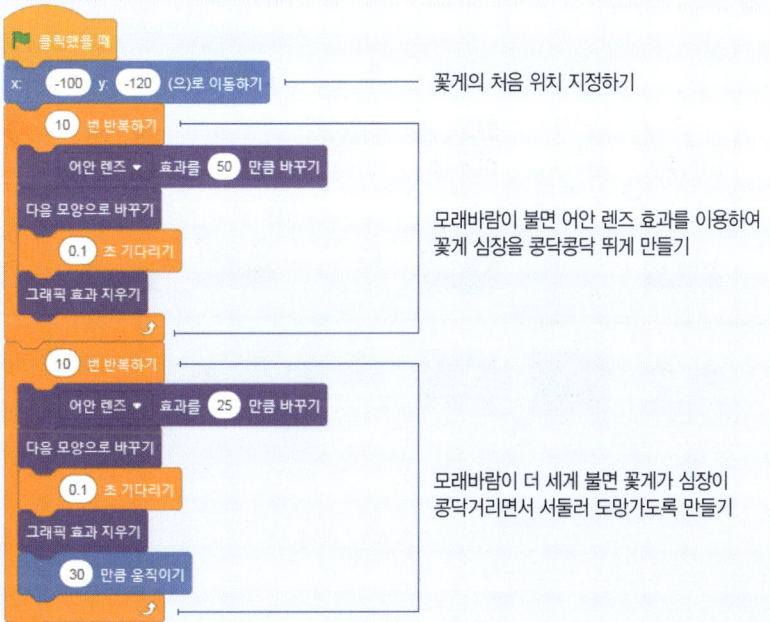

- 꽃게의 처음 위치 지정하기
- 모래바람이 불면 어안 렌즈 효과를 이용하여 꽃게 심장을 콩닥콩닥 뛰게 만들기
- 모래바람이 더 세게 불면 꽃게가 심장이 콩닥거리면서 서둘러 도망가도록 만들기

1 모래바람 만들기

꽃게를 도망가게 만드는 모래바람을 만들겠습니다. 모래바람이 부는 것처럼 느껴지도록 그래픽 효과를 설정하겠습니다.

1 첫 화면에서 '고양이' 스프라이트를 없애야 합니다. '스프라이트 1'의 ⓧ 부분을 클릭합니다.

2 모래가 있는 배경을 지정하겠습니다. 배경 고르기 아이콘 을 클릭합니다. [Desert]를 클릭합니다.

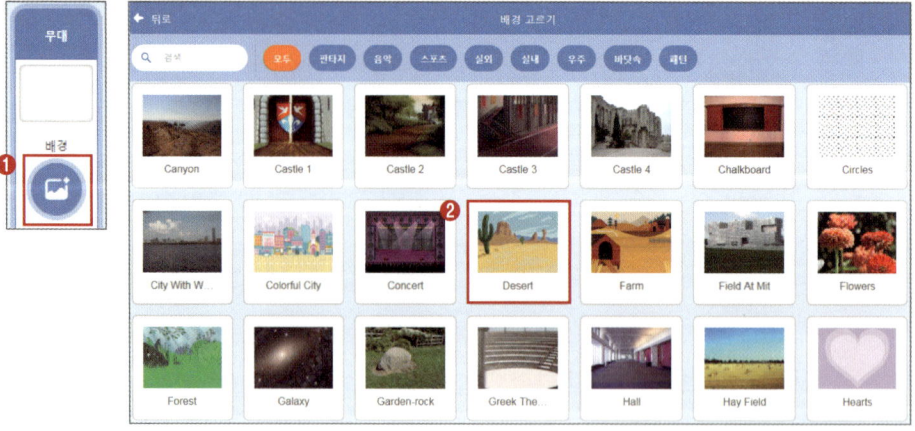

3 [코드] 탭에서 [이벤트] 팔레트를 클릭하고 클릭했을 때 블록을 가운데 코드 영역으로 드래그합니다.

4 처음 시작할 때는 그래픽 효과가 모두 없는 상태에서 모래바람이 새로 만들어지도록 해야 합니다. [형태] 팔레트를 클릭하고 그래픽 효과 지우기 블록을 가운데 코드 영역으로 드래그합니다.

> NOTE
> 그래픽 효과 지우기 : 스프라이트에 설정된 모든 그래픽 효과를 지웁니다.

5 [제어] 팔레트를 클릭하고 10번 반복하기 블록을 가운데 코드 영역으로 드래그합니다.

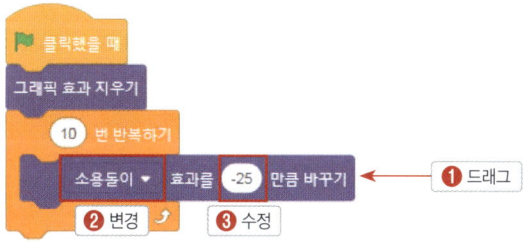

6 [형태] 팔레트를 클릭하고 색깔 효과를 25만큼 바꾸기 블록을 10번 반복하기 블록 안쪽으로 드래그합니다. 목록을 눌러 '색깔'을 '소용돌이'로 바꾸고, '25'를 '-25'로 수정하세요.

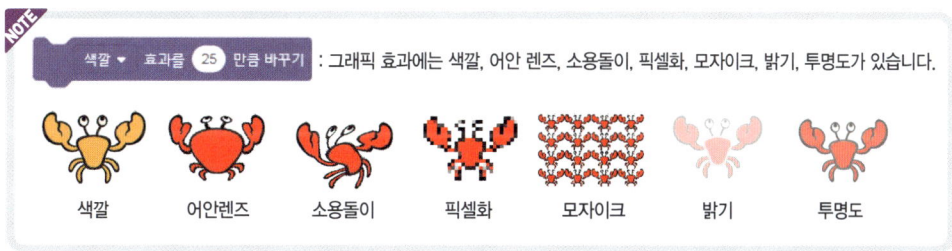

> NOTE
> 색깔 효과를 25 만큼 바꾸기 : 그래픽 효과에는 색깔, 어안 렌즈, 소용돌이, 픽셀화, 모자이크, 밝기, 투명도가 있습니다.

7 [제어] 팔레트를 클릭하고 `1초 기다리기` 블록을 `10번 반복하기` 블록 안쪽으로 드래그합니다. '1'을 '0.1'로 수정합니다.

2 더 센 모래바람 만들기

소용돌이 효과를 이용해 모래바람이 불어오도록 설정했습니다. 설정한 그래픽 효과를 추가해 모래바람이 더 세게 불도록 만들겠습니다.

1 [제어] 팔레트의 `10번 반복하기` 블록을 가운데 코드 영역으로 드래그합니다.

2 [형태] 팔레트를 클릭하고 `색깔 효과를 25만큼 바꾸기` 블록을 아래쪽 `10번 반복하기` 블록 안쪽으로 드래그합니다. 목록을 눌러 '색깔'을 '어안 렌즈'로 바꿉니다.

3 [제어] 팔레트를 클릭하고 `1초 기다리기` 블록을 아래쪽 `10번 반복하기` 블록 안쪽으로 드래그합니다. '1'을 '0.1'로 수정합니다.

> **TIP**
> **스크래치 2.0과 3.0에서 소용돌이 효과의 차이점**
> - 스크래치 2.0 : 소용돌이 효과가 양수 값일 때 오른쪽으로 회전
> - 스크래치 3.0 : 소용돌이 효과가 음수 값일 때 오른쪽으로 회전

3 심장이 콩닥콩닥 뛰는 꽃게 만들기

소용돌이 효과에 어안 렌즈 효과를 더해 더 센 모래바람 효과를 나타냈습니다. 다음으로 꽃게 심장이 콩닥거리도록 효과를 내 보겠습니다.

1 '꽃게' 스프라이트를 삽입하기 위해 스프라이트 고르기 아이콘 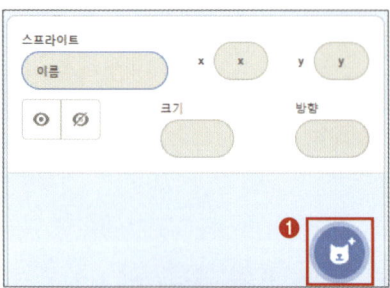을 클릭합니다. 스프라이트 고르기 화면에서 [동물] > [Crab]을 클릭합니다.

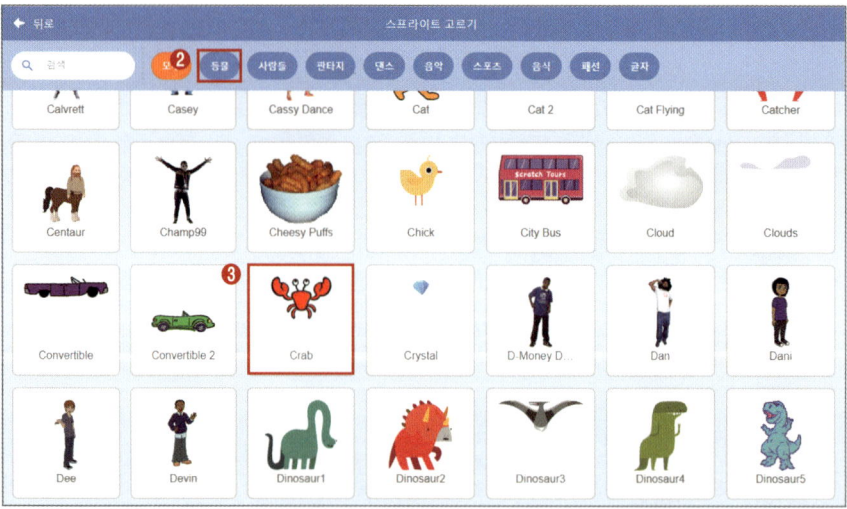

2 [코드] 탭에서 [이벤트] 팔레트를 클릭하고 클릭했을 때 블록을 가운데 코드 영역으로 드래그합니다.

3 [동작] 팔레트를 클릭하고 `x: 0 y: 0(으)로 이동하기` 블록을 가운데 코드 영역으로 드래그합니다. x좌푯값을 '-100', y좌푯값을 '-120'으로 수정합니다.

4 [제어] 팔레트를 클릭하고 `10번 반복하기` 블록을 가운데 코드 영역으로 드래그합니다.

5 [형태] 팔레트를 클릭하고 `색깔 효과를 25만큼 바꾸기` 블록을 `10번 반복하기` 블록 안쪽으로 드래그합니다. 목록을 눌러 '색깔'을 '어안 렌즈'로 바꾸고, '25'를 '50'으로 수정합니다.

6 [형태] 팔레트의 `다음 모양으로 바꾸기` 블록을 `10번 반복하기` 블록 안쪽으로 드래그합니다.

7 [제어] 팔레트를 클릭하고 `1초 기다리기` 블록을 `10번 반복하기` 블록 안쪽으로 드래그합니다. '1'을 '0.1'로 수정합니다.

8 [형태] 팔레트를 클릭하고 `그래픽 효과 지우기` 블록을 `10번 반복하기` 블록 안쪽으로 드래그합니다.

 부리나케 도망가는 꽃게 만들기

꽃게의 심장이 콩닥콩닥 뛰도록 만들었습니다. 모래바람이 불어서 심장이 콩닥콩닥 뛰는 것이므로 모래바람을 피해 도망가야 합니다. 자, 꽃게가 도망가도록 만들어 봅시다.

1 앞에서 만든 `10번 반복하기` 블록을 마우스 오른쪽 버튼으로 클릭하고 [복사하기]를 선택합니다.

2 복사된 블록을 드래그하여 아래쪽에 연결합니다. 아래쪽 `어안 렌즈 효과를 50만큼 바꾸기` 블록에서 '50'을 '25'로 수정합니다.

3 [동작] 팔레트를 클릭하고 `10만큼 움직이기` 블록을 아래쪽 `10번 반복하기` 블록 안쪽으로 드래그합니다. '10'을 '30'으로 수정합니다.

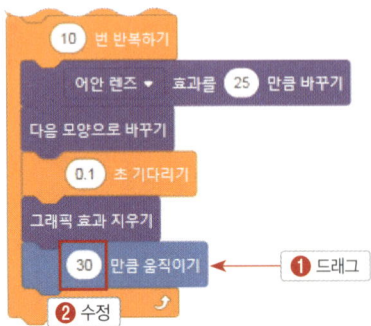

5 실행하고 저장하기

코드가 완성되면 시작하기 아이콘 을 클릭해 완성된 내용을 확인합니다. [파일] > [컴퓨터에 저장하기] 메뉴를 클릭합니다. 폴더를 지정하고 파일명을 '08-1'로 저장합니다.

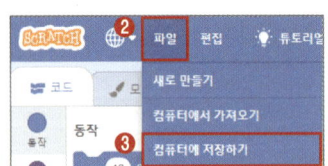

전체 코드 정리하기

무대

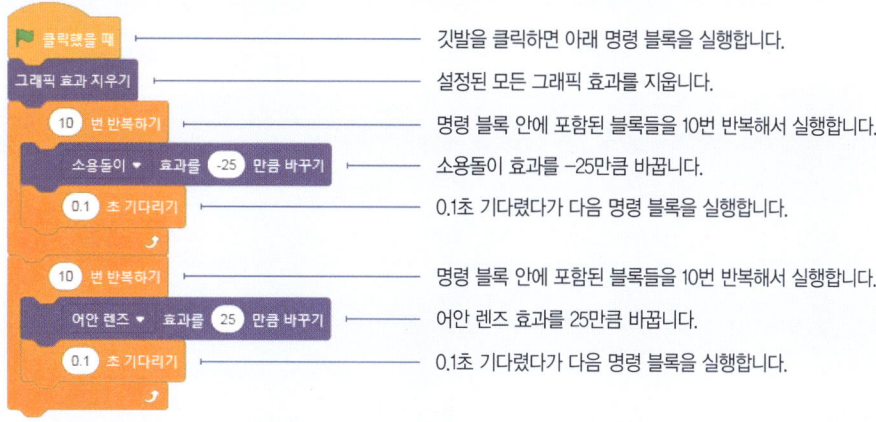

꽃게(Crab)

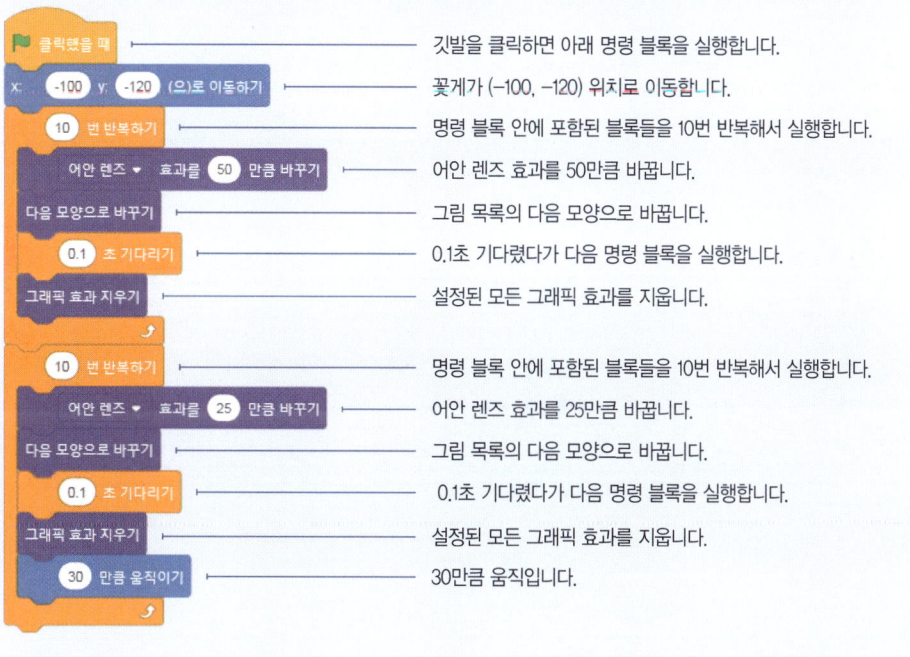

8장 모래바람이 불면 도망가는 꽃게

《 한번 더 해 봐요 1

색깔 효과를 지정해서 배경색을 바꿔 보세요. 배경색이 바뀌면 토끼가 놀라 당황하며 걸음을 재촉하도록 바꿔 보세요.

조건

배경은 색깔 효과를 적용하고, 토끼는 어안 렌즈 효과를 적용합니다.

그래픽 효과 중 색깔 효과를 25만큼 변화시키는 것을 20번 반복해 배경을 표현합니다.

그래픽 효과 중 어안 렌즈 효과를 이용하여 당황한 토끼를 표현합니다.

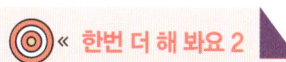 **한번 더 해 봐요 2**

바닷물이 풍랑을 일으키고(소용돌이 효과) 상어가 어안 렌즈 효과로 커지면서 물고기를 잡아먹는 효과를 만들어 보세요.

조건

배경에서 바닷물이 소용돌이 효과를 이용하여 풍랑이 일어나게 합니다.

상어 스프라이트는 상어가 물고기를 잡아먹을 때 어안 렌즈 효과를 이용하고, 분위기에 맞는 소리를 추가하기 위해 [소리] 탭에서 적당한 소리를 추가합니다.

상어가 좀 더 커 보이게 상어 스프라이트의 크기를 200으로 조절합니다.

물고기 스프라이트는 도망가다가 상어에게 잡히면 사라지게 합니다.

9장

자유롭게 그림 그리기

학습 목표

그림을 자유롭게 그릴 수 있습니다.
연필의 색과 굵기를 지정할 수 있습니다.

실습 과정

연필의 중심점 변경하기
▼
변수 설정하기
▼
연필의 색과 굵기 설정하기
▼
자유롭게 그리기

PREVIEW

그림판에서 그림을 그리듯 스크래치 화면에서도 연필의 색과 굵기를 바꾸면서 자유롭게 그림을 그릴 수 있도록 만듭니다.

익히기 변수 설정하기, 펜의 색과 굵기 지정하기

색 0, 굵기 21

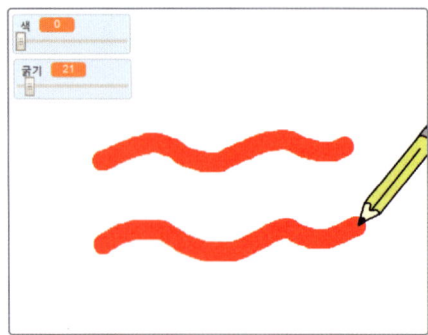

색 70, 굵기 9

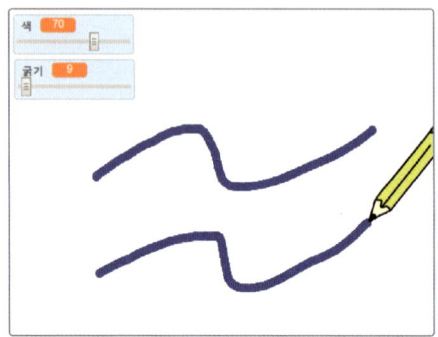

색 30, 굵기 13

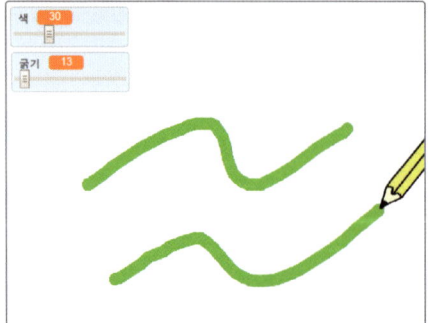

다양한 색으로 그리기

코드

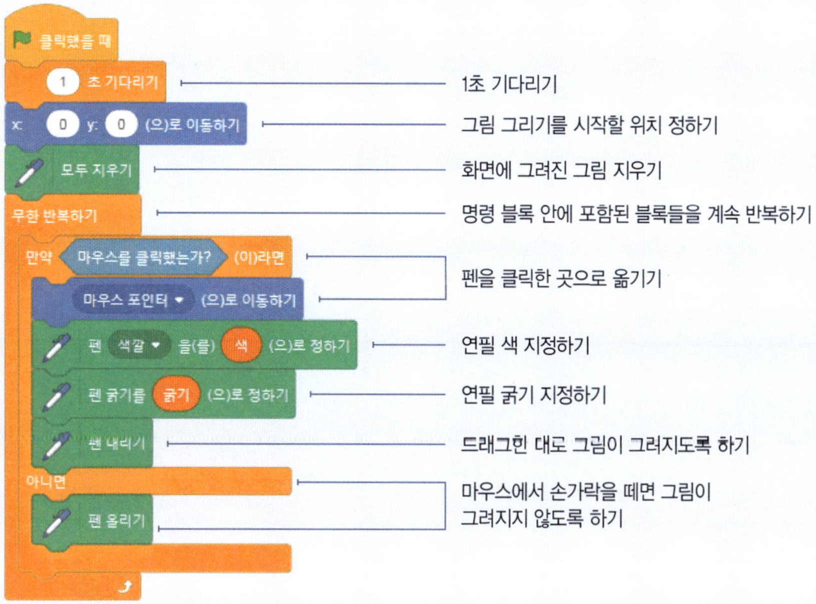
클릭했을 때
1 초 기다리기
x: 0 y: 0 (으)로 이동하기
모두 지우기
무한 반복하기
만약 마우스를 클릭했는가? (이)라면
마우스 포인터 (으)로 이동하기
펜 색깔 을(를) 색 (으)로 정하기
펜 굵기를 굵기 (으)로 정하기
펜 내리기
아니면
펜 올리기
1초 기다리기
그림 그리기를 시작할 위치 정하기
화면에 그려진 그림 지우기
명령 블록 안에 포함된 블록들을 계속 반복하기
펜을 클릭한 곳으로 옮기기
연필 색 지정하기
연필 굵기 지정하기
드래그한 대로 그림이 그려지도록 하기
마우스에서 손가락을 떼면 그림이
그려지지 않도록 하기

연필의 중심점 설정하기

연필 스프라이트를 삽입하고 그림을 그릴 수 있도록 연필의 중심축을 연필심으로 설정해 보겠습니다.

1 첫 화면에 보이는 '고양이' 스프라이트를 없애야 합니다. '스프라이트 1'의 ⓧ 부분을 클릭합니다.

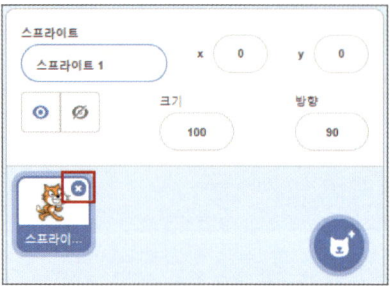

2 '연필' 스프라이트를 추가해야 하므로 스프라이트 고르기 아이콘 을 클릭합니다. 스프라이트 고르기 화면에서 [Pencil]을 클릭합니다.

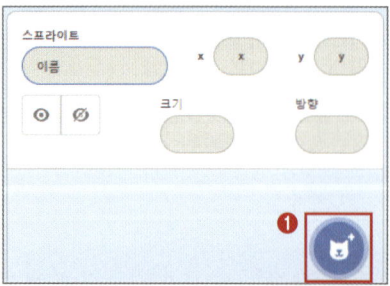

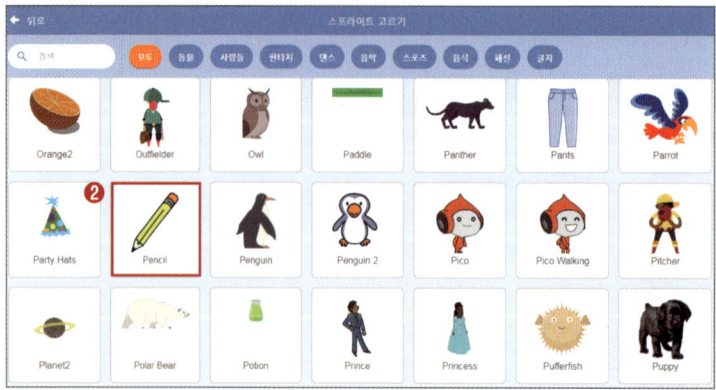

3 [모양] 탭을 클릭합니다. 연필의 중심축을 설정하기 전에 연필을 '그룹화 적용'을 해 보 겠습니다. 선택 툴 을 클릭합니다. 화면에 있는 '연필' 스프라이트 전체를 마우스로 범위 지정한 후 [그룹화 적용]을 클릭합니다.

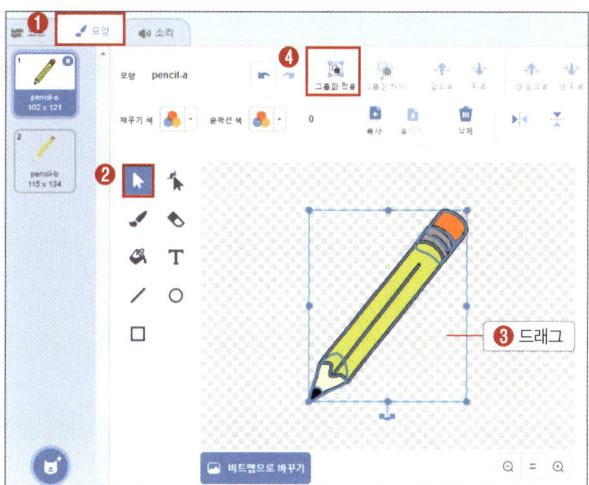

4 그림을 그리기 위해 연필의 중심축을 연필심으로 설정하겠습니다. 연필심이 중심축이 되어야 자연스럽게 연필 끝에서 그림 그리기가 시작됩니다. 연필을 드래그해 연필심이 화면의 가운데에 있는 중심점 에 위치하도록 조정합니다(중심점이 잘 보이지 않으면 화면을 확대한 후 중심점에 맞춰 주세요).

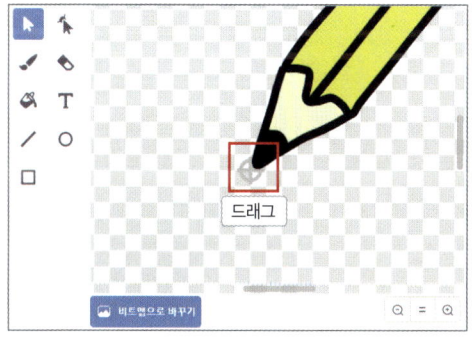

2 변수 설정하기

연필의 중심축을 연필심 끝으로 옮겨 자연스럽게 그림이 그려지도록 설정하였습니다. 다음으로 다양한 선을 그릴 수 있도록 연필의 색과 굵기를 지정할 변수를 설정하겠습니다.

1 [코드] 탭을 클릭하고 [변수] 팔레트를 클릭한 후 [변수 만들기]를 클릭합니다. 새로운 변수 창이 나타나면 변수 이름에 '색'을 입력하고 [확인]을 클릭합니다.

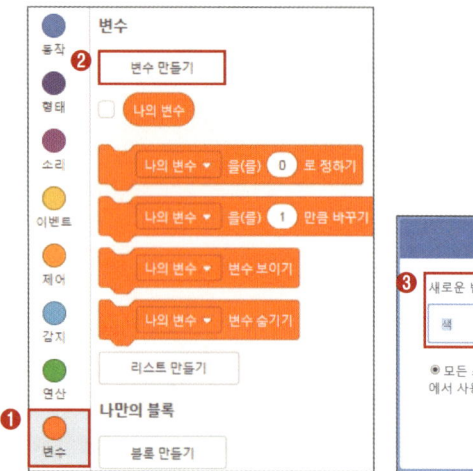
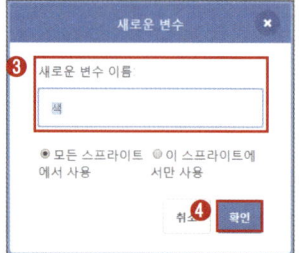

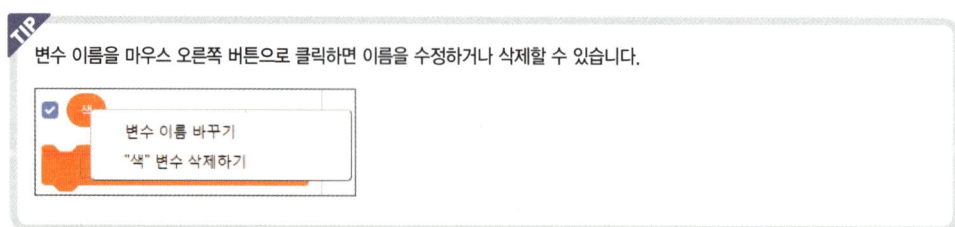

TIP 변수 이름을 마우스 오른쪽 버튼으로 클릭하면 이름을 수정하거나 삭제할 수 있습니다.

2 무대에 '색' 변수가 보입니다. 변수를 슬라이더 방식으로 입력할 수 있도록 만들겠습니다. 무대의 '색' 변수를 마우스 오른쪽 버튼으로 클릭하고 [슬라이더 사용하기]를 선택합니다.

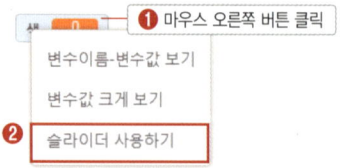

3 '색' 변수 아래에 슬라이더가 보입니다. 슬라이더를 드래그해서 숫자 값을 변경할 수 있습니다. '색' 변수의 최솟값과 최댓값을 지정하겠습니다. 무대에 보이는 '색' 변수를 마우스 오른쪽 버튼을 클릭하고 [change slider range]를 선택합니다. 슬라이더 범위 창이 나타나면 Minimum value 부분에 '0', Maximum value 부분에 '100'을 입력하고 [OK]를 클릭합니다. 색의 범위는 0~100입니다.

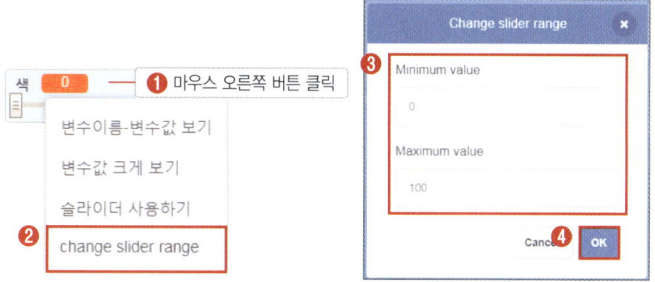

4 이제 '굵기' 변수를 설정하겠습니다. [변수] 팔레트의 [변수 만들기]를 클릭합니다. 변수 이름을 '굵기'로 입력하고 [확인]을 클릭합니다.

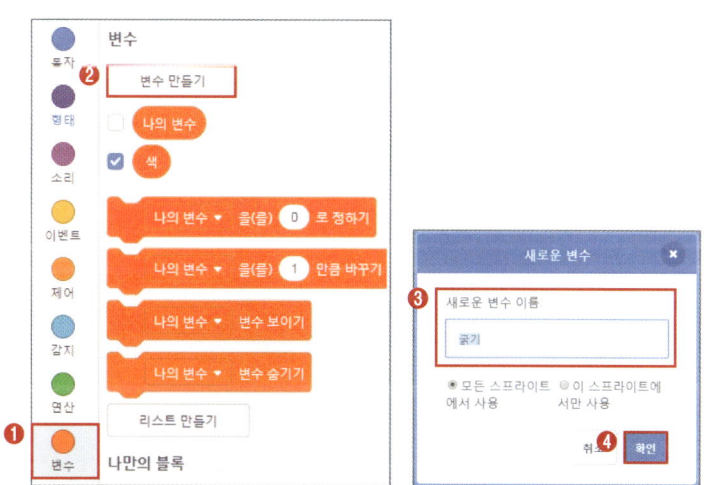

5 무대에 '굵기' 변수가 보입니다. 변수를 슬라이더 방식으로 입력할 수 있도록 만들겠습니다. 무대의 '굵기' 변수를 마우스 오른쪽 버튼으로 클릭하고 [슬라이더 사용하기]를 선택합니다.

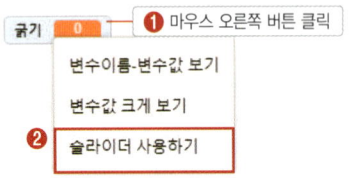

6 '굵기' 변수 아래에 슬라이더가 보입니다. 슬라이더를 드래그해서 숫자 값을 바꿀 수 있습니다. '굵기' 변수의 최솟값과 최댓값을 지정하겠습니다. 무대의 '굵기' 변수를 마우스 오른쪽 버튼으로 클릭하고 [change slider range]를 선택합니다. 슬라이더 범위 창이 나타나면 Minimum value 부분에 '1', Maximum value 부분에 '100'를 입력하고 [OK]를 클릭합니다. 굵기 값의 범위는 0~100입니다.

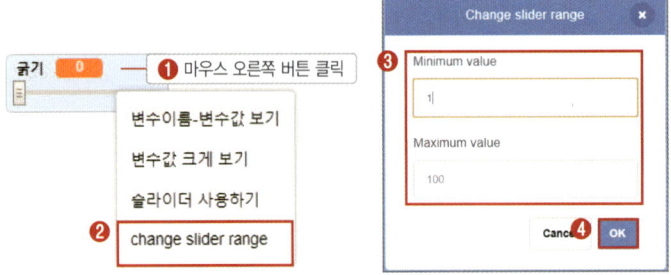

3 연필의 색과 굵기 지정하기

그림을 그릴 수 있도록 색과 굵기의 범위를 설정하였습니다. 이번에는 연필의 색과 굵기를 지정해 보겠습니다.

1 무대에 보이는 '색' 변수의 슬라이더를 오른쪽으로 움직입니다. 숫자가 바뀌는 것을 볼 수 있습니다. 빨간색 계통으로 그려지도록 숫자 값을 '0'으로 맞춥니다.

2 굵기를 지정하겠습니다. 무대에 보이는 '굵기' 변수의 슬라이더를 오른쪽으로 움직입니다. 숫자가 바뀌는 것을 볼 수 있습니다. 숫자 값을 '9' 정도로 맞춥니다.

4 자유롭게 그림 그리기

색과 굵기를 지정했으므로 지금부터 자유롭게 그림을 그려 보겠습니다.

1 [코드] 탭에서 [이벤트] 팔레트를 클릭하고 `클릭했을 때` 블록을 가운데 코드 영역으로 드래그합니다.

2 [제어] 팔레트를 클릭하고 `1초 기다리기` 블록을 가운데 코드 영역으로 드래그합니다.

3   [동작] 팔레트를 클릭하고  블록을 가운데 코드 영역으로 드래그 합니다. x좌푯값과 y좌푯값이 '0'인지 확인합니다.

4   펜의 색과 굵기를 지정하기 위해 먼저 [펜] 팔레트를 추가하겠습니다. 확장 기능 추가하기 아이콘을 클릭한 후 확장 기능 고르기 화면에서 [펜]을 클릭합니다. [펜] 팔레트가 추가됩니다.

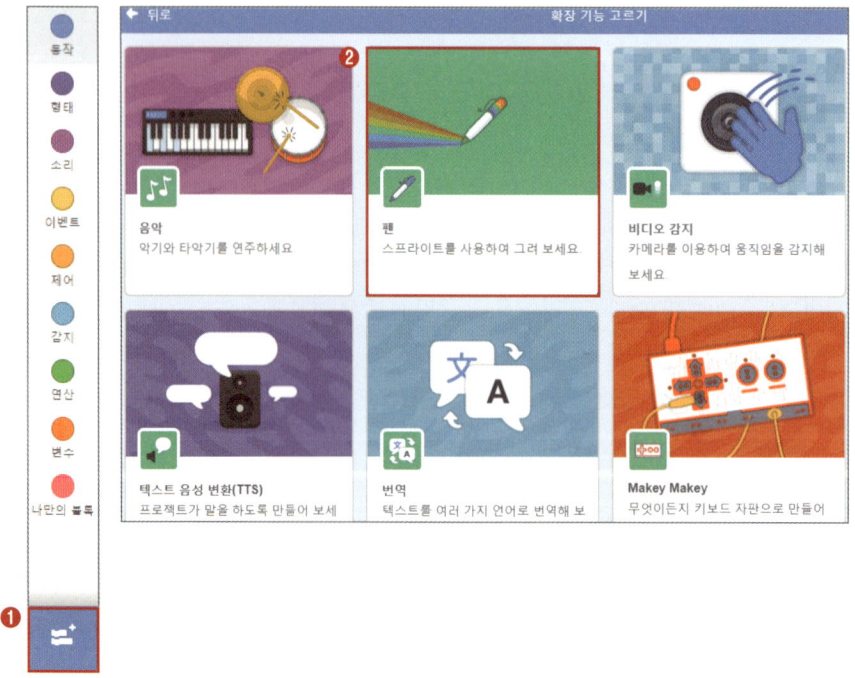

5 [펜] 팔레트를 클릭하고 모두 지우기 블록을 가운데 코드 영역으로 드래그합니다.

> **NOTE**
> 모두 지우기 : 무대 위에 있는 펜이나 도장을 찍은 흔적을 지울 때 사용합니다.

6 [제어] 팔레트를 클릭하고 무한 반복하기 블록을 가운데 영역으로 드래그합니다.

7 [제어] 팔레트의 만약 ~(이)라면 ~아니면 블록을 무한 반복하기 블록 안쪽으로 드래그합니다.

9장 자유롭게 그림 그리기

8 [감지] 팔레트를 클릭하고 마우스를 클릭했는가? 블록을 만약 ~(이)라면 ~아니면 블록의 조건으로 드래그합니다.

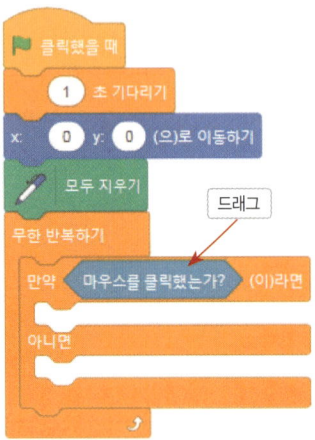

9 [동작] 팔레트를 클릭하고 무작위 위치(으)로 이동하기 블록을 만약 ~(이)라면 ~아니면 블록 안쪽으로 드래그합니다. 목록 중 '마우스 포인터'를 선택합니다.

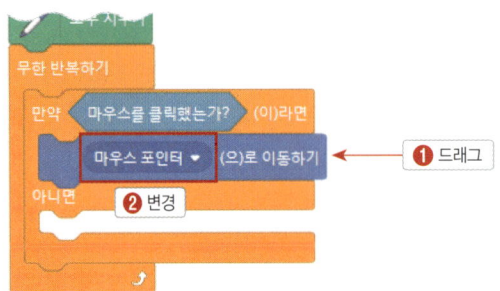

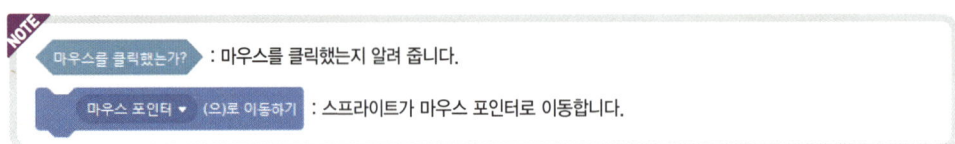

170 모두의 스크래치 개정 2판

10 [펜] 팔레트를 클릭하고 `펜 색깔을(를) 50(으)로 정하기` 블록을 `만약 ~(이)라면 ~아니면` 블록 안쪽으로 드래그합니다.

11 [변수] 팔레트를 클릭하고 `색` 변수를 `펜 색깔을(를) 50(으)로 정하기` 블록의 '50' 위치로 드래그합니다.

> NOTE
> `펜 색깔을(를) 50 (으)로 정하기` : 펜 색깔을 주어진 값으로 설정합니다. 색깔 값의 범위는 0~100입니다.

12 [펜] 팔레트를 클릭하고 `펜 굵기를 1(으)로 정하기` 블록을 `만약 ~(이)라면 ~아니면` 블록 안으로 드래그합니다.

13 [변수] 팔레트를 클릭하고 `굵기` 변수를 `펜 굵기를 1(으)로 정하기` 블록의 '1' 위치로 드래그합니다.

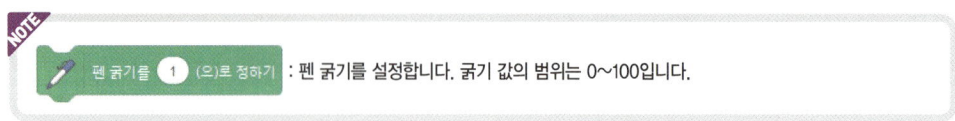

: 펜 굵기를 설정합니다. 굵기 값의 범위는 0~100입니다.

14 [펜] 팔레트를 클릭하고 `펜 내리기` 블록을 `만약 ~(이)라면 ~아니면` 블록 안쪽으로 드래그합니다.

> **NOTE**
> 펜 내리기 : 펜을 내려서 스프라이트가 움직일 때마다 그림을 그릴 수 있게 합니다.

15 [펜] 팔레트를 클릭하고 `펜 올리기` 블록을 `만약 ~(이)라면 ~아니면` 블록의 '아니면' 안쪽으로 드래그합니다.

> **NOTE**
> 펜 올리기 : 펜을 올려서 그림이 그려지지 않도록 합니다.

9장 자유롭게 그림 그리기 **173**

5 실행하고 저장하기

코드가 완성되면 시작하기 아이콘 🏁 을 클릭해 그림을 그려 봅니다. [파일] > [컴퓨터에 저장하기] 메뉴를 클릭합니다. 폴더를 지정하고 파일명을 '09-1'로 저장합니다.

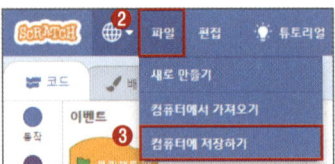

전체 코드 정리하기

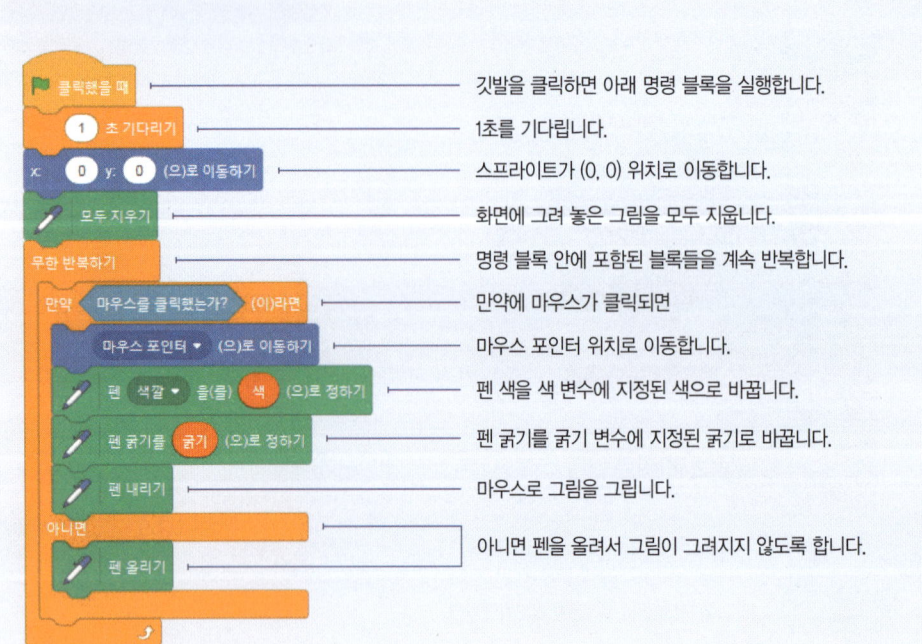

 **« 한번 더 해 봐요 1**

9장에서 실습한 파일에 다음 내용을 추가해 프로그램을 완성하세요.

조건

사용자에게 굵기 값을 직접 입력 받을 수 있도록 "굵기 값을 입력하세요."라고 말하고 기다립니다.

사용자가 값을 입력하면 그 값을 굵기 값으로 설정합니다.

'굵기 변수 숨기기' 블록을 이용하여 무대에서는 굵기 변수가 보이지 않도록 설정합니다.

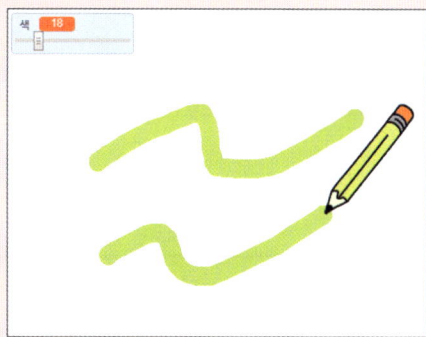
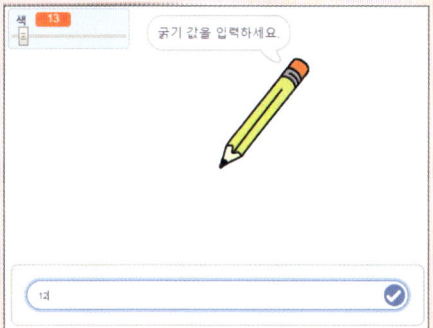

« 한번 더 해 봐요 2

화면에서 색을 선택하여 펜으로 그림을 그리도록 만들어 보세요.

조건

펜을 마우스로 누르면 그림이 그려집니다.

빨강, 파랑, 노랑, 초록에 닿으면 해당하는 색으로 그림이 그려집니다

SpaceBar 를 누르면 그림이 모두 지워집니다.

힌트

[모양] 탭에서 4가지 색의 동그라미를 그립니다.

4가지 동그라미에 이름을 부여합니다(빨강, 파랑, 노랑, 초록).

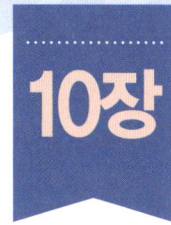

블록 쌓기

학습 목표

블록을 상하좌우로 움직이고 회전시킵니다.
도장 찍기를 해서 블록을 고정합니다.

실습 과정

블록 만들기
▼
도움말 안내하기
▼
상하좌우로 움직이기
▼
회전하기
▼
도장 찍기

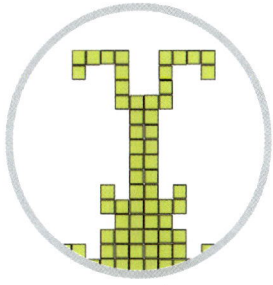

PREVIEW

블록을 직접 그리고 ←, →, ↑, ↓를 이용해 블록을 왼쪽, 오른쪽, 위쪽, 아래쪽으로 움직이고, Z 를 이용해 회전할 수 있도록 만듭니다. SpaceBar 를 누르면 현재 블록이 그대로 고정되고(도장 찍기) 새로운 블록이 내려올 준비를 합니다.

익히기 도장 찍기, 화살표 키로 위치 조정하기

코드

[시작하기]를 누르면 화면을 깨끗이 지우고 시작 위치 (0, 180)으로 이동하기

무대에 블록이 보입니다.

↓를 누르면 아래로 이동하기

↑를 누르면 위로 이동하기

→를 누르면 오른쪽으로 이동하기

←를 누르면 왼쪽으로 이동하기

SpaceBar를 누르면 무대에 블록의 흔적을 남기고 (0, 180) 위치로 이동하고 소리내기

Z를 누르면 시계 방향으로 90° 회전하기

1 블록 만들기

블록을 쌓는 데 사용할 블록 모양을 만들겠습니다.

1 첫 화면에서 [모양] 탭을 클릭하고, 모양 고르기 아이콘 에 마우스 포인터를 위치하여 그리기 아이콘 을 클릭합니다. '모양 3'이 생깁니다(주의 : 모양 고르기 아이콘을 클릭하지 않도록 합니다).

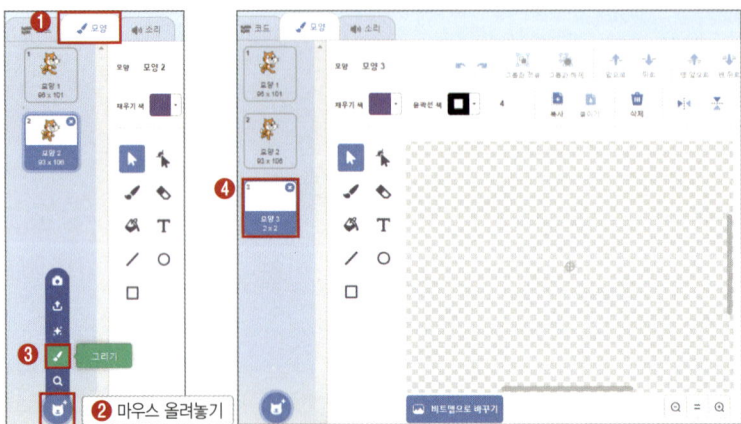

2 직사각형 툴 을 클릭합니다. 그리기 영역에서 Shift 를 누르며 드래그해 정사각형을 그립니다.

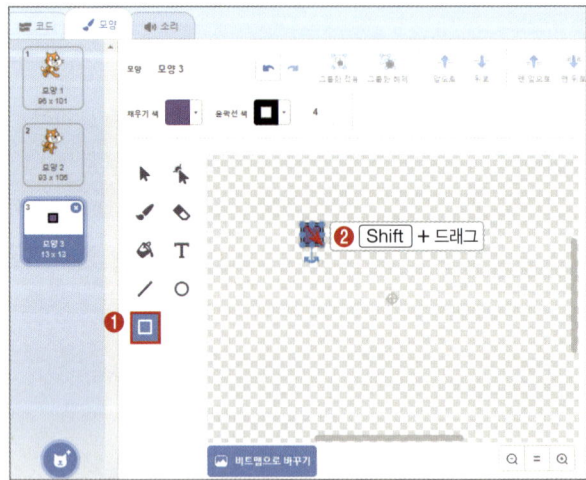

> TIP
> Shift 를 누르며 드래그하면 가로와 세로 비율이 동일한 도형을 그릴 수 있습니다.

3 채우기 색 조절 버튼 ■을 클릭한 후 노란색(색상 : 18, 채도 : 100, 명도 : 100)으로 채웁니다.

4 윤곽선 색 조절 버튼 ■을 클릭한 후 검정색(색상 : 0, 채도 : 0, 명도 : 0)을 선택합니다. 굵기는 '2'로 지정합니다.

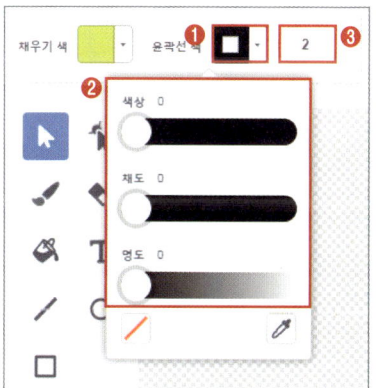

> NOTE
> 채우기 색 툴 ◈ : 여러 개의 도형을 그린 후 각각의 색을 채울 때 사용하면 편리합니다.
> ■ : 원하는 채우기 색을 설정할 수 있습니다.
> ■ : 원하는 윤곽선의 색과 굵기를 설정할 수 있습니다.

5 선택 툴 을 클릭하고 그려 둔 사각형을 클릭합니다. 화면 위에 있는 복사 와 붙이기 를 차례로 클릭합니다. 사각형이 복사되면 복사한 사각형을 원래의 사각형 바로 옆으로 드래그합니다.

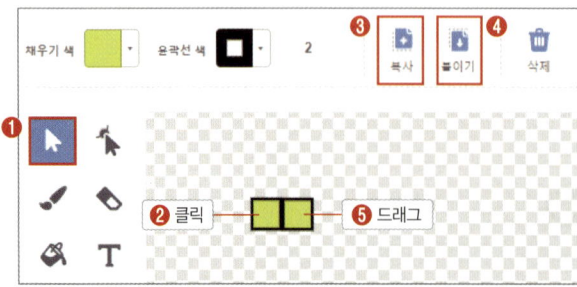

6 한 번 더 붙이기 를 클릭합니다. 복사된 사각형을 드래그해서 'ㄱ'자 모양을 만듭니다.

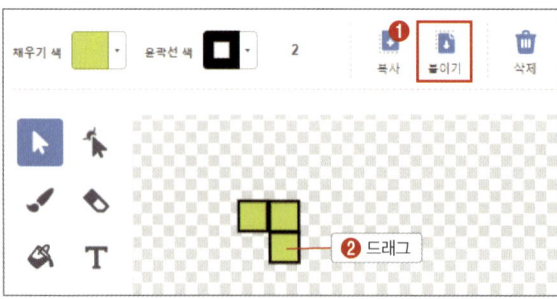

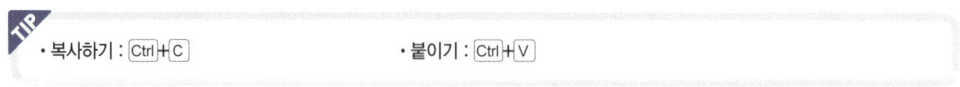

- 복사하기 : Ctrl + C
- 붙이기 : Ctrl + V

7 선택 툴 을 선택하고 사각형을 클릭하고 Shift 를 누르면서 다른 사각형을 클릭하고 또 다시 Shift 를 누르면서 사각형을 클릭하여 3개의 사각형을 선택합니다. 그룹화 적용 을 클릭합니다.

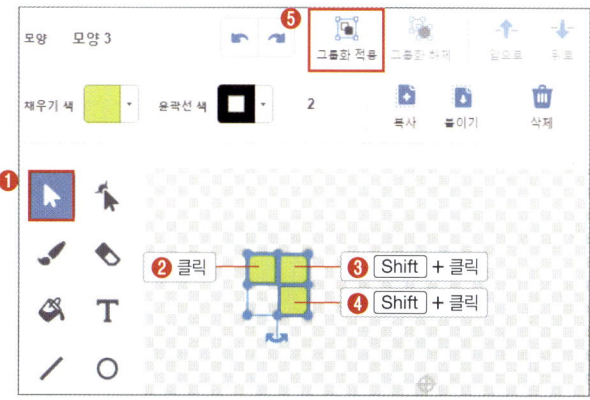

8 그룹화된 도형의 중심을 모양 중심 ⊕에 드래그해서 맞춥니다.

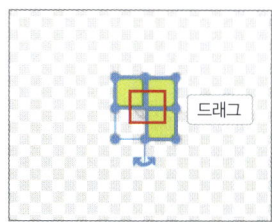

9 필요 없는 '모양 1'과 '모양 2' 스프라이트는 삭제하겠습니다. '모양 1' 스프라이트의 ⊗를 누릅니다(삭제할 스프라이트를 마우스 오른쪽 버튼으로 클릭한 후 '삭제'를 선택해도 됩니다). 같은 방법으로 '모양 2' 스프라이트도 삭제합니다. '모양 3' 스프라이트가 선택되어 있지요? 이렇게 블록 모양을 만들었습니다.

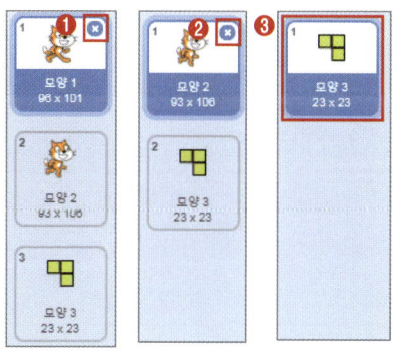

2 도움말 보여 주기

회전할 때는 Z, 이동할 때는 ←, →, ↑, ↓, 완료는 SpaceBar를 쓰겠습니다. 이런 내용을 친절히 알려 줘야겠지요?

1. 스프라이트를 추가하기 위하여 스프라이트 고르기 아이콘 을 클릭합니다. 스프라이트 고르기 화면에서 [사람들] > [Devin]을 클릭합니다.

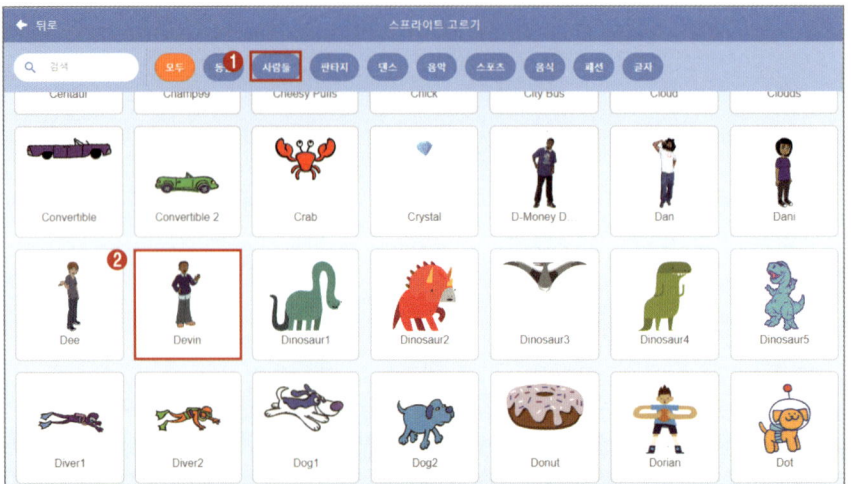

2. [코드] 탭을 클릭하고 [이벤트] 팔레트를 클릭합니다. 클릭했을 때 블록을 가운데 코드 영역으로 드래그합니다.

3. [형태] 팔레트를 클릭하고 보이기 블록을 가운데 코드 영역으로 드래그합니다.

4. [형태] 팔레트의 안녕!을(를) 2초 동안 말하기 블록을 가운데 코드 영역으로 드래그합니다. '안녕!'을 '게임에 사용되는 키를 설명하겠습니다.'로 수정합니다.

② 수정
① 드래그

5 [형태] 팔레트의 다음 모양으로 바꾸기 블록을 가운데 코드 영역으로 드래그합니다.

드래그

6 [형태] 팔레트의 안녕!을(를) 2초 동안 말하기 블록을 가운데 코드 영역으로 드래그합니다. '안녕!'을 '회전은 Z, 완료는 스페이스, 상하좌우는 방향키로 합니다.'로 수정합니다.

② 수정
① 드래그

7 [형태] 팔레트의 숨기기 블록을 가운데 코드 영역으로 드래그합니다. 'Devin' 스프라이트는 사용할 키를 설명하고 사라집니다.

드래그

3 상하좌우 움직이기

앞에서 만든 블록을 상하좌우로 움직여 보겠습니다.

1 '스프라이트 1'을 클릭합니다. [코드] 탭에서 [이벤트] 팔레트를 클릭하고  블록을 가운데 코드 영역으로 드래그합니다.

2 [펜] 팔레트를 추가하겠습니다. 왼쪽 아래에 있는 확장 기능 추가하기 아이콘 을 클릭하면 확장 기능 고르기 화면이 나타납니다. 그 중에서 펜 을 클릭합니다.

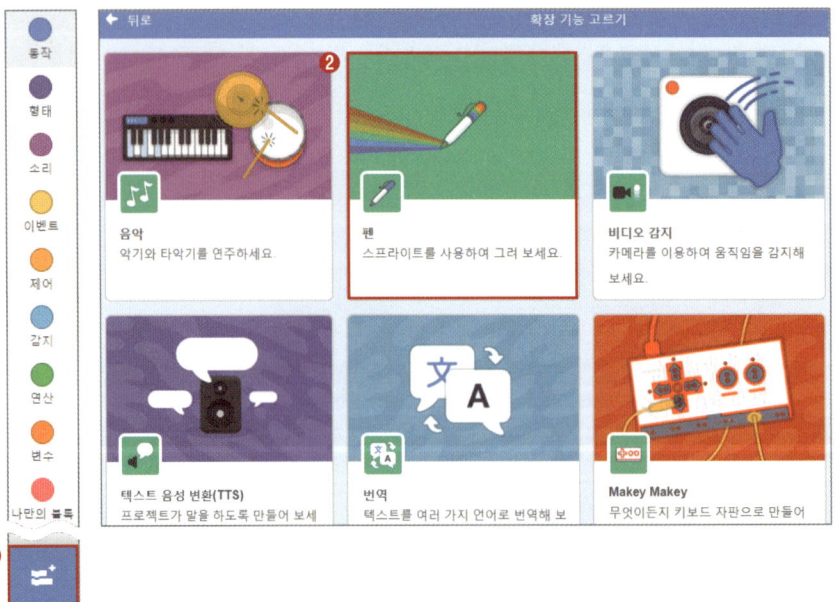

3 [펜] 팔레트가 추가되었습니다. [펜] 팔레트를 클릭하고 모두 지우기 블록을 가운데 코드 영역으로 드래그합니다.

> **NOTE**
> 모두 지우기 : 무대 위에 있는 펜이나 도장을 찍은 흔적을 지웁니다.

4 [형태] 팔레트를 클릭하고 숨기기 블록을 가운데 코드 영역으로 드래그합니다.

5 [동작] 팔레트를 클릭하고 x: 0 y: 0(으)로 이동하기 블록을 가운데 코드 영역으로 드래그합니다. y좌푯값을 '180'으로 수정합니다. 블록이 처음에 있을 위치입니다.

6 [형태] 팔레트를 클릭하고 보이기 블록을 가운데 코드 영역으로 드래그합니다.

7 ↓, ↑, ←, →로 위치를 조절할 수 있도록 다음과 같이 설정하겠습니다.

   ↓를 눌렀을 때 : y좌표를 −5만큼 바꾸기
   ↑를 눌렀을 때 : y좌표를 5만큼 바꾸기
   ←를 눌렀을 때 : x좌표를 −5만큼 바꾸기
   →를 눌렀을 때 : x좌표를 5만큼 바꾸기

8 [이벤트] 팔레트를 클릭하고 스페이스 키를 눌렀을 때 블록을 가운데 코드 영역의 빈 곳에 드래그해서 새롭게 놓습니다. 목록을 눌러 '스페이스'를 '아래쪽 화살표'로 바꿉니다.

9 [동작] 팔레트를 클릭하고 y좌표를 10만큼 바꾸기 블록을 아래쪽 화살표 키를 눌렀을 때 블록 아래로 드래그합니다. '10'을 '−5'로 수정합니다.

10 8~9 단계와 같은 방법으로 나머지 화살표 방향도 설정합니다. x좌푯값과 y좌푯값에 주의합니다.

4 회전하기

화살표를 이용해 상하좌우로 움직이도록 설정했습니다. 이번에는 [Z]를 누를 때마다 시계 방향으로 90°씩 회전하도록 설정하겠습니다.

1 [이벤트] 팔레트를 클릭하고 `스페이스 키를 눌렀을 때` 블록을 가운데 코드 영역에 드래그해서 새롭게 놓습니다. 목록을 눌러 '스페이스'를 'z'로 바꿉니다.

2 [동작] 팔레트를 클릭하고 `방향으로 15도 회전하기` 블록을 `z 키를 눌렀을 때` 블록 아래로 드래그합니다. '15'를 '90'으로 수정합니다.

5 도장 찍기

SpaceBar를 누르면 움직이는 블록이 멈추도록 만들겠습니다.

1 [이벤트] 팔레트를 클릭하고 `스페이스 키를 눌렀을 때` 블록을 가운데 코드 영역에 드래그해서 새롭게 놓습니다.

2 [펜] 팔레트를 클릭하고 `도장찍기` 블록을 `스페이스 키를 눌렀을 때` 블록 아래로 드래그합니다.

> **NOTE**
> 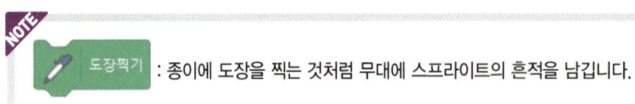 : 종이에 도장을 찍는 것처럼 무대에 스프라이트의 흔적을 남깁니다.

3 [동작] 팔레트를 클릭하고 `x: 0 y: 0(으)로 이동하기` 블록을 `스페이스 키를 눌렀을 때` 블록의 맨 아래로 드래그합니다. y좌푯값을 '180'으로 수정합니다. 또 다른 블록이 내려올 준비를 합니다.

6 소리 넣기

SpaceBar를 누르면 소리가 나도록 설정해 보겠습니다.

1 [소리] 탭을 클릭하고 왼쪽 아래에 있는 소리 고르기 아이콘 을 클릭합니다. 소리 고르기 화면이 나타나면 [Zoop]을 클릭합니다.

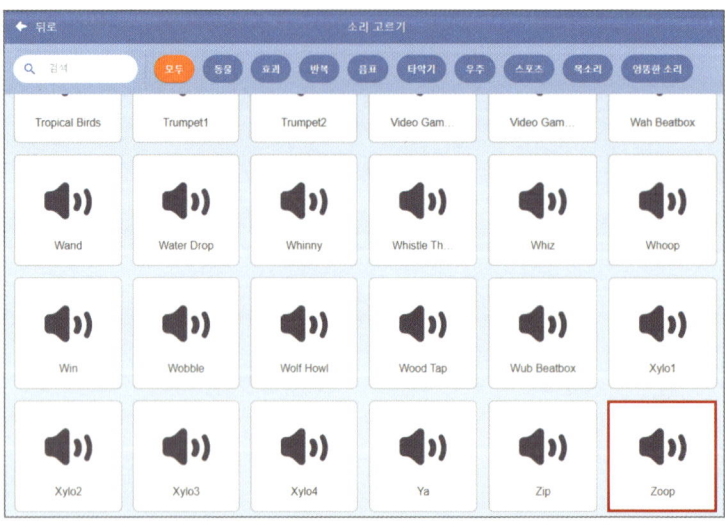

2 소리를 골랐으므로 연결해 보겠습니다. [코드] 탭을 클릭하고 [소리] 팔레트를 클릭합니다. `야옹 재생하기` 블록을 `스페이스 키를 눌렀을 때` 블록의 맨 아래로 드래그합니다. 목록에서 '야옹' 대신 'Zoop'을 선택합니다.

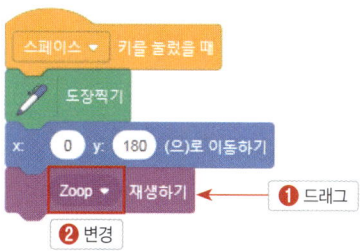

7 실행하고 저장하기

코드가 완성되면 시작하기 아이콘 을 클릭해 완성된 내용을 확인합니다. [파일] 〉 [컴퓨터에 저장하기] 메뉴를 클릭합니다. 폴더를 지정하고 파일명을 '10-1'로 저장합니다.

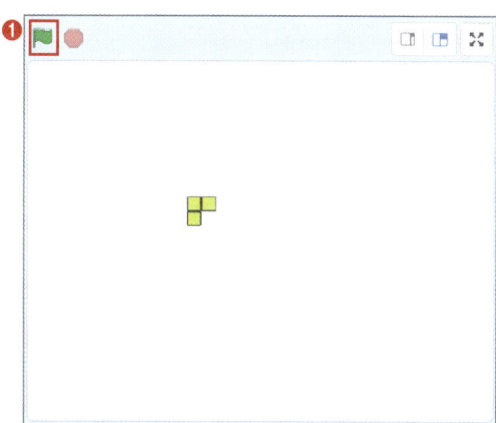

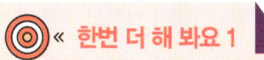

10장에서 만든 예제에 유령(Ghost)을 추가해 유령이 무작위로 날아다니도록 설정해 보세요.

조건

x좌표에 −240~240, y좌표에 −180~180 범위의 난수를 적용해 유령이 이리저리 날아다니도록 만듭니다.

유령(Ghost)의 크기를 30%로 지정합니다.

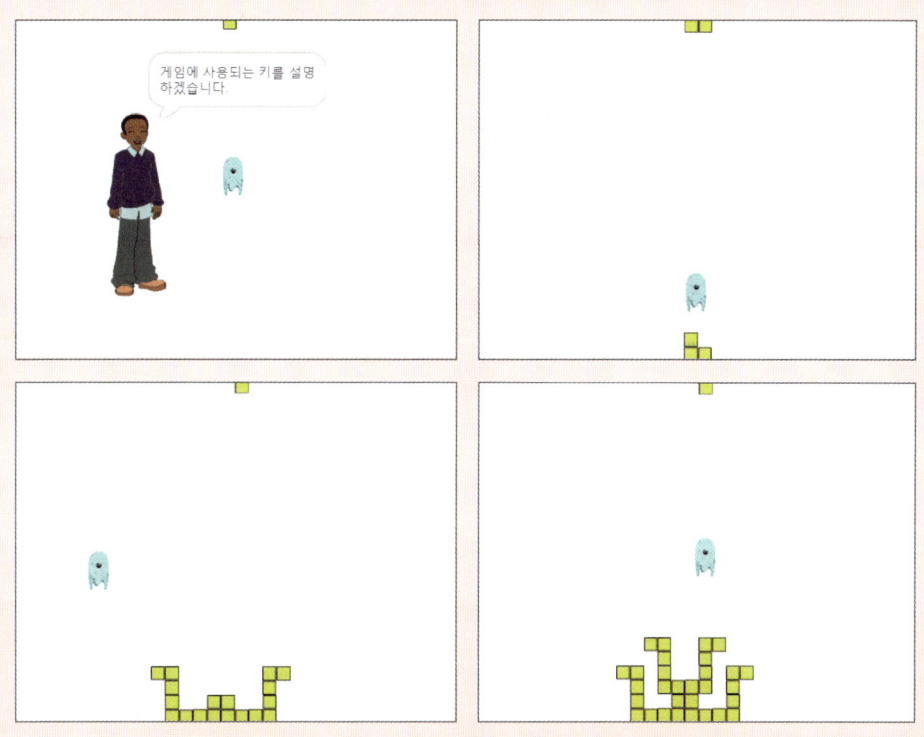

« 한번 더 해 봐요 2

무작위로 날아다니는 다이아몬드(Crystal)를 피해가면서 수박(Watermelon)을 쌓아 보세요.

조건

x좌표에 −240~240, y좌표에 −180~180 범위의 난수를 적용해 다이아몬드(Crystal)가 날아다니도록 만듭니다.

수박(watermelon-a)이 하늘에서 떨어질 준비를 합니다.

수박(watermelon-a)이 다이아몬드(Crystal)에 닿으면 반쪽 모양(watermelon-b)으로 바뀐 후 곧바로 사라지게 하세요.

a를 누르면 수박(watermelon-a)이 시계 반대 방향으로 15° 회전하고, s를 누르면 시계 방향으로 15° 회전합니다.

방향키를 이용하여 상하좌우로 움직이게 합니다.

출력 형태에 맞게 수박 쌓기를 해 보세요.

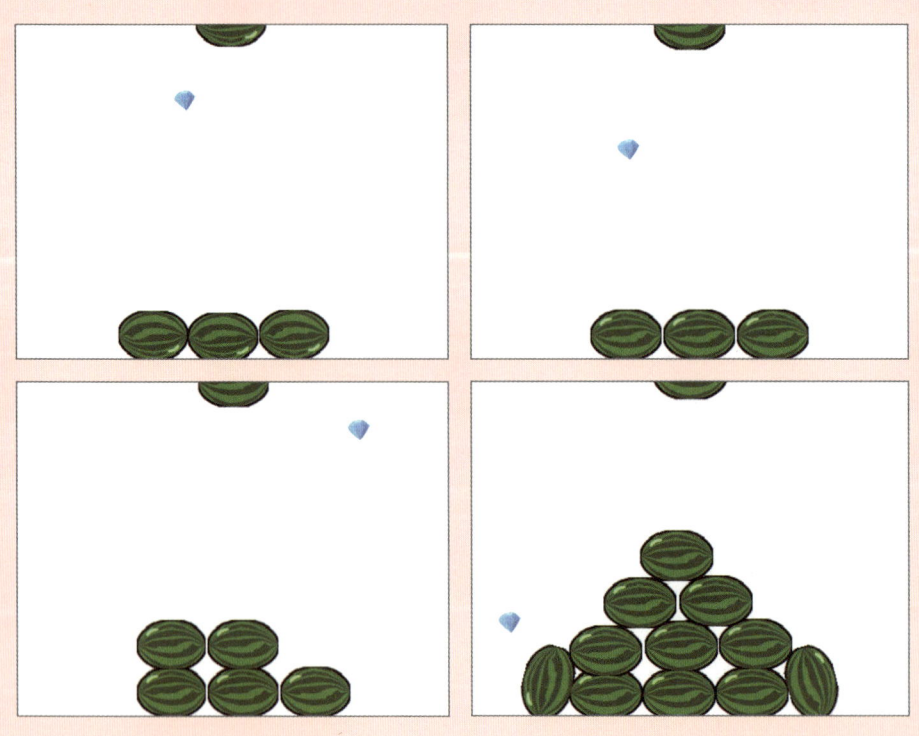

정다각형 그리기

학습 목표

정다각형을 그립니다.
몇 각형을 그릴지 숫자를 입력합니다.

실습 과정

중심점과 변수 설정하기
▼
몇 각형으로 그릴지 입력하기
▼
연필의 색과 굵기 설정하기
▼
회전 각도를 계산해서 그리기

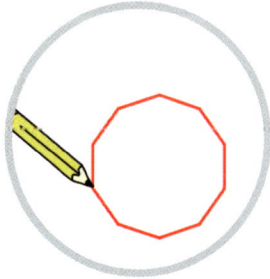

P R E V I E W

그림 그리기 기능을 이용하여 정다각형을 그립니다. 몇 각형으로 그릴지는 사용자가 직접 입력하도록 만듭니다.

익히기 값 입력하기, 연필의 색과 굵기 설정하기, 회전 각도 계산하기

몇 각형을 그릴지 숫자를 입력합니다.

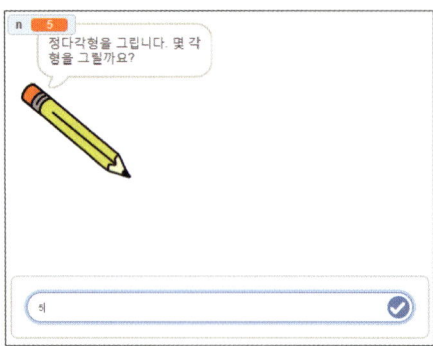

'5'를 입력해서 정오각형을 그립니다.

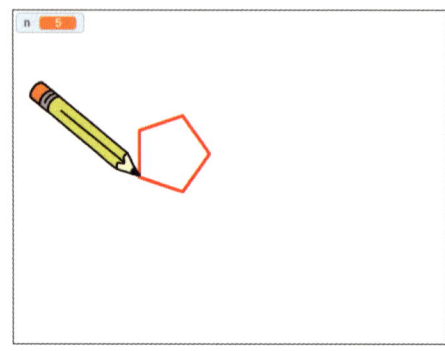

'4'를 입력해서 정사각형을 그립니다.

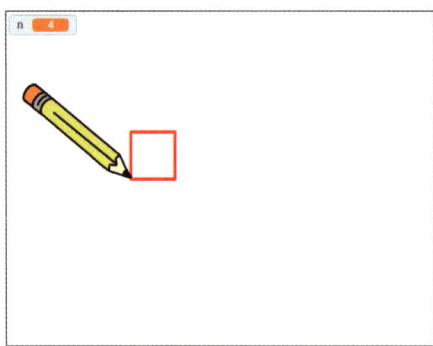

'10'을 입력해서 정십각형을 그립니다.

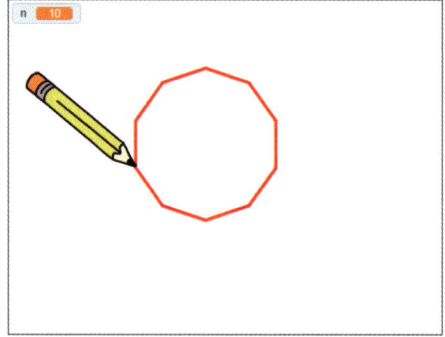

코드

```
🏁 클릭했을 때
  모두 지우기
  x: -100 y: 0 (으)로 이동하기
  0 도 방향 보기
  정다각형을 그립니다. 몇 각형을 그릴까요? 라고 묻고 기다리기
  n ▼ 을(를) 대답 로 정하기
  펜 내리기
  펜 굵기를 3 (으)로 정하기
  펜 색깔 ▼ 을(를) 0 (으)로 정하기
  1 초 기다리기
  n 번 반복하기
    50 만큼 움직이기
    방향으로 360 / n 도 회전하기
    0.5 초 기다리기
  펜 올리기
```

- 화면을 깨끗하게 지우고 시작 위치로 이동하기
- 질문을 하고 대답을 기다리기
- 값을 넣으면 굵기가 3인 빨간색 펜으로 그림 그리기
- 선 한 번 그리기, 회전 각도 계산하기, 반복하여 선 그리기, 정다각형 완성하기
- 다 그려지면 더 이상 그리지 않기

1 중심점과 변수 설정하기

정다각형을 그리기 전에 연필심 끝에서 그림이 시작되도록 연필심에 중심점을 설정하겠습니다.

1 첫 화면에 보이는 '고양이' 스프라이트를 없애야 합니다. '스프라이트 1'의 ⊗ 부분을 클릭합니다.

2 '연필' 스프라이트를 추가해야 하므로 스프라이트 고르기 아이콘 을 클릭합니다. 스프라이트 고르기 화면에서 [Pencil]을 클릭합니다.

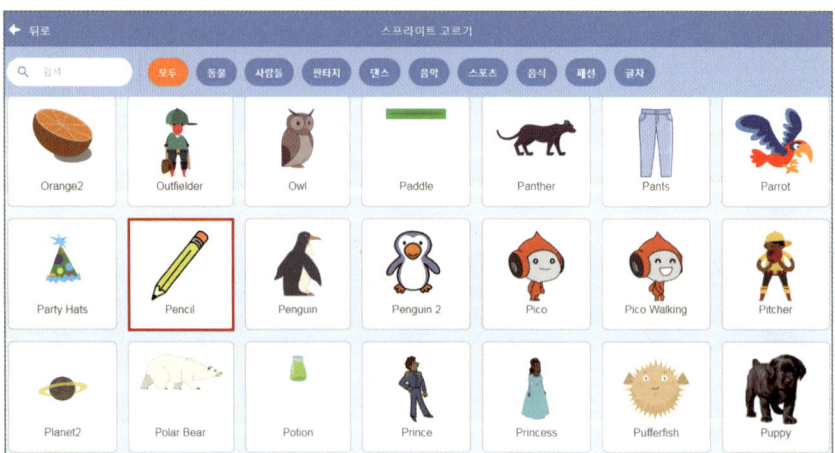

3 연필의 중심축을 설정하기 전에 연필에 '그룹화 적용'을 해 보겠습니다. [모양] 탭을 클릭한 후 선택 툴 을 클릭합니다. 화면에 있는 '연필' 스프라이트 전체를 마우스로 범위 지정한 후 [그룹화 적용]을 클릭합니다.

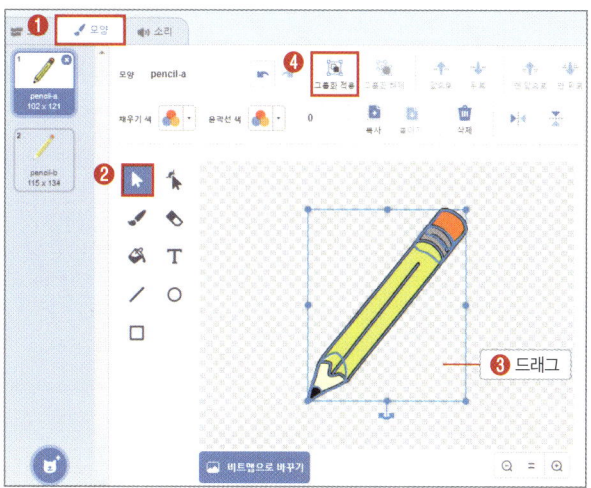

4 그림을 그리기 위해 연필의 중심축을 연필심으로 설정하겠습니다. 연필심이 중심축이 되어야 자연스럽게 연필 끝에서 그림 그리기가 시작됩니다. 연필을 드래그해 연필심이 화면의 가운데에 있는 중심점 에 위치하도록 조정합니다(잘 보이지 않으면 화면을 확대한 후 중심점에 맞춰 주세요).

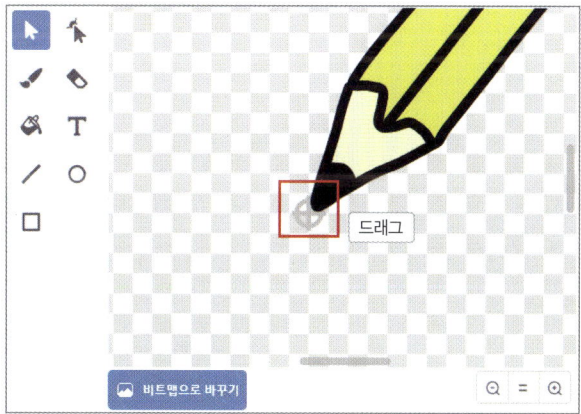

2 몇 각형으로 그릴지 묻고 기억하기

몇 각형으로 그릴지 사용자가 입력하도록 만들겠습니다. 먼저 사용자가 입력한 값을 저장할 변수를 만들겠습니다.

1 [코드] 탭을 클릭하고 [변수] 팔레트를 클릭합니다. 옆에 보이는 [변수 만들기]를 클릭하고 변수 이름에 'n'을 입력한 다음 [확인]을 클릭합니다.

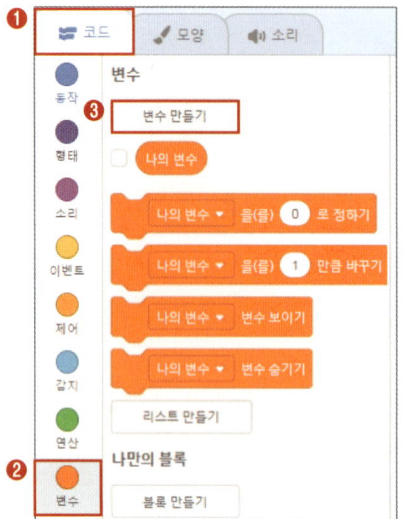
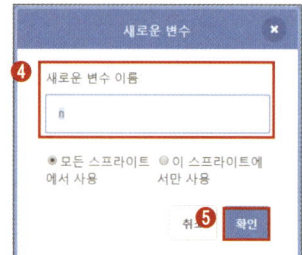

2 [이벤트] 팔레트를 클릭하고 클릭했을 때 블록을 가운데 코드 영역으로 드래그합니다.

3 펜에 관한 블록들을 사용하기 위해 먼저 [펜] 팔레트를 추가하겠습니다. 왼쪽 아래에 있는 확장 기능 추가하기 아이콘 을 클릭한 후 확장 기능 고르기 화면에서 [펜]을 클릭합니다. [펜] 팔레트가 추가됩니다.

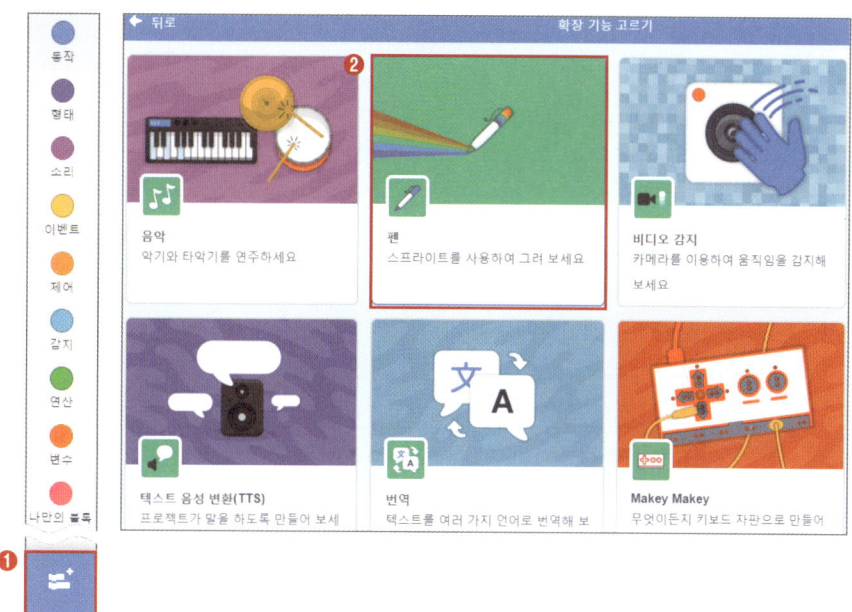

4 [펜] 팔레트를 클릭하고 모두 지우기 블록을 가운데 코드 영역으로 드래그합니다.

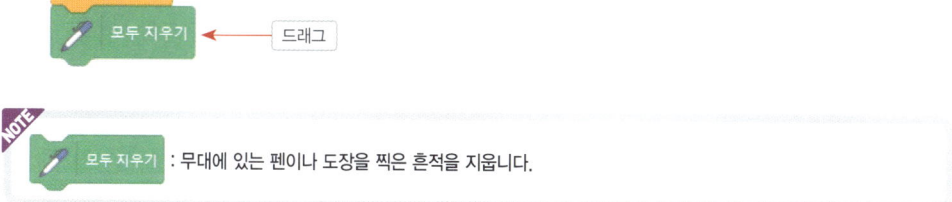

5 [동작] 팔레트를 클릭하고 x: 0 y: 0(으)로 이동하기 블록을 가운데 코드 영역으로 드래그합니다. x좌푯값을 '-100'으로 수정합니다.

6 [동작] 팔레트를 클릭하고 90도 방향 보기 블록을 가운데 코드 영역으로 드래그합니다. '90'을 '0'으로 바꿉니다.

❶ 드래그
❷ 수정

NOTE
90 도 방향 보기 : 현재 스프라이트의 방향을 설정합니다. 0 = 위쪽, 90 = 오른쪽, 180 = 아래쪽, -90 = 왼쪽

7 [감지] 팔레트를 클릭하고 'What's your name?'라고 묻고 기다리기 블록을 '가운데 코드 영역으로 드래그합니다. 내용을 '정다각형을 그립니다. 몇 각형을 그릴까요?'로 수정합니다.

❶ 드래그
❷ 수정

8 [변수] 팔레트를 클릭하고 '나의 변수'을(를) 0로 정하기 블록을 가운데 코드 영역으로 드래그합니다. 목록에서 '나의 변수' 대신 'n'을 선택합니다.

❶ 드래그
❷ 변경

9 [감지] 팔레트를 클릭하고 대답 블록을 n을(를) 0로 정하기 블록의 '0'으로 드래그합니다.

3 연필의 색과 굵기 지정하기

변수를 설정했으므로 연필의 색과 굵기를 설정하겠습니다.

1 [펜] 팔레트를 클릭하고 펜 내리기 블록을 가운데 코드 영역으로 드래그합니다.

> NOTE
> 펜 내리기 : 펜을 내려서 스프라이트가 움직일 때마다 그림을 그릴 수 있도록 만듭니다.

2 [펜] 팔레트의 `펜 굵기를 1(으)로 정하기` 블록을 가운데 코드 영역으로 드래그합니다. '1'을 '3'으로 수정합니다.

3 [펜] 팔레트의 `펜 색깔을(를) 50(으)로 정하기` 블록을 가운데 코드 영역으로 드래그합니다. '50'을 '0'으로 수정합니다. '0'은 빨간색을 나타냅니다.

> **TIP**
> 색깔 값의 범위는 0~100입니다.
> 0 = 빨간색, 15 = 노란색, 40 = 초록색, 60 = 파란색

회전 각도를 계산해서 정다각형 그리기

연필의 색과 굵기를 지정했으므로 회전 각도를 계산해서 정다각형을 그리겠습니다.

1 [제어] 팔레트를 클릭하고 `1초 기다리기` 블록을 가운데 코드 영역으로 드래그합니다.

2 [제어] 팔레트의 `10번 반복하기` 블록을 가운데 영역으로 드래그합니다.

3 [변수] 팔레트를 클릭하고 `n` 변수를 `10번 반복하기` 블록의 '10'으로 드래그합니다.

4 [동작] 팔레트를 클릭하고 `10만큼 움직이기` 블록을 `n 번 반복하기` 블록 안쪽으로 드래그합니다. '10'을 '50'으로 수정합니다.

5 [동작] 팔레트의 `방향으로 15도 회전하기` 블록을 `n 번 반복하기` 블록의 안쪽으로 드래그합니다.

6 [연산] 팔레트를 클릭하고 `○÷○` 블록을 `방향으로 15도 회전하기` 블록의 '15' 위로 드래그합니다.

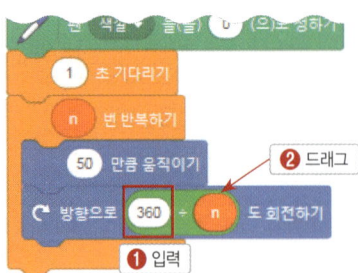

7 수식의 첫 번째 항목에 '360'을 입력합니다. [변수] 팔레트를 클릭하고 `n` 변수를 수식의 두 번째 항목 위로 드래그합니다. `360 ÷ n` 모양을 만들 수 있습니다.

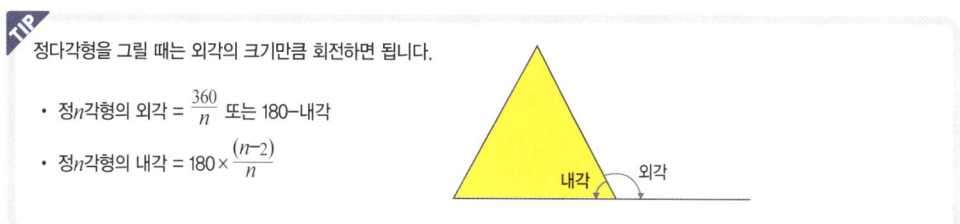

정다각형을 그릴 때는 외각의 크기만큼 회전하면 됩니다.

- 정n각형의 외각 = $\frac{360}{n}$ 또는 180−내각
- 정n각형의 내각 = $180 \times \frac{(n-2)}{n}$

8   [제어] 팔레트를 클릭하고 `1초 기다리기` 블록을 `n 번 반복하기` 블록 안쪽으로 드래그합니다. '1'을 '0.5'로 수정합니다.

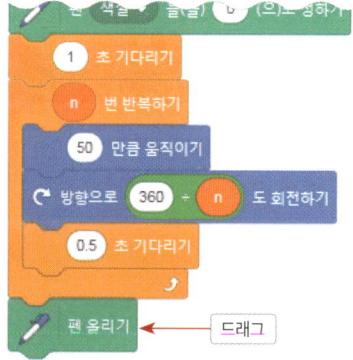

9   [펜] 팔레트를 클릭하고 `펜 올리기` 블록을 가운데 코드 영역으로 드래그합니다.

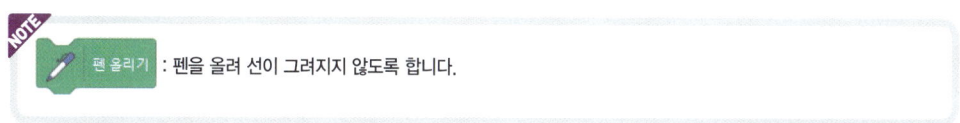

`펜 올리기` : 펜을 올려 선이 그려지지 않도록 합니다.

5 실행하고 저장하기

코드가 완성되면 시작하기 아이콘 🚩을 클릭해 완성된 내용을 확인합니다. [파일] > [컴퓨터에 저장하기] 메뉴를 클릭합니다. 폴더를 지정하고 파일명을 '11-1'로 저장합니다.

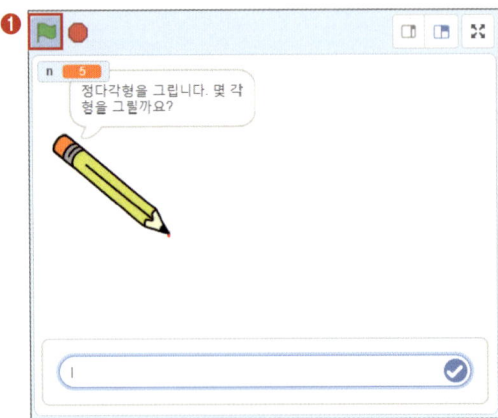

전체 코드 정리하기

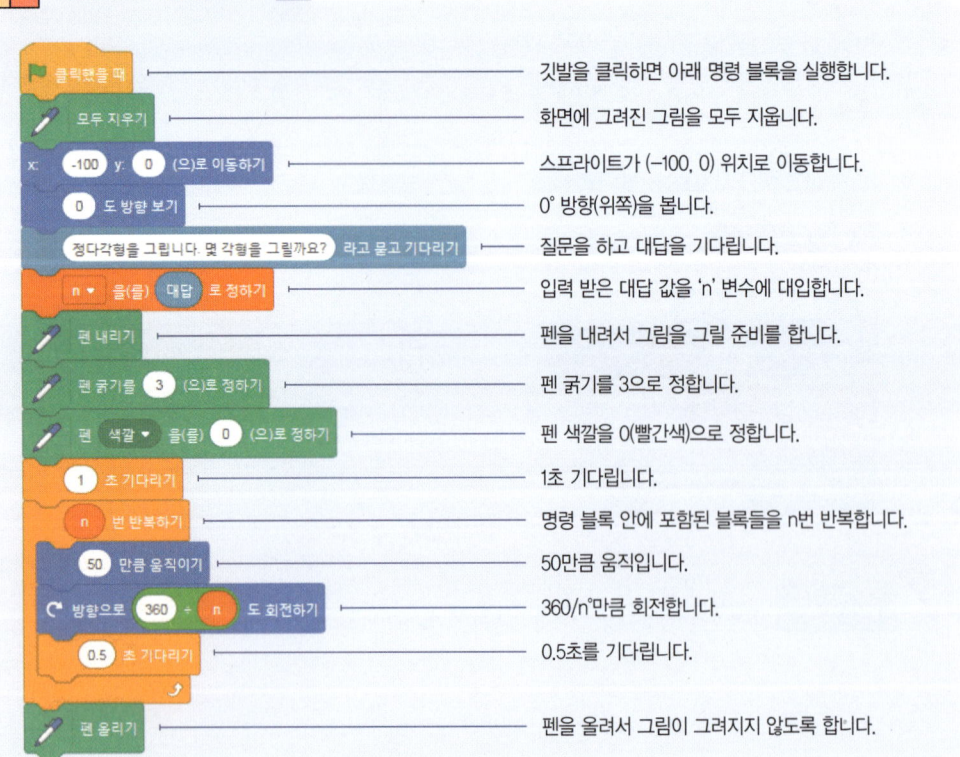

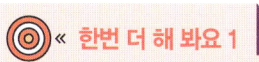 **한번 더 해 봐요 1**

11장에서 만든 예제에 블록을 하나 더 추가해 다각형 두 개를 그리도록 만들어 보세요.

조건

시작점을 동일하게 하여 크기와 색이 다른 정다각형을 그립니다.

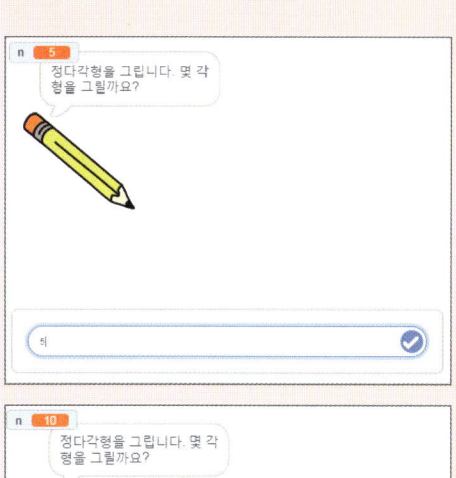

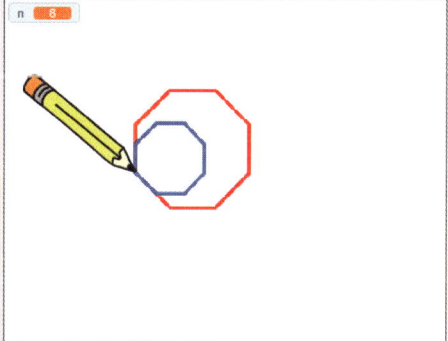

《 한번 더 해 봐요 2

다이아몬드(Crystal)가 움직이면서 도형을 그립니다. 몇 각형을 그릴 것인지와 몇 개를 그릴 것인지를 입력 받아서 해당되는 도형을 무작위 위치에 그리도록 만들어 보세요.

조건

Crystal 스프라이트

- 펜 굵기는 30이고, 90° 방향을 보도록 합니다.
- "몇 각형을 그릴까요?"라고 묻습니다.
- "몇 개 그릴까요?"라고 묻습니다.
- 펜 색깔을 바꿔가며 무작위 위치(x : -150~150, y : -150~150)에 그립니다.

힌트

회전 각도 : 360/n°

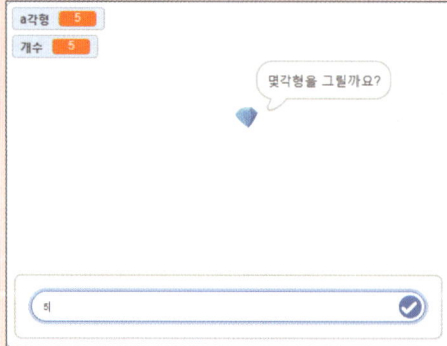 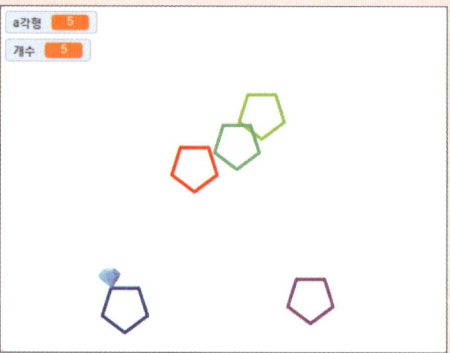

나는 누구일까요?

· 학습 목표 ·

동물 모양을 보고 동물 이름을 맞힙니다.
동물 소리를 듣고 동물 이름을 맞힙니다.

· 실습 과정 ·

스프라이트 준비하기
▼
동물 이름 맞히기
▼
소리를 듣고 동물 이름 맞히기
▼
정답 개수 알려 주기

나의 이름은 무엇일까요
영어 소문자로 답하세요

PREVIEW

동물 모양을 보고 동물 이름을 영어 소문자로 맞혀 봅니다. 동물 소리만 듣고 동물 이름을 영어 소문자로 맞혀 봅니다. 맞힌 정답 개수도 알려 주도록 합니다.

익히기 입력 값이 맞는지 확인하기, 개수 세기

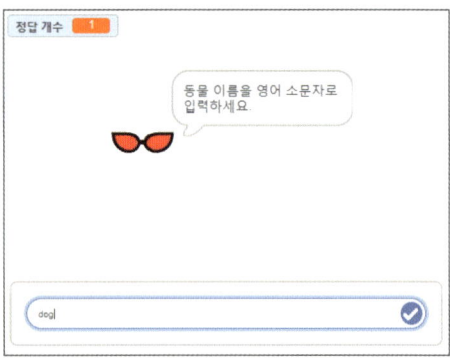

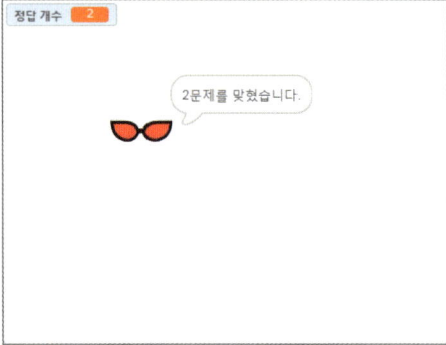

코드

시작할 때는 '정답 개수'를
0으로 설정하기

동물 모양 보여 주고
질문하기

사용자가 정답을 입력하기

맞았으면 맞았다고
알려 주고 '정답 개수'를
1 증가시키기

틀렸으면 틀렸다고
알려 주기

모양을 선글라스로
바꾸고 질문하기

소리를 세 번 들려 주기

동물 모양을 보여 주고
질문하기

사용자가 정답을 입력하기

맞았으면 맞았다고
알려 주고 '정답 개수'를
1 증가시키기

틀렸으면 틀렸다고
알려 주기

'정답 개수' 알려 주기

1 스프라이트 준비하기

퀴즈를 내는 데 필요한 스프라이트를 여러 개 준비하겠습니다.

1. 첫 화면에서 '고양이' 스프라이트를 없애야 합니다. '스프라이트 1'의 ⓧ 부분을 클릭합니다.

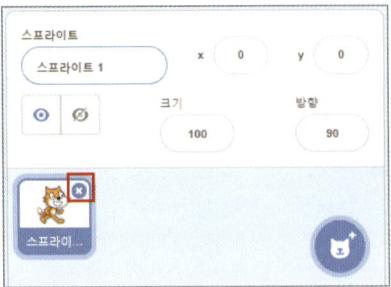

2. 스프라이트 고르기 아이콘 을 클릭합니다. 스프라이트 고르기 화면에서 [동물] > [Elephant]를 클릭합니다.

3 다음으로 강아지와 선글라스 모양을 추가하겠습니다. [모양] 탭을 클릭하고 모양 창 아래에 있는 모양 고르기 아이콘 ⬤을 클릭합니다.

4 모양 고르기 화면에서 [동물] > [Dog2-a]를 클릭합니다.

5 같은 방법으로 [모양] 탭이 선택된 상태에서 모양 창 아래에 있는 모양 고르기 아이콘 을 클릭한 다음 [패션] > [Sunglasses-a]를 클릭합니다.

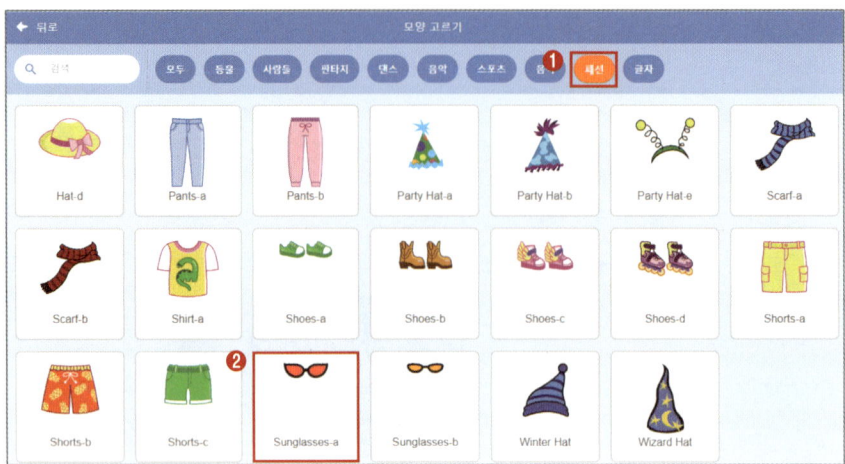

6 코딩하는 데 필요한 코끼리, 강아지, 선글라스를 추가했습니다. [모양] 탭에서 'elephant-a'를 클릭합니다.

2 동물 이름 맞히기

동물 모양을 보고 정답을 맞히도록 하겠습니다.

1 [코드] 탭을 클릭하고 [이벤트] 팔레트를 클릭합니다. `클릭했을 때` 블록을 가운데 코드 영역으로 드래그합니다.

2 [형태] 팔레트를 클릭하고 `모양을 elephant-a(으)로 바꾸기` 블록을 가운데 코드 영역으로 드래그합니다. 'elephant-a'인지 확인하세요.

3 [감지] 팔레트를 클릭하고 `What's your name?라고 묻고 기다리기` 블록을 가운데 코드 영역으로 드래그합니다. '나의 이름은 무엇일까요? 영어 소문자로 답하세요.'로 수정합니다.

4 [제어] 팔레트를 클릭하고 `만약 ~(이)라면 ~아니면` 블록을 가운데 코드 영역으로 드래그합니다.

5 [연산] 팔레트를 클릭하고 ◯ = 50 블록을 만약 ~(이)라면 ~아니면 블록의 조건으로 드래그합니다.

6 [감지] 팔레트를 클릭하고 대답 블록을 ◯ = 50 블록의 왼쪽 항목으로 드래그합니다. 오른쪽 항목은 '50'을 'elephant'로 수정합니다.

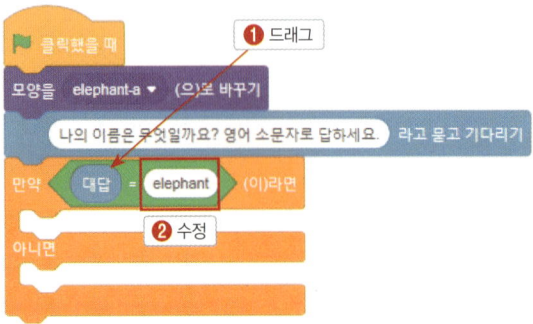

7 [형태] 팔레트를 클릭하고 안녕!을(를) 2초 동안 말하기 블록을 만약 ~(이)라면 블록 안쪽으로 드래그합니다. '안녕!'을 '맞았습니다.'로 수정합니다.

8 [형태] 팔레트의 `안녕!을(를) 2초 동안 말하기` 블록을 `아니면` 블록 안쪽으로 드래그합니다. '안녕!'을 '틀렸습니다.'로 수정합니다.

3 소리 듣고 알아맞히기

동물 모양을 보고 이름을 알아맞히는 상황을 만들었습니다. 다음은 동물 소리를 듣고 이름을 알아맞히는 상황을 만들어 보겠습니다.

1 먼저 동물 소리를 등록해야 합니다. [소리] 탭을 클릭하고 왼쪽 아래에 있는 소리 고르기 아이콘 을 클릭합니다. 소리 고르기 화면에서 [동물] > [Dog1]을 클릭합니다. 강아지 소리가 등록되었습니다.

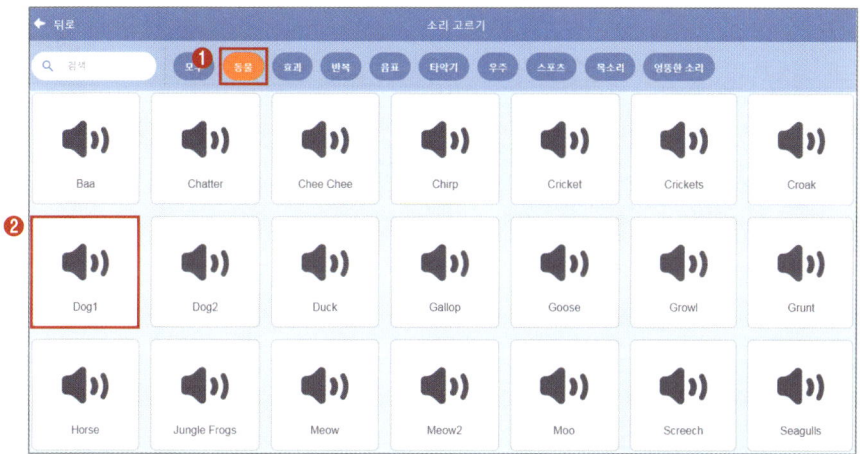

12장 나는 누구일까요? **219**

2 [코드] 탭을 클릭하고 [형태] 팔레트를 클릭합니다. `모양을 elephant-a(으)로 바꾸기` 블록을 가운데 코드 영역으로 드래그합니다. 목록을 눌러 'elephant-a' 대신 'Sunglasses-a'를 선택합니다.

3 [형태] 팔레트의 `안녕!을(를) 2초 동안 말하기` 블록을 가운데 코드 영역으로 드래그합니다. '안녕!'을 '소리를 듣고 동물 이름을 맞혀 보세요.'로 수정합니다.

4 동물 소리를 세 번 들려 주도록 설정하겠습니다. [제어] 팔레트를 클릭하고 `10번 반복하기` 블록을 가운데 코드 영역으로 드래그합니다. '10'을 '3'으로 수정합니다.

5 [소리] 팔레트를 클릭하고 pop 재생하기 블록을 3번 반복하기 블록 안쪽으로 그래그합니다. 목록을 눌러 'pop' 대신 'Dog1'을 선택합니다.

6 [제어] 팔레트를 클릭하고 1초 기다리기 블록을 3번 반복하기 블록 안쪽으로 드래그합니다.

7 [감지] 팔레트를 클릭하고 What's your name?라고 묻고 기다리기 블록을 가운데 코드 영역으로 드래그합니다. 내용을 '동물 이름을 영어 소문자로 입력하세요.'로 수정하세요.

8 [형태] 팔레트를 클릭하고 `모양을 elephant-a(으)로 바꾸기` 블록을 가운데 코드 영역으로 드래그합니다. 목록을 눌러 'elephant-a'를 'Dog2-a'로 바꿉니다.

9 [제어] 팔레트를 클릭하고 `만약 ~(이)라면 ~아니면` 블록을 가운데 코드 영역으로 드래그합니다.

10 [연산] 팔레트를 클릭하고 `◯ = 50` 블록을 `만약 ~(이)라면 ~아니면` 블록의 조건으로 드래그합니다.

11 [감지] 팔레트를 클릭하고 `대답` 블록을 `◯ = 50` 블록의 왼쪽 항목으로 드래그합니다. 오른쪽 항목 '50'을 'dog'로 수정합니다.

12 [형태] 팔레트를 클릭하고 `안녕!을(를) 2초 동안 말하기` 블록을 `만약 ~(이)라면 ~아니면` 에서 `만약 ~(이)라면` 블록과 `아니면` 블록의 안쪽에 각각 드래그합니다. '안녕!'을 '맞았습니다.'와 '틀렸습니다.'로 각각 수정합니다.

 정답 개수 확인하기

동물 퀴즈를 모두 완성했으므로 총 몇 문제를 맞혔는지 알아보겠습니다.

1 정답 개수를 기억하는 변수를 만들어야 합니다. [변수] 팔레트를 클릭하고 [변수 만들기]를 클릭합니다. 변수 이름을 '정답 개수'로 입력하고 [확인]을 클릭합니다.

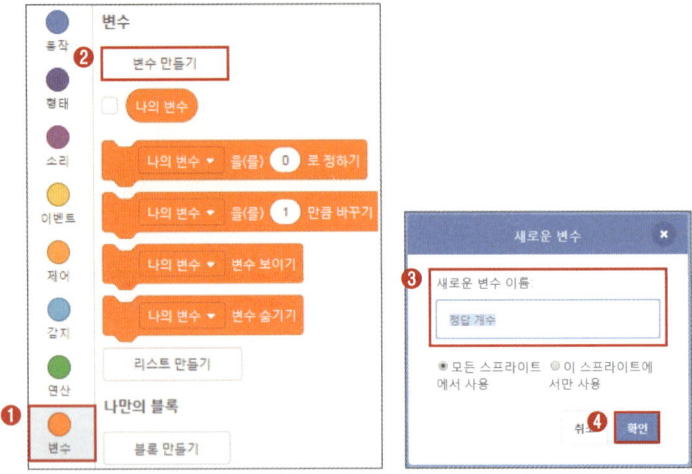

2 '정답 개수' 변수는 0부터 출발해야 하므로 `나의 변수을(를) 0로 정하기` 블록을 `클릭했을 때` 블록 아래로 드래그합니다. 목록을 눌러 '나의 변수' 대신 '정답 개수'를 선택합니다.

> NOTE
>
> `나의 변수 ▼ 을(를) 0 로 정하기` : 해당 변수의 값을 0으로 설정합니다.

3 정답을 맞혔을 때 1씩 누적해야 하므로 `나의 변수을(를) 1만큼 바꾸기` 블록을 `만약 ~(이)라면 ~아니면` 블록과 `만약 ~(이)라면` 블록으로 각각 드래그합니다. '나의 변수'를 '정답 개수'로 변경합니다.

❶ 드래그
❷ 변경
❸ 드래그
❹ 변경

> NOTE
>
> `나의 변수 ▼ 을(를) 1 만큼 바꾸기` : 해당 변수의 값을 1만큼 증가합니다.

4 이제 '정답 개수'의 결과를 사용자에게 말해 줘야 합니다. [형태] 팔레트를 클릭하고 모양을 elephant-a(으)로 바꾸기 블록을 가운데 코드 영역 맨 아래로 드래그합니다. 목록을 눌러 'elephant-a' 대신 'Sunglasses-a'를 선택합니다.

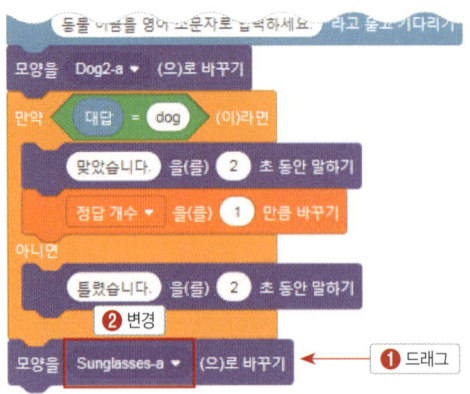

5 [형태] 팔레트의 안녕!을(를) 2초 동안 말하기 블록을 가운데 코드 영역으로 드래그합니다. [연산] 팔레트를 클릭하고 apple와(과) banana 결합하기 블록을 '안녕!' 위로 드래그합니다.

> apple 와(과) banana 결합하기 : 문자 두 개를 결합합니다.

6   [변수] 팔레트를 클릭하고 정답 개수 변수를 'apple' 위로 드래그하고, 'banana'를 '문제를 맞혔습니다.'로 수정합니다.

5 실행하고 저장하기

코드가 완성되면 시작하기 아이콘 ▶을 클릭해 완성된 내용을 확인합니다. [파일] > [컴퓨터에 저장하기] 메뉴를 클릭합니다. 폴더를 지정하고 파일명을 '12-1'로 저장합니다.

12장 나는 누구일까요?   227

전체 코드 정리하기

클릭했을 때 — 깃발을 클릭하면 아래 명령 블록을 실행합니다.

정답 개수 ▼ 을(를) 0 로 정하기 — '정답 개수' 변수 값을 0으로 설정합니다.

모양을 elephant-a (으)로 바꾸기 — 스프라이트 모양을 바꿉니다.

나의 이름은 무엇일까요? 영어 소문자로 답하세요. 라고 묻고 기다리기 — 사용자에게 문자를 입력 받습니다.

만약 대답 = elephant (이)라면
  맞았습니다. 을(를) 2 초 동안 말하기
  정답 개수 ▼ 을(를) 1 만큼 바꾸기
— 대답이 'elephant'면 "맞았습니다."를 2초 동안 말하고 '정답 개수'를 1 증가시킵니다.

아니면
  틀렸습니다. 을(를) 2 초 동안 말하기
— 대답이 'elephant'가 아니면 "틀렸습니다."를 2초 동안 말합니다.

모양을 Sunglasses-a (으)로 바꾸기 — 스프라이트 모양을 바꿉니다.

소리를 듣고 동물 이름을 맞혀 보세요. 을(를) 2 초 동안 말하기 — 입력한 문자를 2초 동안 말합니다.

3 번 반복하기
  Dog1 ▼ 재생하기
  1 초 기다리기
— 'Dog1'의 소리 내기와 1초 기다리기를 3번 반복합니다.

동물 이름을 영어 소문자로 입력하세요. 라고 묻고 기다리기 — 메시지를 보여 주고 사용자에게 입력 받습니다.

모양을 Dog2-a (으)로 바꾸기 — 스프라이트 모양을 바꿉니다.

만약 대답 = dog (이)라면
  맞았습니다. 을(를) 2 초 동안 말하기
  정답 개수 ▼ 을(를) 1 만큼 바꾸기
— 대답이 'dog'이면 "맞았습니다."를 2초 동안 말하고 '정답 개수'를 1 증가시킵니다.

아니면
  틀렸습니다. 을(를) 2 초 동안 말하기
— 대답이 'dog'가 아니면 "틀렸습니다."를 2초 동안 말합니다.

모양을 Sunglasses-a (으)로 바꾸기 — 스프라이트 모양을 바꿉니다.

정답 개수 와(과) 문제를 맞혔습니다. 결합하기 을(를) 2 초 동안 말하기 — '정답 개수'와 메시지를 2초 동안 말합니다.

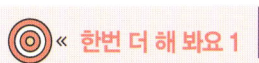 **한번 더 해 봐요 1**

12장 실습을 오리(Duck) 스프라이트와 말(horse) 소리로 바꿔 정답을 맞히는 프로그램을 만들어 보세요.

조건

오리 모양을 보여 주고 동물 이름을 영어 소문자로 입력 받습니다.

말 소리를 들려 주고 동물 이름을 맞히도록 합니다. 맞힌 정답 개수도 알려 줍니다.

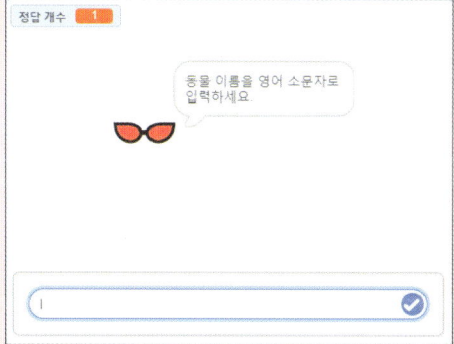

TIP 12장 본문 예제와 한번 더 해 봐요 실습을 합쳐 총 네 문제를 진행하는 프로그램을 완성할 수 있습니다.

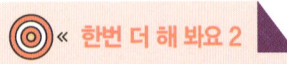 **한번 더 해 봐요 2**

먹고 싶은 과일을 물어보고 1, 2, 3 중에서 선택하도록 만들어 보세요.

- 1이면 바나나가 5개 보입니다.
- 2이면 오렌지가 5개 보입니다.
- 3이면 사과가 5개 보입니다.

조건

"맛있는 간식이 준비되어 있습니다."를 2초 동안 말합니다.

"먹고 싶은 과일을 선택하세요. 바나나는 1, 오렌지는 2, 사과는 3입니다."라고 묻고 기다립니다.

대답이 1이면 바나나가 5개 보입니다. 2이면 오렌지가 5개 보입니다. 3이면 사과가 5개 보입니다.

각각의 과일은 x : 무작위 위치(-200~200), y : 0 위치에 보입니다.

힌트

도장 찍기

13장

마우스 포인터에 따라 움직이는 야옹이

학습 목표

마우스 포인터와 간격을 유지하며 야옹이가 움직입니다.
바나나가 색을 바꾸며 자꾸 나타납니다.

실습 과정

스프라이트 준비하기
▼
마우스 포인터를 따라다니는 야옹이 만들기
▼
바나나를 소리 내면서 맛있게 먹기
▼
화려하게 변하는 바나나 만들기

PREVIEW

배고픈 야옹이가 바나나를 발견하고는 먹으려고 다가갑니다. 야옹이가 바나나에 닿으면 소리가 나면서 바나나는 사라지고 야옹이는 "바나나 맛있군."이라고 말합니다. 바나나 색을 여러 가지로 바꿔 보고, 바나나 위치도 여러 군데에서 나타나도록 합니다.

익히기 마우스 포인터 따라다니기, 색 바꾸기, 소리 내기

코드

야옹이(Cat 2)

```
클릭했을 때
무한 반복하기
  만약 <마우스 포인터 까지의 거리> > 5 (이)라면
    마우스 포인터 쪽 보기
    3 만큼 움직이기
  만약 <Bananas 에 닿았는가?> (이)라면
    Zoop 재생하기
    바나나 맛있군. 을(를) 2 초 동안 말하기
```

— 야옹이와 마우스 포인터까지의 거리가 5보다 크면 야옹이가 마우스 포인터 쪽으로 3만큼 움직이기

— 야옹이가 바나나에 닿으면 소리가 나고 "바나나 맛있군."이라고 말하기

바나나(Bananas)

```
클릭했을 때
보이기
무한 반복하기
  색깔 효과를 25 만큼 바꾸기
  만약 <Cat 2 에 닿았는가?> (이)라면
    숨기기
    1 초 기다리기
    보이기
    x: -200 부터 200 사이의 난수  y: -150 부터 150 사이의 난수 (으)로 이동하기
```

— 바나나에 다양한 색을 적용하기

— 바나나가 고양이에 닿으면 사라짐

— 1초 후에 다른 장소에 나타남

1 스프라이트 준비하기

'야옹이'와 '바나나'를 스프라이트로 준비하고, 맛있게 먹는 소리도 준비하겠습니다.

1 첫 화면에서 '고양이' 스프라이트를 없애야 합니다. '스프라이트 1'의 ⓧ 부분을 클릭합니다. 스프라이트 고르기 아이콘 을 클릭합니다. 스프라이트 고르기 화면에서 [동물] > [Cat 2]를 클릭합니다.

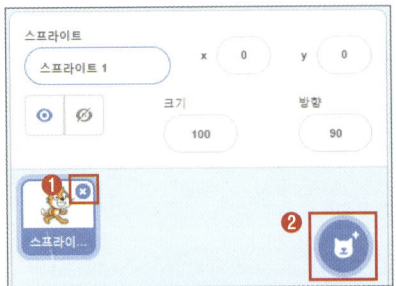

2 스프라이트 고르기 아이콘 을 한 번 더 클릭합니다. 그리고 스프라이트 고르기 화면에서 [Bananas]를 클릭합니다.

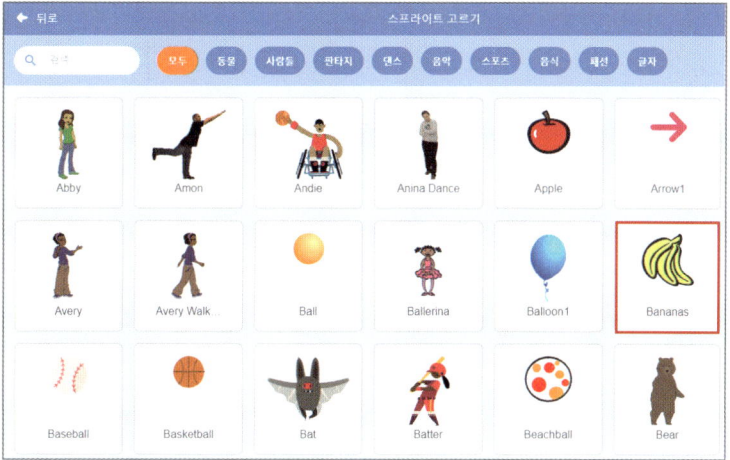

3   'Cat 2' 스프라이트를 클릭하여 선택합니다. [소리] 탭을 클릭하고 소리 고르기 아이콘 을 클릭합니다.

 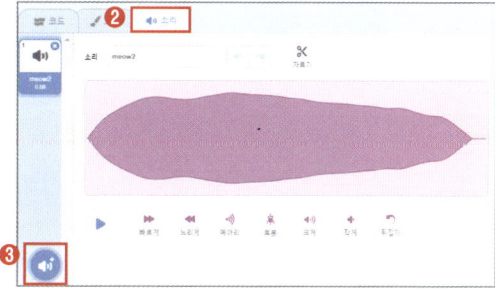

4   소리 고르기 화면에서 [효과] > [Zoop]을 클릭합니다.

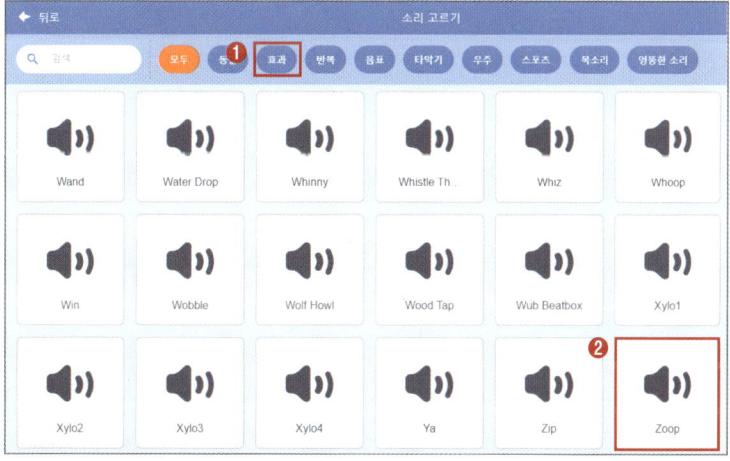

5   스프라이트 영역에 '야옹이'와 '바나나' 스프라이트가 보이고, 소리 목록에 맛있게 먹는 소리인 'Zoop'이 보입니다.

2 마우스 포인터를 따라다니는 야옹이

마우스 포인터와 일정한 거리를 유지하면서 야옹이가 따라다니도록 만들겠습니다.

1   'Cat 2' 스프라이트가 선택된 상태에서 [코드] 탭을 클릭하고, [이벤트] 팔레트를 클릭합니다. 클릭했을 때 블록을 가운데 코드 영역으로 드래그합니다.

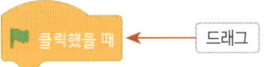

2   [제어] 팔레트를 클릭하고 무한 반복하기 블록을 가운데 코드 영역으로 드래그합니다.

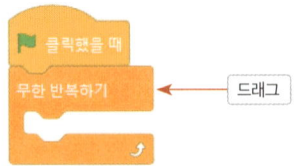

3   [제어] 팔레트의 `만약 ~(이)라면` 블록을 `무한 반복하기` 블록 안쪽으로 드래그합니다.

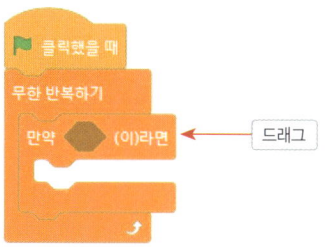

4   [연산] 팔레트를 클릭하고 `◯ > 50` 블록을 `만약 ~(이)라면` 블록의 조건으로 드래그합니다.

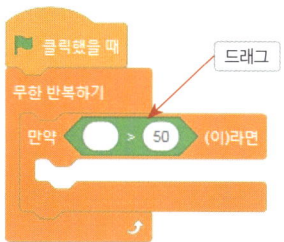

5   [감지] 팔레트를 클릭하고 `마우스 포인터까지의 거리` 블록을 `◯ > 50` 블록의 왼쪽 항목으로 드래그합니다. 오른쪽 항목 '50'을 '5'로 수정합니다.

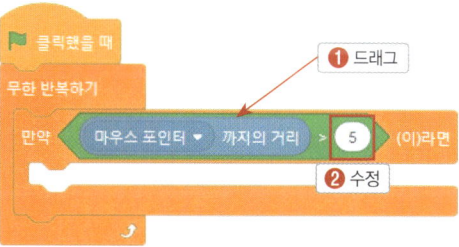

6   [동작] 팔레트를 클릭하고 마우스 포인터 쪽 보기 블록을 만약 ~(이)라면 블록 안쪽으로 드래 그합니다. 목록이 '마우스 포인터'인지 확인합니다.

7   [동작] 팔레트의 10만큼 움직이기 블록을 만약 ~(이)라면 블록 안쪽으로 드래그합니다. '10' 을 '3'으로 수정합니다. 이제 야옹이가 마우스 포인터를 따라다니며 움직일 것입니다.

3 소리 내면서 바나나 먹기

1   [제어] 팔레트를 클릭하고 만약 ~(이)라면 블록을 무한 반복하기 블록 안쪽으로 드래그합 니다.

2   [감지] 팔레트를 클릭하고 `마우스 포인터에 닿았는가?` 블록을 두 번째 `만약 ~(이)라면` 블록의 조건으로 드래그합니다. 목록에서 'Bananas'를 선택합니다.

3   [소리] 팔레트를 클릭하고 `Zoop 재생하기` 블록을 두 번째 `만약 ~(이)라면` 블록 안쪽으로 드래그합니다.

4 [형태] 팔레트를 클릭하고 안녕!을(를) 2초 동안 말하기 블록을 두 번째 만약 ~(이)라면 블록 안쪽으로 드래그합니다. '안녕!'을 '바나나 맛있군.'으로 수정합니다. '야옹이'가 바나나에 닿으면 소리가 나고 '바나나 맛있군.'이라는 말풍선이 나옵니다.

4 바나나 색 바꾸기

바나나에 그래픽 효과를 넣어 바나나 색을 바꿔 보겠습니다.

1 'Bananas' 스프라이트를 클릭하여 선택합니다. [코드] 탭에서 [이벤트] 팔레트를 클릭하고 클릭했을 때 블록을 가운데 코드 영역으로 드래그합니다.

2 [형태] 팔레트를 클릭하고 보이기 블록을 가운데 코드 영역으로 드래그합니다.

3 [제어] 팔레트를 클릭하고 무한 반복하기 블록을 가운데 코드 영역으로 드래그합니다.

4 [형태] 팔레트를 클릭하고 색깔 효과를 25만큼 바꾸기 블록을 무한 반복하기 블록 안쪽으로 드래그합니다.

5 [제어] 팔레트를 클릭하고 만약 ~(이)라면 블록을 무한 반복하기 블록 안쪽으로 드래그합니다.

6 [감지] 팔레트를 클릭하고 마우스 포인터에 닿았는가? 블록을 만약 ~(이)라면 블록의 조건으로 드래그합니다. 목록에서 'Cat 2'를 선택합니다.

7 [형태] 팔레트를 클릭하고 숨기기 블록을 만약 ~(이)라면 블록 안쪽으로 드래그합니다.

8 [제어] 팔레트를 클릭하고 1초 기다리기 블록을 만약 ~(이)라면 블록 안쪽으로 드래그합니다.

9 [형태] 팔레트를 클릭하고 보이기 블록을 만약 ~(이)라면 블록 안쪽으로 드래그합니다.

10 [동작] 팔레트를 클릭하고 x: 0 y: 0(으)로 이동하기 블록을 만약 ~(이)라면 블록 안쪽으로 드래그합니다.

11 [연산] 팔레트를 클릭하고 `1부터 10 사이의 난수` 블록을 x좌푯값인 '0' 위로 드래그합니다. '1'과 '10'을 각각 '-200'과 '200'으로 수정합니다.

12 [연산] 팔레트를 클릭하고 `1부터 10 사이의 난수` 블록을 y좌푯값인 '0' 위로 드래그합니다. '1'과 '10'을 각각 '-150'과 '150'으로 수정합니다.

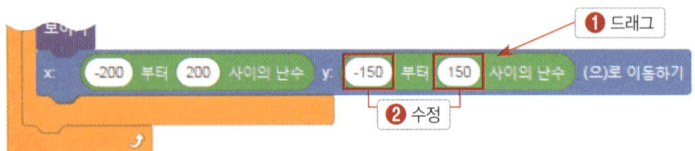

5 배경 넣기

어울리는 배경을 넣어 보겠습니다. 배경 고르기 아이콘 을 클릭합니다. 배경 고르기 화면에서 [실외] > [Tree]를 클릭합니다.

6 실행하기

코드가 완성되면 시작하기 아이콘 을 클릭하여 완성된 내용을 확인합니다.

7 저장하기

[파일] > [컴퓨터에 저장하기] 메뉴를 클릭합니다. 폴더를 지정하고 파일명을 '13-1'로 저장합니다.

전체 코드 정리하기

야옹이(Cat 2)

- 깃발을 클릭하면 아래 명령 블록을 실행합니다.
- 명령 블록 안에 포함된 블록들을 계속 반복합니다.
- 마우스 포인터까지의 거리가 5보다 크면 마우스 포인터 쪽으로 3만큼 움직이기
- 'Bananas'에 닿으면 'Zoop' 소리를 내면서 2초 동안 "바나나 맛있군."이라고 말합니다.

바나나(Bananas)

- 깃발을 클릭하면 아래 명령 블록을 실행합니다.
- 스프라이트가 무대에 보입니다.
- 명령 블록 안에 포함된 블록들을 계속 반복합니다.
- 색을 바꿉니다.
- 'Cat 2'에 닿으면 숨기고 1초 동안 기다린 후 지정된 좌표로 이동합니다.

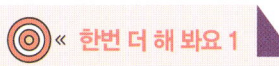 **한번 더 해 봐요 1**

딱정벌레(Beetle)가 쿠키(Fortune Cookie)를 찾아 맛있게 먹는 프로그램을 만들어 보세요.

조건

딱정벌레가 마우스 포인터를 따라다니며 쿠키를 찾습니다.

쿠키의 색은 여러 가지로 바뀝니다.

딱정벌레가 쿠키를 먹으면 소리가 나고 딱정벌레는 "맛있다."라고 말합니다.

쿠키가 딱정벌레에 닿으면 사라졌다가 임의의 위치에 다시 나타납니다.

« 한번 더 해 봐요 2

토끼가 모양을 바꿔 움직이고, 마우스 포인터에 닿을 때마다 점수가 1점 올라가는 프로그램을 만들어 보세요.

조건

토끼가 무작위로 0.5초 간격으로 움직입니다.

토끼의 모양이 'hare-a'와 'hare-b'의 모양이 번갈아 가며 바뀝니다.

마우스 포인터에 닿으면 토끼 모양이 'hare-a'로 바뀌고 0.5초 기다립니다. 그리고 점수가 1점 올라갑니다.

14장

떨어지는 오렌지 피하기

학습 목표

떨어지는 오렌지를 피하려고 코끼리가 부지런히 움직입니다.
오렌지가 코끼리 등에 떨어지면 오렌지는 터지고 코끼리는 놀랍니다.

실습 과정

- 코끼리와 오렌지 준비하기
- 하늘에서 떨어지는 오렌지 만들기
- 터지는 오렌지 만들기
- 코끼리 등에 오렌지가 떨어진다면?
- 코끼리 움직이기

PREVIEW

하늘에서 오렌지가 떨어집니다. 오렌지가 바닥에 닿으면 톡 터집니다. 오렌지가 코끼리 등에 닿으면 코끼리가 깜짝 놀랍니다. 코끼리는 ←와 →을 이용해 오렌지를 피해 다녀야 합니다.

익히기 난수 사용하기, 모양 바꾸기, 방향키 사용하기

하늘에서 오렌지가 떨어져요!

오렌지가 바닥에 닿으면 톡 하고 터져요.

앗, 깜짝이야! 오렌지가 코끼리 등에 떨어졌어요.

코끼리가 오렌지를 피해 도망쳐요.

코드

코끼리(Elephant)

- 코끼리가 처음 서 있을 위치 지정하기
- 서 있는 코끼리 모양 정하기
- 코끼리가 오렌지에 닿으면 깜짝 놀라서 멈추기
- →를 누르면 코끼리가 오른쪽으로 움직이기
- ←를 누르면 코끼리가 왼쪽으로 움직이기

오렌지(Orange)

- 1초 기다렸다가 오렌지가 나타나도록 하기
- 오렌지 위치를 무작위로 설정하기
- 오렌지 떨어트리기
- 오렌지가 바닥에 닿으면 터지게 하기
- 새로운 오렌지의 위치를 지정하여 이동하기
- 오렌지가 코끼리에 닿으면 터지게 하기
- 새로운 오렌지의 위치를 지정해 이동하기

코끼리와 오렌지 준비하기

평상시 모습의 코끼리, 놀란 코끼리, 오렌지, 터진 오렌지를 준비하겠습니다.

1 첫 화면에서 '고양이' 스프라이트를 없애야 합니다. '스프라이트 1'의 ⓧ 부분을 클릭합니다. 그리고 스프라이트 고르기 아이콘 을 클릭합니다. 스프라이트 고르기 화면에서 [동물] > [Elephant]를 클릭합니다.

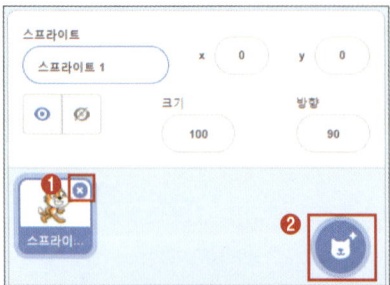

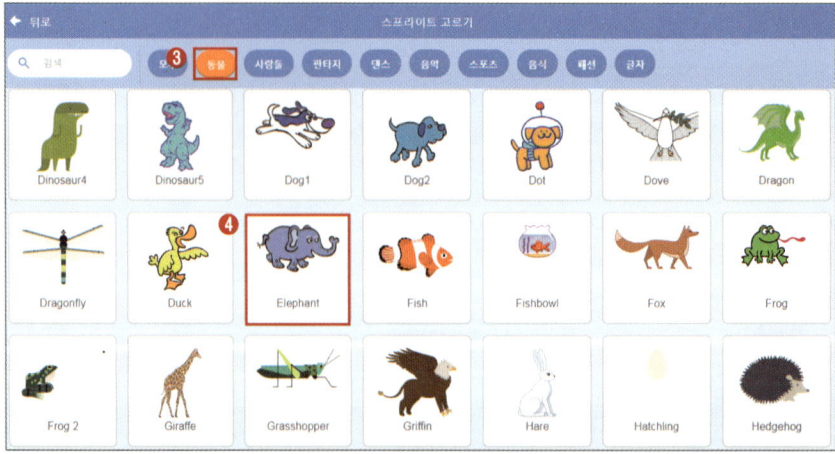

2 다시 한 번 스프라이트 고르기 아이콘 을 클릭합니다. 스프라이트 고르기 화면에서 [음식] > [Orange]를 클릭합니다.

3. 터진 오렌지를 추가하겠습니다. 'Orange' 스프라이트를 클릭합니다. [모양] 탭을 클릭하고 모양 고르기 아이콘 을 클릭합니다. [음식] > [Orange2-b]를 클릭합니다.

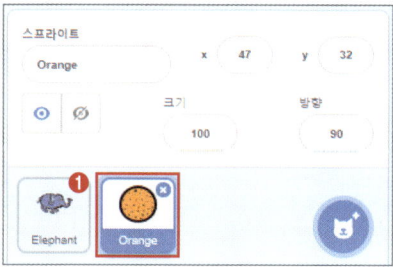

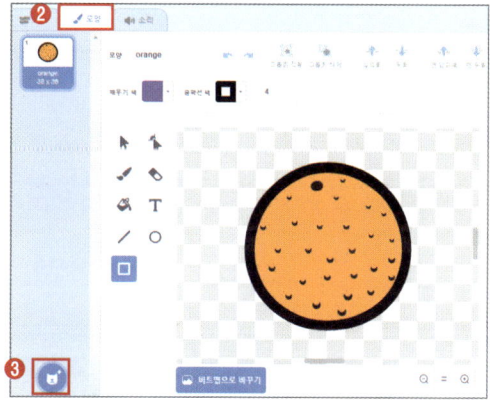

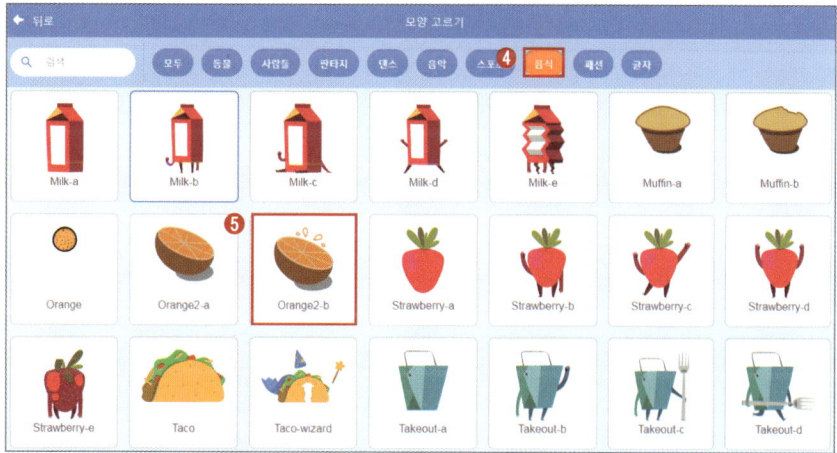

> **TIP 모양 고르기**
> 모양 고르기는 현재 선택된 스프라이트에 모양으로 추가됩니다.

4 [모양] 탭의 'Orange2-b'가 선택된 상태에서 선택 툴 을 클릭합니다. 모양 영역에 있는 'Orange2-b' 전체를 드래그해서 범위를 지정합니다.

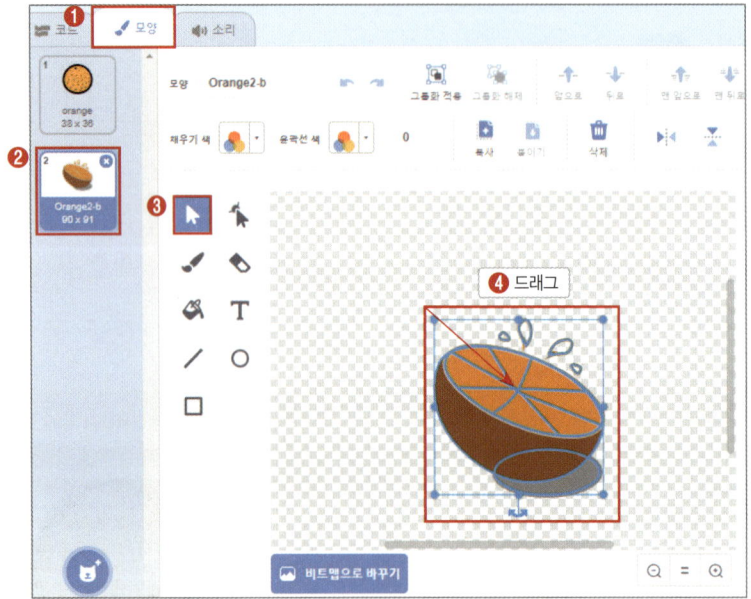

> **TIP**
> 모양이 화면에 모두 보이지 않을 경우 모양 크기 조절 버튼 의 축소, 등호, 확대 부분을 클릭하여 적당한 보기로 지정할 수 있습니다.

5 그룹화 적용 을 클릭합니다. 'Orange2-b' 모양 전체가 하나로 그룹화가 되면 조절점을 드래그해서 크기를 적당히 줄입니다.

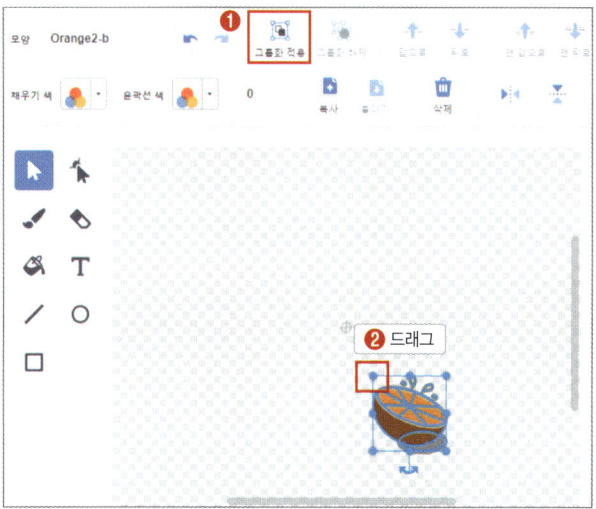

> TIP
> 'Orange2-b'의 크기를 조절할 때 모양의 전체를 범위 지정하고 그룹화 적용을 한 후 조절합니다. 크기는 조절점을 이용해 'Orange2-b'의 크기를 'Orange'의 크기와 비슷하게 맞춥니다.

6 'Orange2-b'를 드래그해서 화면의 가운데에 있는 중심점 에 위치하도록 조정합니다 (잘 보이지 않으면 화면을 확대한 후 중심점에 맞춥니다).

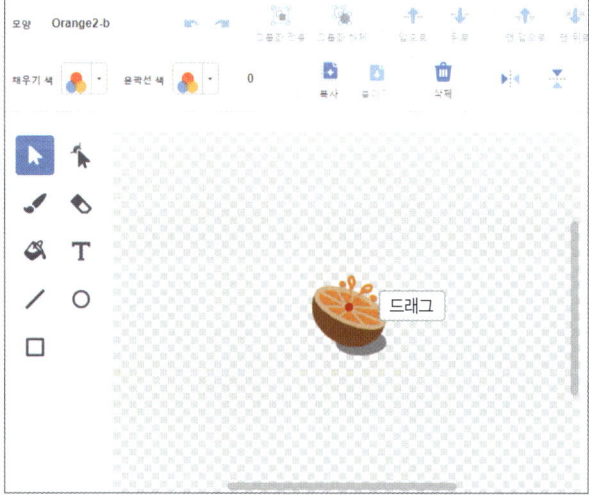

2 하늘에서 떨어지는 오렌지

코끼리, 오렌지, 터진 오렌지를 준비했습니다. 다음으로 하늘에서 떨어지는 오렌지를 만들겠습니다.

1 'Orange' 스프라이트를 클릭하고 [코드] 탭을 클릭합니다. [이벤트] 팔레트를 클릭하고 클릭했을 때 블록을 가운데 코드 영역으로 드래그합니다.

2 [형태] 팔레트를 클릭하고 숨기기 블록을 가운데 코드 영역으로 드래그합니다.

숨기기 : 해당 스프라이트가 무대에서 사라집니다.

3 [제어] 팔레트를 클릭하고 1초 기다리기 블록을 가운데 코드 영역으로 드래그합니다.

4 [형태] 팔레트를 클릭하고 보이기 블록을 가운데 코드 영역으로 드래그합니다.

> **NOTE** 보이기 : 해당 스프라이트가 무대에 나타납니다.

5 [동작] 팔레트를 클릭하고 x: 0 y: 0(으)로 이동하기 블록을 가운데 코드 영역으로 드래그합니다.

6 [연산] 팔레트를 클릭하고 1부터 10 사이의 난수 블록을 x좌푯값인 '0' 위로 드래그합니다. '1'과 '10'을 '-220'과 '220'으로 각각 수정합니다. y좌푯값은 '150'으로 수정합니다.

> **NOTE** x: -220 부터 220 사이의 난수 y: 150 (으)로 이동하기 : 오렌지가 떨어질 위치가 무작위가 되도록 x좌표에 난수 값을 설정했습니다.

7 [제어] 팔레트를 클릭하고 무한 반복하기 블록을 가운데 코드 영역으로 드래그합니다.

8 [형태] 팔레트를 클릭하고 모양을 orange(으)로 바꾸기 블록을 무한 반복하기 블록 안쪽으로 드래그합니다. 목록을 'orange'로 바꿉니다.

9 [동작] 팔레트를 클릭하고 y좌표를 10만큼 바꾸기 블록을 무한 반복하기 블록 안쪽으로 드래그합니다. '10'을 '-10'으로 수정합니다.

3 터지는 오렌지

오렌지는 언제 터질까요? 바닥에 닿거나 코끼리 등에 닿았을 때 터지겠지요? 터지는 오렌지를 만들어 보겠습니다.

1 [제어] 팔레트를 클릭하고 `만약 ~(이)라면` 블록을 `무한 반복하기` 블록 안쪽으로 드래그합니다.

2 [감지] 팔레트를 클릭하고 `마우스 포인터에 닿았는가?` 블록을 `만약 ~(이)라면` 블록의 조건으로 드래그합니다. '마우스 포인터' 목록을 '벽'으로 바꿉니다(화면의 왼쪽, 오른쪽, 위쪽, 아래쪽 경계가 모두 벽에 해당합니다. 그래서 아래쪽 바닥도 '벽'에 포함됩니다).

3   [형태] 팔레트를 클릭하고 `모양을 orange(으)로 바꾸기` 블록을 `만약 ~(이)라면` 블록 안쪽으로 드래그합니다. 목록에서 'Orange2-b'를 선택합니다.

4   [제어] 팔레트를 클릭하고 `1초 기다리기` 블록을 `만약 ~(이)라면` 블록 안쪽으로 드래그합니다.

5   [동작] 팔레트를 클릭하고 `x: 0 y: 0(으)로 이동하기` 블록을 `만약 ~(이)라면` 블록 안쪽으로 드래그합니다.

6 [연산] 팔레트를 클릭하고 `1부터 10 사이의 난수` 블록을 x좌푯값인 '0' 위로 드래그합니다. '1'과 '10'을 각각 '-220'과 '220'으로 수정합니다. y좌푯값은 '150'으로 수정합니다.

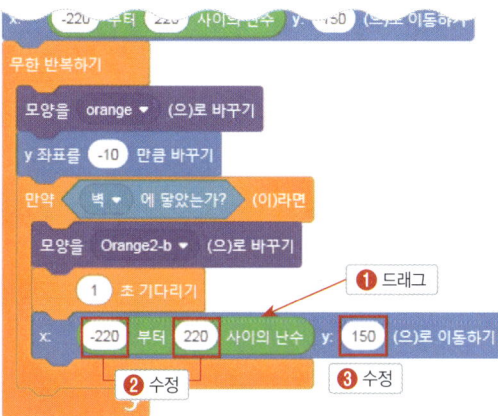

7 `만약 ~(이)라면` 블록을 마우스 오른쪽 버튼으로 클릭하고 [복사하기]를 선택합니다.

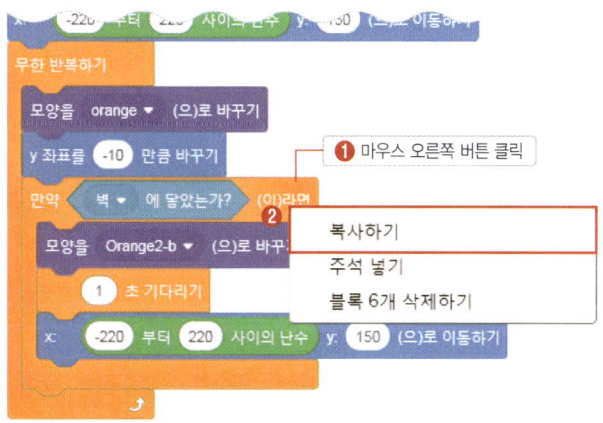

> **TIP** 비슷한 블록이 반복되는 경우 해당 블록을 복사해서 일부분을 수정하는 것이 더 빠르고 간편합니다.

8 복사된 만약 ~(이)라면 블록을 드래그하여 무한 반복하기 블록 안의 만약 ~(이)라면 블록 아래로 이동합니다. 복사된 두 번째 만약 ~(이)라면 블록의 조건의 목록을 'Elephant'로 바꿉니다.

> **TIP**
> 다음과 같이 ◯또는◯ 블록을 이용해 만약 ~(이)라면 블록을 하나로 줄여서 좀 더 간단하게 구현할 수도 있습니다.

4 코끼리 등에 오렌지가 떨어지면?

코끼리 등에 오렌지가 떨어지면 코끼리는 어떻게 될까요? 깜짝 놀라겠지요? 깜짝 놀라는 코끼리를 만들어 보겠습니다.

1 'Elephant' 스프라이트를 클릭하고 [이벤트] 팔레트를 클릭합니다. `클릭했을 때` 블록을 가운데 코드 영역으로 드래그합니다.

2 [동작] 팔레트를 클릭하고 `y좌표를 0(으)로 정하기` 블록을 가운데 코드 영역으로 드래그합니다. '0'을 '-100'으로 수정합니다.

3 [제어] 팔레트를 클릭하고 `무한 반복하기` 블록을 가운데 코드 영역으로 드래그합니다.

4 [형태] 팔레트를 클릭하고 `모양을 elephant-a(으)로 바꾸기` 블록을 `무한 반복하기` 블록 안쪽으로 드래그합니다. 목록이 'elephant-a'인지 확인합니다.

5 [제어] 팔레트를 클릭하고 `만약 ~(이)라면` 블록을 `무한 반복하기` 블록 안쪽으로 드래그합니다.

6 [감지] 팔레트를 클릭하고 `마우스 포인터에 닿았는가?` 블록을 `만약 ~(이)라면` 블록의 조건으로 드래그합니다. 목록에서 'Orange'를 선택합니다.

7 [형태] 팔레트를 클릭하고 `모양을 elephant-a(으)로 바꾸기` 블록을 `만약 ~(이)라면` 블록 안쪽으로 드래그합니다. 목록에서 'elephant-b'를 선택합니다.

8 [제어] 팔레트를 클릭하고 `1초 기다리기` 블록을 `만약 ~(이)라면` 블록 안쪽으로 드래그합니다. '1'을 '0.1'로 수정합니다.

5 코끼리 움직이기

떨어지는 오렌지에 등을 맞아 깜짝 놀라는 코끼리를 만들었습니다. 시큼한 오렌지에 등을 맞지 않도록 코끼리를 부지런히 움직여 보겠습니다. ←와 →을 이용해 떨어지는 오렌지를 피해 보겠습니다.

1 [제어] 팔레트를 클릭하고 `만약 ~(이)라면` 블록을 `무한 반복하기` 블록 안쪽으로 드래그합니다.

14장 떨어지는 오렌지 피하기 **265**

2 [감지] 팔레트를 클릭하고 `스페이스 키를 눌렀는가?` 블록을 `만약 ~(이)라면` 블록의 조건으로 드래그합니다. 목록에서 '오른쪽 화살표'를 선택합니다.

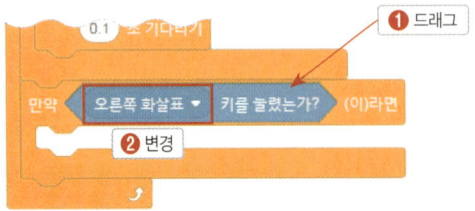

3 [동작] 팔레트를 클릭하고 `10만큼 움직이기` 블록을 `만약 ~(이)라면` 블록 안쪽으로 드래그합니다.

4 두 번째 `만약 ~(이)라면` 블록을 마우스 오른쪽 버튼으로 클릭하고 [복사하기]를 선택합니다.

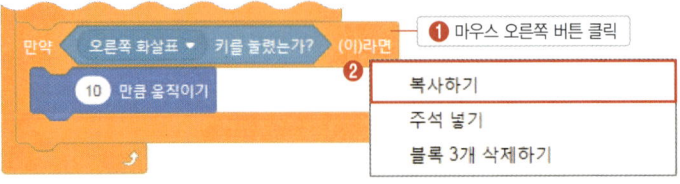

5 복사된 `만약 ~(이)라면` 블록을 드래그하여 `무한 반복하기` 블록 안의 두 번째 `만약 ~(이)라면` 블록 아래로 이동합니다. 복사된 `만약 ~(이)라면` 블록의 조건 목록을 '왼쪽 화살표'로 바꾸고 값을 '-10'으로 수정합니다.

6 배경 넣기

적당한 배경을 넣어 보겠습니다. 배경 고르기 아이콘 을 클릭합니다. 배경 고르기 화면에서 [실외] > [Woods And Bench]를 클릭합니다.

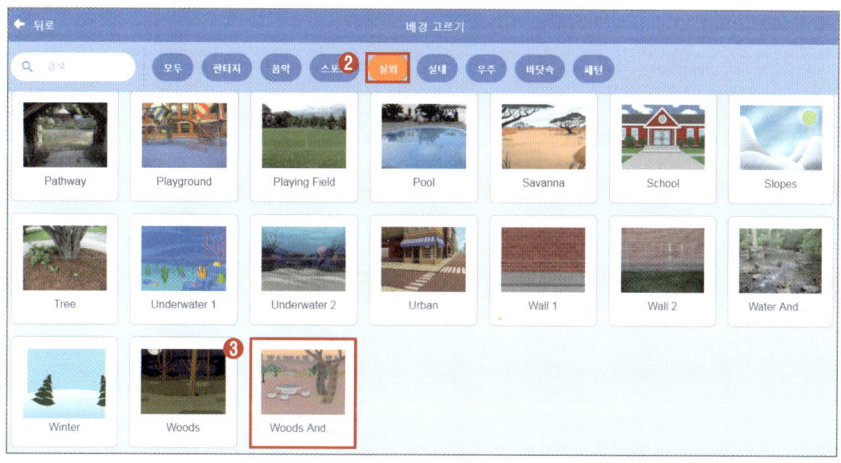

7 실행하기

코드가 완성되면 시작하기 아이콘 을 클릭하여 완성된 내용을 확인합니다.

8 저장하기

[파일] > [컴퓨터에 저장하기] 메뉴를 클릭합니다. 폴더를 지정하고 파일명을 '14-1'로 저장합니다.

전체 코드 정리하기

코끼리(Elephant)

- 깃발을 클릭하면 아래 명령 블록을 실행합니다.
- y좌푯값을 -100으로 지정합니다.
- 명령 블록 안에 포함된 블록들을 계속 반복합니다.
- 스프라이트 모양을 바꿉니다.
- 오렌지에 닿으면 모양을 바꾸고 0.1초 동안 기다립니다.
- →가 눌리면 10만큼 움직입니다.
- ←가 눌리면 -10만큼 움직입니다.

오렌지(Orange)

- 깃발을 클릭하면 아래 명령 블록을 실행합니다.
- 스프라이트가 사라집니다.
- 1초 동안 기다립니다.
- 스프라이트가 나타납니다.
- x좌푯값은 -220~220의 난수 값으로 설정하고, y좌푯값은 150입니다.
- 명령 블록 안에 포함된 블록들을 계속 반복합니다.
- 모양을 'orange'로 바꿉니다.
- y좌표를 -10만큼 바꿉니다.
- 벽에 닿으면 모양을 'Orange2-b'로 바꾸고, 1초 기다린 다음 지정된 좌표로 이동합니다. x좌푯값은 -220~220의 난수 값이고 y좌푯값은 150입니다.
- 코끼리에 닿으면 모양을 'Orange2-b'로 바꾸고, 1초 기다린 다음 지정된 좌표로 이동합니다. x좌푯값은 -220~220의 난수 값이고 y좌푯값은 150입니다.

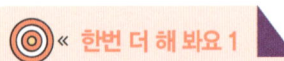 **« 한번 더 해 봐요 1**

하늘에서 떨어지는 수박을 피해 도망치는 유령(ghost)을 만들어 보세요.

조건

하늘에서 수박이 떨어집니다.

수박은 유령에게 맞거나 벽에 닿으면 깨집니다.

수박이 닿으면 유령은 화난 모습으로 바뀝니다.

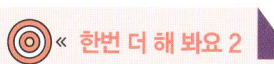 **한번 더 해 봐요 2**

날아다니는 달걀(Hatchling)과 걸어 다니는 곰(Bear-walking)이 닿으면 서로 다른 모양을 취하도록 만들어 보세요.

조건

Bear-walking 스프라이트

- 'Bear-b'를 [모양] 탭에 추가합니다.
- 'Bear-walk-a' 모양의 크기를 80%로 정합니다.
- 10만큼씩 움직이며, 벽에 닿으면 튕기도록 합니다.
- 'Bear-walk-a', 'Bear-walk-b', 'Bear-walk-c' 모양으로 0.1초 간격으로 바뀝니다.
- Hatchling에 닿으면 모양이 'Bear-b'로 바뀌고 0.5초 기다립니다.

Hatchling 스프라이트

- 크기를 50%로 정합니다.
- 0.5초 동안 무작위로 이동합니다.
- 곰에 닿으면 'hatchling-b' 모양으로 바뀌고 0.5초 기다립니다.

15장

짝수 판별하기

학습 목표

1부터 10까지의 수가 짝수인지 판별합니다.
짝수의 총 개수와 합계를 구합니다.

실습 과정

변수 만들기
▼
짝수인지 판별하는 기능 넣기
▼
짝수의 개수 구하기
▼
짝수의 합계 구하기

PREVIEW

1부터 10까지의 숫자 중 각 숫자가 짝수인지 아닌지 판별하고, 짝수가 총 몇 개이고 짝수 전체의 합이 얼마인지 알아봅니다.

익히기 변수 사용하기, 개수 구하기, 합계 구하기

 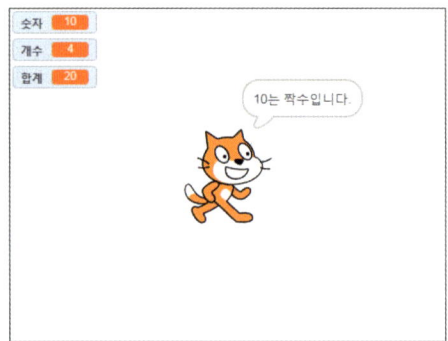

코드

클릭했을 때
- 숫자 ▼ 을(를) 1 로 정하기
- 개수 ▼ 을(를) 0 로 정하기
- 합계 ▼ 을(를) 0 로 정하기

→ '숫자', '개수', '합계' 변수의 초깃값 정하기

1부터 10까지의 숫자들의 홀수/짝수를 알아보아요 을(를) 2 초 동안 말하기 → 실습할 내용 알려 주기

10 번 반복하기 → 아래 내용을 10번 반복하기

다음 모양으로 바꾸기 → 스프라이트 모양 바꾸기

만약 숫자 나누기 2 의 나머지 = 0 (이)라면
- 숫자 와(과) 는 짝수입니다. 결합하기 을(를) 2 초 동안 말하기
- 다음 모양으로 바꾸기
- 개수 ▼ 을(를) 1 만큼 바꾸기
- 다음 모양으로 바꾸기
- 합계 ▼ 을(를) 숫자 만큼 바꾸기

→ '숫자'를 2로 나누어 나머지가 0이면 짝수라고 알려 주기

→ 짝수이면 '개수'를 1 증가시키고, '합계'를 누적하기

아니면
- 숫자 와(과) 는 홀수입니다. 결합하기 을(를) 2 초 동안 말하기

→ 짝수가 아니면 홀수라고 알려 주기

숫자 ▼ 을(를) 1 만큼 바꾸기 → '숫자'를 1 증가시키기

짝수는 와(과) 개수 결합하기 와(과) 개 입니다. 결합하기 을(를) 2 초 동안 말하기 → 짝수의 개수 말하기

짝수의 합은 와(과) 합계 결합하기 와(과) 입니다. 결합하기 을(를) 2 초 동안 말하기 → 짝수의 합계 말하기

1 변수 만들기

숫자를 기억하는 변수, 짝수의 개수를 기억하는 변수, 짝수의 합을 기억하는 변수를 만들겠습니다.

1 [코드] 탭의 [변수] 팔레트를 클릭하고 [변수 만들기]를 클릭합니다. 변수 이름을 '숫자'로 입력하고 [확인]을 클릭합니다.

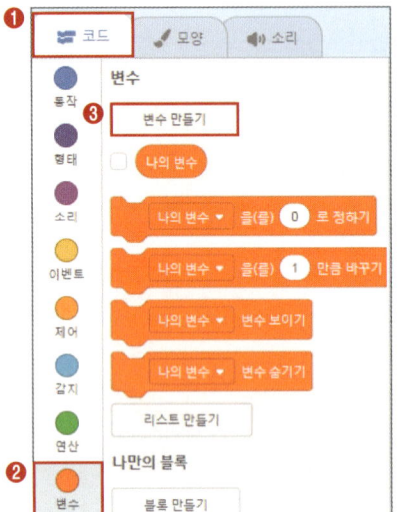
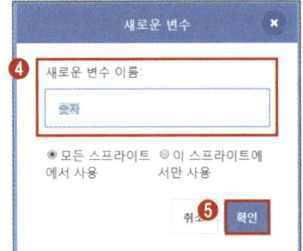

2 같은 방법으로 '개수'와 '합계' 변수를 만듭니다.

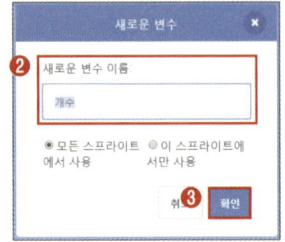
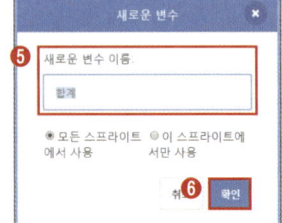

3   [이벤트] 팔레트를 클릭하고  블록을 가운데 코드 영역으로 드래그합니다.

4   1부터 10까지의 값을 나타내는 '숫자' 변수의 초깃값을 '1'로 설정하겠습니다. [변수] 팔레트를 클릭하고 `개수을(를) 0로 정하기` 블록을 가운데 코드 영역으로 드래그합니다. 목록에서 '숫자'를 선택하고 값을 '1'로 수정합니다.

5   [형태] 팔레트를 클릭하고 `안녕!을(를) 2초 동안 말하기` 블록을 가운데 코드 영역으로 드래그합니다. '안녕!'을 '1부터 10까지의 숫자들의 홀수/짝수를 알아보아요.'로 수정합니다.

2 짝수인가요?

1부터 10까지의 숫자가 짝수인지 아닌지 판별하도록 만들어 보겠습니다.

1   [제어] 팔레트를 클릭하고  블록을 가운데 코드 영역으로 드래그합니다.

15장 짝수 판별하기   277

> **TIP**
> 1부터 10까지의 숫자를 이용하기 위해 '숫자' 변수의 값을 1씩 증가시킵니다. 이것을 10번 반복합니다.

2 [제어] 팔레트의 `만약 ~(이)라면 ~아니면` 블록을 `10번 반복하기` 블록 안쪽으로 드래그합니다.

3 [연산] 팔레트를 클릭하고 `◯ = 50` 블록을 `만약 ~(이)라면 ~아니면` 블록의 조건으로 드래그합니다.

4 [연산] 팔레트의 `● 나누기 ●의 나머지` 블록을 `● = 50` 블록의 왼쪽 영역으로 드래그합니다.

TIP `● 나누기 ●의 나머지` : 앞의 수를 뒤의 수로 나눈 나머지입니다.

5 [변수] 팔레트를 클릭하고 `숫자` 변수를 `● 나누기 ●의 나머지` 블록의 첫 번째 항목으로 드래그합니다. 두 번째 항목에는 '2'를 입력하고, 마지막 항목 '50'을 '0'으로 바꿉니다.

TIP 짝수인지 어떻게 판별할까요? 숫자를 2로 나눈 다음 나머지가 0이면 짝수입니다.

6 [형태] 팔레트를 클릭하고 `안녕!을(를) 2초 동안 말하기` 블록을 `만약 ~(이)라면 ~아니면` 블록에서 `만약 ~(이)라면` 블록 안쪽으로 드래그합니다.

7 [연산] 팔레트를 클릭하고 `apple와(과) banana 결합하기` 블록을 '안녕!' 위로 드래그합니다.

8 [변수] 팔레트를 클릭하고 `숫자` 변수를 'apple' 위로 드래그해서 놓고, 'banana'를 '는 짝수입니다.'로 수정합니다.

> **NOTE**
> `apple 와(과) banana 결합하기` : 문자 두 개를 결합합니다.

9 숫자 와(과) 는 짝수입니다. 결합하기 을(를) 2초 동안 말하기 블록을 마우스 오른쪽 버튼으로 클릭하고 [복사하기]를 선택합니다.

10 복사된 숫자 와(과) 는 짝수입니다. 결합하기 을(를) 2초 동안 말하기 블록을 만약 ~(이)라면 ~아니면 블록에서 ~아니면 블록 안쪽으로 드래그합니다. 두 번째 항목의 글자를 '는 홀수입니다.'로 수정합니다.

11 개수을(를) 1만큼 바꾸기 블록을 10번 반복하기 블록 안쪽으로 드래그합니다. 목록을 '숫자'로 바꿉니다.

15장 짝수 판별하기 281

3 짝수의 개수 구하기

1부터 10까지의 숫자가 짝수인지 아닌지 판별했습니다. 그렇다면 1부터 10까지의 숫자 중 짝수는 몇 개일까요? 짝수가 나올 때마다 '개수' 변수에 1을 더해 짝수의 개수를 구해 보겠습니다.

1 [변수] 팔레트의 `개수을(를) 0로 정하기` 블록을 `숫자을(를) 1로 정하기` 블록 아래로 드래그합니다. 목록이 '개수'인지 확인합니다.

> **TIP** '짝수는 몇 개일까요?'를 나타내는 '개수' 변수는 초깃값이 0부터 시작합니다.

2 [변수] 팔레트의 `개수을(를) 1만큼 바꾸기` 블록을 `만약 ~(이)라면 ~아니면` 블록에서 `만약 ~(이)라면` 블록 안쪽 맨 아래로 드래그합니다. 목록이 '개수'인지 확인합니다.

> **TIP** 짝수로 판별될 때마다 '개수' 변수에 1을 더합니다.

3 [형태] 팔레트를 클릭하고 안녕!을(를) 2초 동안 말하기 블록을 가운데 블록 맨 아래로 드래그합니다.

4 [연산] 팔레트를 클릭하고 apple와(과) banana 결합하기 블록을 '안녕!' 위로 드래그합니다.

5 apple와(과) banana 결합하기 블록을 'apple' 위로 한 번 더 드래그합니다.

6 [변수] 팔레트를 클릭하고 개수 변수를 가운데 'banana' 위로 드래그하고 첫 번째 글자인 'apple'을 '짝수는', 맨 뒤 글자인 'banana'를 '개 입니다.'로 수정합니다.

15장 짝수 판별하기 283

4 짝수의 합계 구하기

1부터 10까지의 숫자 중 짝수의 합은 얼마일까요? 숫자가 짝수로 판별될 때마다 해당하는 숫자를 '합계' 변수에 더해 보겠습니다.

1 [변수] 팔레트의 `개수을(를) 0로 정하기` 블록을 `개수을(를) 0로 정하기` 블록 아래로 드래그합니다. 목록에서 '합계'를 선택합니다.

> **TIP**
> 짝수의 합을 나타내는 '합계' 변수의 초깃값은 0입니다.

2 `개수을(를) 1만큼 바꾸기` 블록을 `만약 ~(이)라면` 블록의 `개수을(를) 1만큼 바꾸기` 블록 아래로 드래그합니다. 목록에서 '합계'를 선택합니다.

3 [변수] 팔레트의 숫자 변수를 합계을(를) 1만큼 바꾸기 블록의 '1' 자리로 드래그합니다.

> **TIP**
> '합계' 변수에 짝수를 한 개씩 더합니다.

4 [형태] 팔레트를 클릭하고 안녕!을(를) 2초 동안 말하기 블록을 맨 아래로 드래그합니다.

5 [연산] 팔레트를 클릭하고 apple와(과) banana 결합하기 블록을 '안녕!' 위로 드래그합니다.

15장 짝수 판별하기 **285**

6 `apple와(과) banana 결합하기` 블록을 'apple' 위로 한 번 더 드래그합니다.

7 [변수] 팔레트를 클릭하고 `합계` 변수를 가운데 'banana' 위로 드래그하고 첫 번째 글자인 'apple'을 '짝수의 합은', 맨 뒤 글자인 'banana'를 '입니다.'로 각각 수정합니다.

5 야옹이 모양 바꾸기

1 [형태] 팔레트를 클릭하고 `다음 모양으로 바꾸기` 블록을 `만약 ~(이)라면 ~아니면` 블록 위쪽으로 드래그합니다.

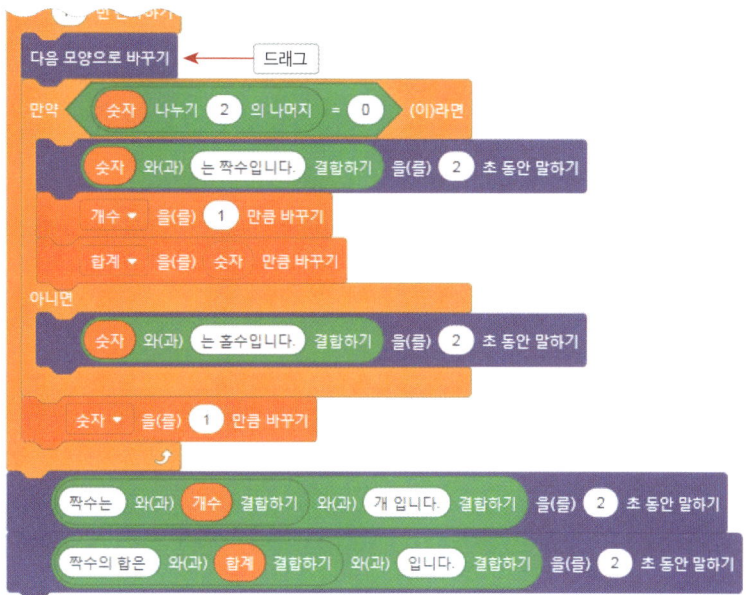

2. [형태] 팔레트의 `다음 모양으로 바꾸기` 블록을 `개수을(를) 1만큼 바꾸기` 블록 위로 드래그합니다. 같은 방법으로 `다음 모양으로 바꾸기` 블록을 `합계을(를) 숫자만큼 바꾸기` 블록 위로 드래그합니다.

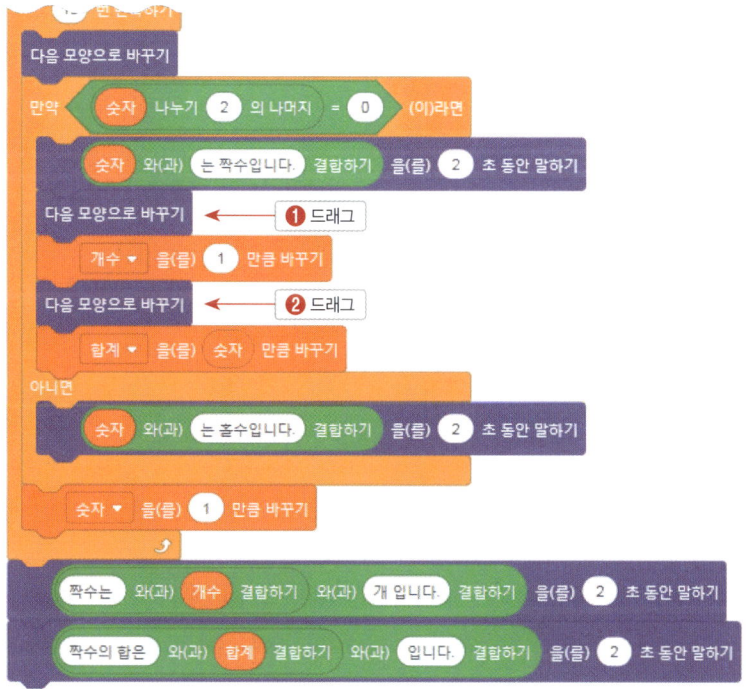

15장 짝수 판별하기 **287**

6 실행하기

코드가 완성되면 시작하기 아이콘 을 클릭해 완성된 내용을 확인합니다.

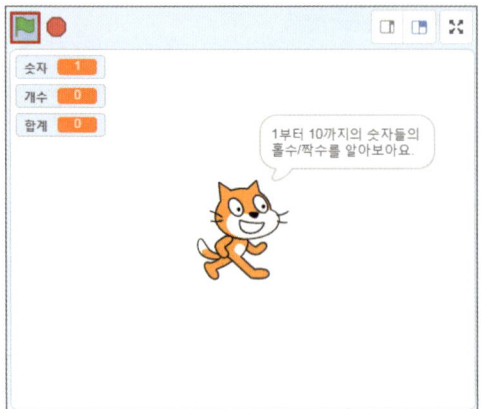

7 저장하기

[파일] > [컴퓨터에 저장하기] 메뉴를 클릭합니다. 폴더를 지정하고 파일명을 '15-1'로 저장합니다.

전체 코드 정리하기

15장 짝수 판별하기

« 한번 더 해 봐요 1

1부터 10까지의 숫자 중 3의 배수를 찾아 개수와 합계를 구해 보세요.

조건

1부터 10까지의 숫자가 1씩 증가합니다.

3의 배수인지 판별해 말합니다.

3의 배수인 숫자의 개수를 말합니다.

3의 배수인 숫자의 합계를 말합니다.

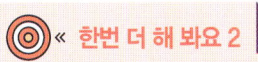 **한번 더 해 봐요 2**

숫자를 입력 받아서 짝수이면 노란 별, 홀수이면 파란 별(색깔 효과 80)이 20개 보이도록 만들어 보세요.

조건

Witch 스프라이트

- "숫자를 입력하세요."라고 말합니다.
- 짝수이면 노란별 신호를 보냅니다.
- 홀수이면 파란별 신호를 보냅니다.

Star 스프라이트

- 노란별 신호를 받으면 무작위 위치에 20개의 별을 복제합니다.
- 파란별 신호를 받으면 무작위 위치에 색깔 효과 80으로 된 별을 20개 복제합니다.

힌트

나 자신 복제하기

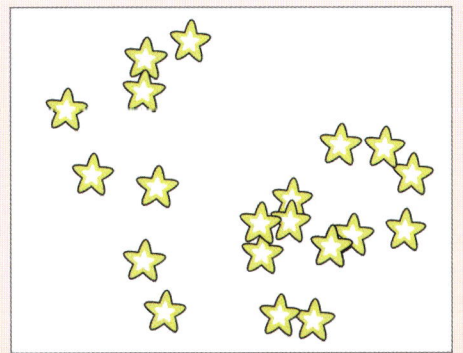

소수 판별하기

학습 목표

소수가 무엇인지 알아봅니다.
입력된 숫자가 소수인지 알려 줍니다.

실습 과정

- 소수의 개념 알아보기
- 변수 만들기
- 입력된 숫자가 소수인지 판별하기
- 소수인지 알려 주기

P R E V I E W

소수란 무엇인지 살펴보고 사용자가 입력한 숫자가 소수인지 판별해 알려 줍니다.

익히기   변수 사용하기, 소수 판별하기

코드

```
클릭했을 때
소수란 1과 자기 자신만으로 나누어떨어지는 수로서 을(를) 2 초 동안 말하기       ─ 소수가 무엇인지 알려 주기
1보다 큰 양의 정수를 말합니다. 을(를) 2 초 동안 말하기
숫자를 입력하면 소수인지 알려 줍니다. 라고 묻고 기다리기              ─ 사용자에게 숫자 입력 받기
숫자 ▾ 을(를) 대답 로 정하기                                    ─ 입력된 값을 '숫자' 변수에 넣기
개수 ▾ 을(를) 0 로 정하기                                      ─ '개수' 변수와 'a' 변수의
a ▾ 을(를) 1 로 정하기                                          초깃값 정하기
    a > 숫자 까지 반복하기
    만약 숫자 나누기 a 의 나머지 = 0 (이)라면         ─ 나누어떨어지는지 판단하기
        개수 ▾ 을(를) 1 만큼 바꾸기
                                                 ─ '개수'와 'a' 변수 1 증가하기
    a ▾ 을(를) 1 만큼 바꾸기
만약 개수 = 2 (이)라면                               ─ 소수인지 판단하기
    숫자 와(과) 는 소수입니다. 결합하기 을(를) 2 초 동안 말하기   ─ 소수이면 소수라고
아니면                                                          알려 주기
    숫자 와(과) 는 소수가 아닙니다. 결합하기 을(를) 2 초 동안 말하기 ─ 소수가 아니면 소수가
                                                                아니라고 알려 주기
```

1 소수란 무엇인가?

소수란 1과 자기 자신만으로 나누어떨어지는 1보다 큰 양의 정수입니다. 소수에는 2, 3, 5, 7, 11, 13, 17, 19, 23, 29, 31, … 등이 있습니다.

1 [코드] 탭에서 [이벤트] 팔레트를 클릭하고 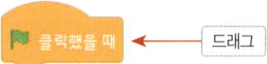 블록을 가운데 코드 영역으로 드래그합니다.

2 [형태] 팔레트를 클릭하고 `안녕!을(를) 2초 동안 말하기` 블록을 가운데 코드 영역으로 드래그합니다. 내용을 '소수란 1과 자기 자신만으로 나누어떨어지는 수로서'로 수정합니다.

3 `안녕!을(를) 2초 동안 말하기` 블록을 가운데 코드 영역으로 한 번 더 드래그합니다. 내용을 '1보다 큰 양의 정수를 말합니다.'로 수정합니다.

4 [감지] 팔레트를 클릭하고 `What's your name?라고 묻고 기다리기` 블록을 가운데 코드 영역으로 드래그합니다. 내용을 '숫자를 입력하면 소수인지 알려 줍니다.'로 수정합니다.

2 변수 만들기

소수에 대해 설명하고 사용자에게 숫자를 입력하도록 하였습니다. 다음으로 '숫자', 'a', '개수' 변수를 만들겠습니다. '숫자' 변수는 사용자가 입력한 숫자를 저장합니다. 'a'는 나누는 수를 나타내는 변수이며 '개수' 변수는 소수의 개수를 나타냅니다.

1 [코드] 탭의 [변수] 팔레트를 클릭하고 [변수 만들기]를 클릭합니다. 변수 이름을 '숫자'로 입력하고 [확인]을 클릭합니다.

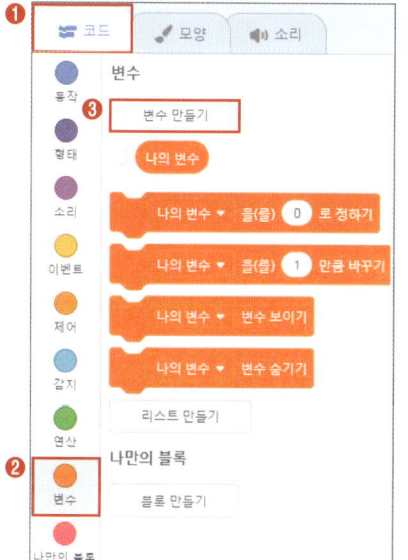
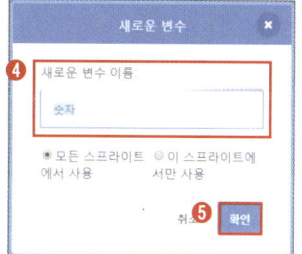

2 같은 방식으로 'a' 변수와 '개수' 변수를 만듭니다.

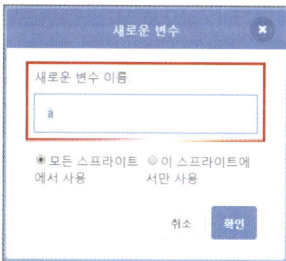
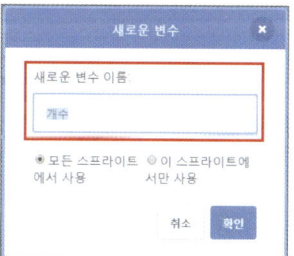

3 각 변수에 초깃값을 지정하겠습니다. [변수] 팔레트의 `개수을(를) 0로 정하기` 블록을 가운데 코드 영역으로 드래그합니다. 목록에서 '숫자'를 선택합니다.

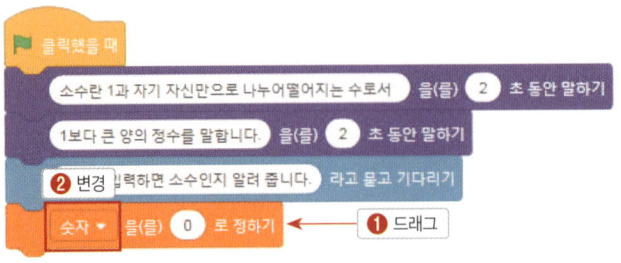

4 [감지] 팔레트를 클릭하고 `대답` 블록을 '0' 위로 드래그합니다.

5 [변수] 팔레트를 클릭하고 `개수을(를) 0로 정하기` 블록을 가운데 코드 영역으로 드래그합니다.

6 `개수을(를) 0로 정하기` 블록을 가운데 코드 영역으로 한 번 더 드래그합니다. 목록에서 'a'를 선택하고, 값을 '1'로 수정합니다.

TIP 숫자÷1, 숫자÷2, 숫자÷3, … 이런 식으로 나누는 수는 1부터 시작합니다.

3 소수 판별하기

'숫자'가 소수가 되려면 1과 자기 자신으로만 나누어떨어져야 합니다. 'a'를 1부터 시작해서 1씩 증가시키면서 '숫자'를 나누어 봅니다. 이때 나머지가 0인 것이 딱 두 개여야 합니다.

1 [제어] 팔레트를 클릭하고 `~까지 반복하기` 블록을 가운데 코드 영역으로 드래그합니다.

2 [연산] 팔레트를 클릭하고 `◯ > 50` 블록을 `~까지 반복하기` 블록의 조건으로 드래그합니다.

3 [변수] 팔레트를 클릭하고 'a' 변수와 '숫자' 변수를 다음과 같이 각각 드래그합니다.

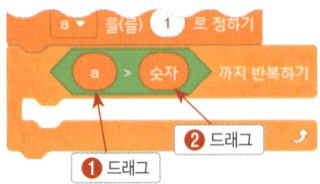

> TIP
> 'a'는 '숫자'의 크기만큼만 증가시키면 됩니다. 예를 들어 5가 소수인지 판별할 때 '숫자÷a' 형식에서 5÷1, 5÷2, 5÷3, 5÷4, 5÷5 이렇게 나누어 가면서 판별하므로 'a'는 '숫자'의 크기가 될 때까지만 증가시키면 됩니다.

4 [제어] 팔레트를 클릭하고 만약 ~(이)라면 블록을 ~까지 반복하기 블록 안쪽으로 드래그합니다.

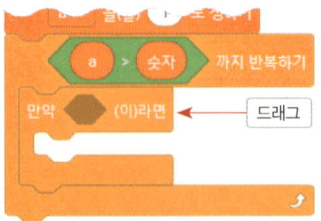

5 [연산] 팔레트를 클릭하고 ◯ = 50 블록을 만약 ~(이)라면 블록의 조건으로 드래그합니다.

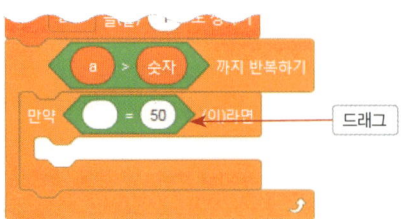

6 `● 나누기 ●의 나머지` 블록을 `● = 50` 블록의 왼쪽 항목으로 드래그합니다.

7 [변수] 팔레트를 클릭하고 `숫자` 변수와 `a` 변수를 다음과 같이 각각 드래그해서 조건을 채우고, 값을 '0'으로 수정합니다.

8 `개수을(를) 1만큼 바꾸기` 블록을 `만약 ~(이)라면` 블록 안쪽으로 드래그합니다.

> TIP
> '개수' 변수는 나누어떨어지는 수의 개수를 나타냅니다. 즉, '숫자'를 'a'로 나누었을 때 나머지가 0인 수의 개수를 구합니다. 이때 총 개수가 2로 나오면 소수입니다.

9 `개수을(를) 1만큼 바꾸기` 블록을 `~까지 반복하기` 블록 안쪽으로 드래그합니다. 목록에서 'a' 를 선택합니다.

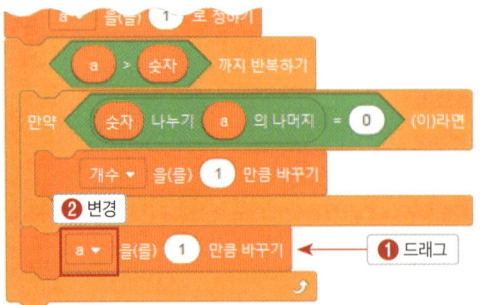

4 소수인지 알려 주기

'숫자'를 'a'로 나누어서 나머지가 0인 수가 두 개이면 소수입니다. 이번에는 입력한 '숫자'가 소수인지 알려 주도록 하겠습니다.

1 [제어] 팔레트를 클릭하고 `만약 ~(이)라면 ~아니면` 블록을 가운데 코드 영역으로 드래그합 니다.

2 [연산] 팔레트를 클릭하고 ⬤ = 50 블록을 만약 ~(이)라면 블록의 조건으로 드래그합니다.

3 [변수] 팔레트를 클릭하고 개수 변수를 ⬤ = 50 블록의 왼쪽 영역으로 드래그하고 오른쪽 영역은 '2'로 수정합니다.

4 [형태] 팔레트를 클릭하고 안녕!을(를) 2초 동안 말하기 블록을 만약 ~(이)라면 블록 안쪽으로 드래그합니다.

5 [연산] 팔레트를 클릭하고 apple와(과) banana 결합하기 블록을 '안녕!' 위로 드래그합니다.

6 [변수] 팔레트를 클릭하고 숫자 변수를 'apple' 위로 드래그합니다. 'banana'를 '는 소수입니다.'로 수정합니다.

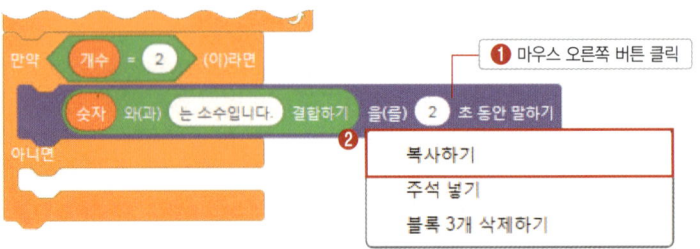

7 숫자 와(과) 는 소수입니다. 결합하기 을(를) 2초 동안 말하기 블록을 마우스 오른쪽 버튼으로 클릭하고 [복사하기]를 클릭합니다.

8 복사된 숫자 와(과) 는 소수입니다. 결합하기 을(를) 2초 동안 말하기 블록을 ~아니면 블록의 안쪽으로 드래그합니다. 내용을 '는 소수가 아닙니다.'로 수정합니다.

5 실행하기

코드가 완성되면 시작하기 아이콘 을 클릭해 완성된 내용을 확인합니다.

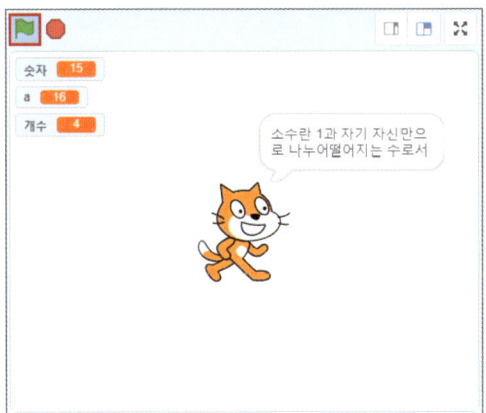

6 저장하기

[파일] > [컴퓨터에 저장하기] 메뉴를 클릭합니다. 폴더를 지정하고 파일명을 '16-1'로 저장합니다.

전체 코드 정리하기

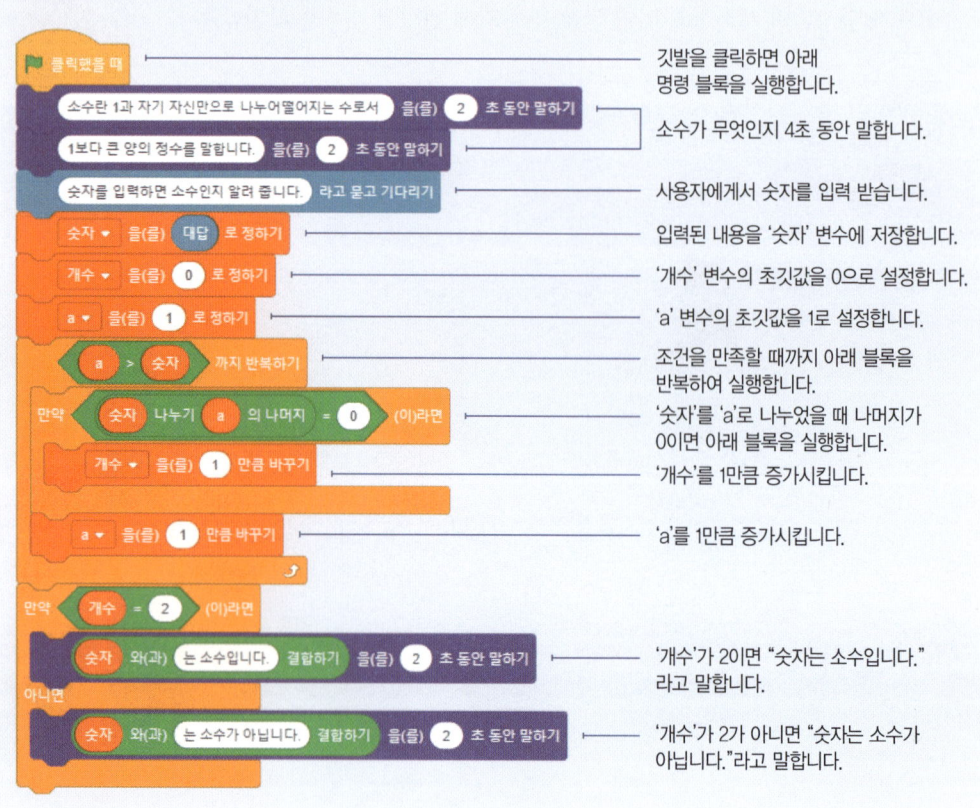

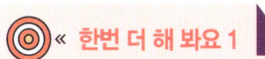

1부터 10까지의 숫자 중 소수를 찾아봅니다. 15장과 16장 예제를 참고하여 만들어 보세요.

조건

1부터 10까지의 숫자가 나오도록 합니다.

소수인지 판별합니다.

소수면 소수라고 말하고 아니면 소수가 아니라고 말합니다.

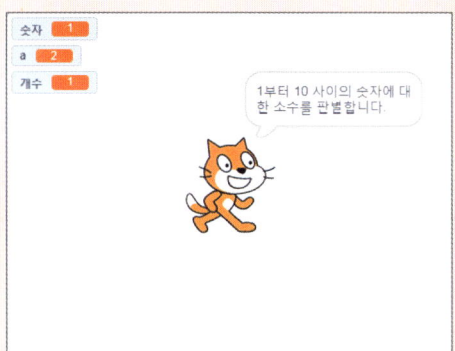

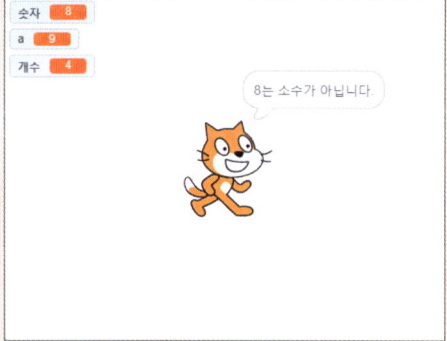

« 한번 더 해 봐요 2

0부터 9 사이의 숫자가 화면에서 다양한 색으로 표현됩니다. SpaceBar 를 누르면 소수만 화면에 남기고 "소수는 다음과 같습니다."라고 말한 후 나머지 숫자(Glow)들은 숨기도록 만들어 보세요.

조건

Hitchling은 10만큼씩 움직입니다.

Hitchling과 glow-0부터 glow-9까지 스프라이트를 준비합니다.

SpaceBar 를 눌렀을 때 "소수는 다음과 같습니다."라고 말합니다.

Hitchling 스프라이트
- 모양을 'hatchling-b'로 시작합니다.
- "소수는 무엇일까요?"라고 말합니다.
- 모양을 'hatchling-c'로 바꿉니다.
- 다음 내용을 무한 반복합니다.
  - 10만큼 움직이기
  - 0.1초 기다리기
  - 벽에 닿으면 튕기기
  - 회전 방식을 왼쪽-오른쪽으로 정하기

Glow-0부터 Glow-9 스프라이트
- 시작하기, 보이기 블록 사용
- 색깔 효과를 1~100 사이의 난수만큼 바꾸기
- 0.5초 기다리기

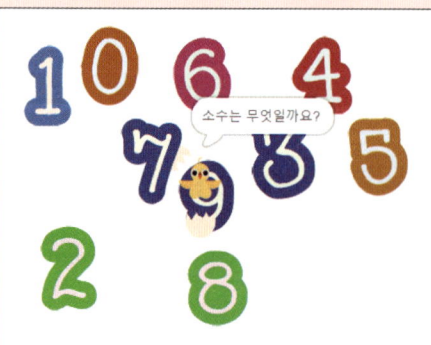

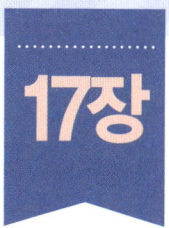

17장

약수 구하기

학습 목표
약수가 무엇인지 이해할 수 있습니다.
숫자의 약수를 구할 수 있습니다.

실습 과정

약수의 개념 알아보기
▼
변수와 리스트 만들기
▼
약수 구하기
▼
약수 알려 주기

숫자를 입력하면 약수를 알려 줍니다.

P R E V I E W

약수가 무엇인지 알아보고 사용자가 입력한 숫자의 약수를 구해 약수 리스트를 차곡차곡 저장합니다. 마지막에는 입력한 숫자 중 약수인 수를 알려 줍니다.

익히기 변수와 리스트 사용하기, 약수 판별하기

코드

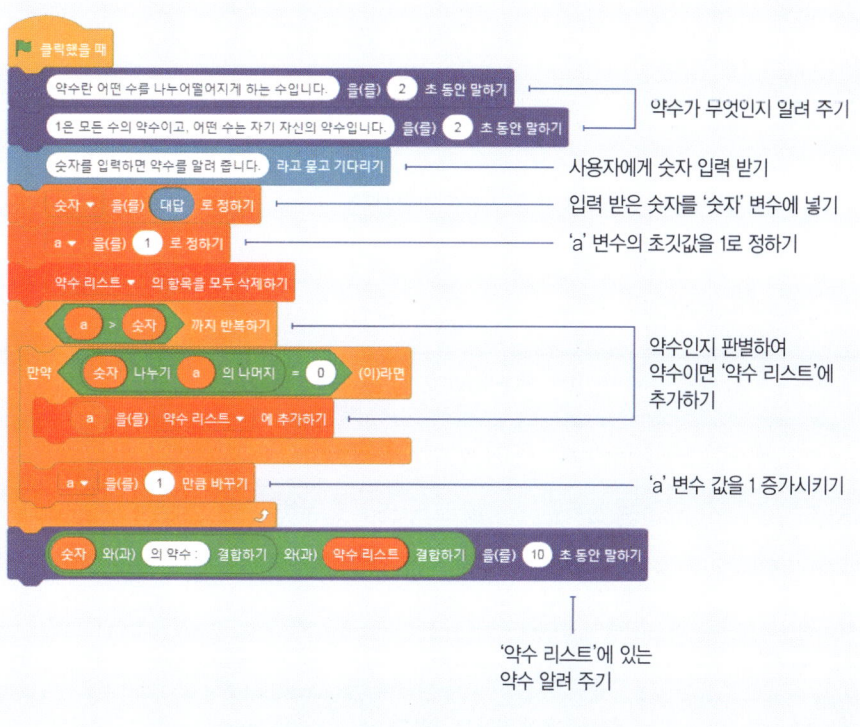

1 약수란 무엇인가?

약수란 어떤 수를 나누어떨어지게 하는 수입니다. 1은 모든 수의 약수이고, 어떤 수는 자기 자신의 약수입니다. 예를 들어 4의 약수를 구한다고 할 때 4÷1, 4÷2, 4÷3, 4÷4를 해서 나누어떨어지는 수인 1, 2, 4가 4의 약수가 됩니다.

1 [코드] 탭에서 [이벤트] 팔레트를 클릭하고 `클릭했을 때` 블록을 가운데 코드 영역으로 드래그합니다.

2 [형태] 팔레트를 클릭하고 `안녕!을(를) 2초 동안 말하기` 블록을 가운데 코드 영역으로 드래그합니다. 내용을 '약수란 어떤 수를 나누어떨어지게 하는 수입니다.'로 수정합니다.

3 `안녕!을(를) 2초 동안 말하기` 블록을 가운데 코드 영역으로 한 번 더 드래그합니다. 내용을 '1은 모든 수의 약수이고, 어떤 수는 자기 자신의 약수입니다.'로 수정합니다.

4 [감지] 팔레트를 클릭하고 `What's your name?라고 묻고 기다리기` 블록을 가운데 코드 영역으로 드래그합니다. 내용을 '숫자를 입력하면 약수를 알려 줍니다.'로 수정합니다.

① 드래그

② 수정

2 변수와 리스트 만들기

'숫자' 변수, 'a' 변수, '약수 리스트' 리스트를 만들겠습니다. '숫자' 변수는 입력 받은 숫자를 저장하는 곳이고, 'a' 변수는 나누는 수입니다. '약수 리스트' 리스트는 약수를 저장하는 곳입니다.

> **TIP**
> 숫자 한 개를 보관하려면 변수가 필요하고 여러 개를 보관하려면 리스트가 필요합니다. 리스트를 만들려면 [변수] 팔레트를 클릭하고 [리스트 만들기]를 클릭한 다음, '새로운 리스트 이름' 창에 리스트 이름을 입력하고 [확인]을 클릭합니다.

1 [코드] 탭의 [변수] 팔레트를 클릭하고 [변수 만들기]를 클릭합니다. 변수 이름을 '숫자'로 입력하고 [확인]을 클릭합니다. 같은 방법으로 'a' 변수를 만듭니다.

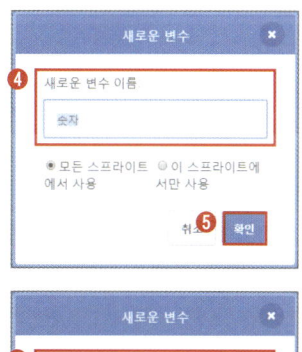
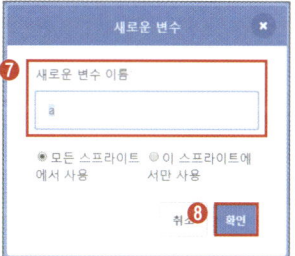

2   이번에는 리스트를 만들겠습니다. [코드] 탭의 [변수] 팔레트를 클릭하고 [리스트 만들기]를 클릭합니다. 리스트 이름을 '약수 리스트'로 입력하고 [확인]을 클릭합니다.

> **TIP**
> 리스트는 데이터 여러 개를 이름 하나로 저장하는 방식으로 여러 항목이 연속적으로 나열되어 있는 집합을 말합니다. 일반 프로그램에서 배열과 유사한 개념입니다. 리스트의 특정 항목을 가리킬 때는 리스트 이름과 순번을 사용합니다. 예를 들어 학생 이름 100개를 저장하려고 할 때 변수 100개를 만들려면 매우 번거로워집니다. 이럴 때는 '이름' 리스트를 만들고 '이름1', '이름2', … '이름100' 형태로 만들 수 있습니다.

3   각 변수에 초깃값을 지정하겠습니다. `나의 변수을(를) 0로 정하기` 블록을 가운데 코드 영역으로 드래그합니다. 목록에서 '숫자'를 선택합니다.

4 [감지] 팔레트를 클릭하고 `대답` 블록을 '0' 위 로 드래그합니다.

> **대답** : `What's your name? 라고 묻고 기다리기` 블록에서 입력한 내용을 저장합니다.

5 [변수] 팔레트를 클릭하고 `나의 변수을(를) 0로 정하기` 블록을 가운데 코드 영역으로 드래그 합니다. 목록에서 'a'를 선택하고, '0'을 '1'로 수정합니다. 'a'는 나누는 수를 나타내는 변수로 1부터 시작합니다.

6 `약수 리스트의 항목을 모두 삭제하기` 블록을 가운데 코드 영역으로 드래그합니다.

>  : 약수 리스트의 내용을 모두 삭제한 상태에서 새롭게 시작합니다.

3 약수 판별하기

앞에서 살펴본 것처럼 약수는 어떤 수를 나누어떨어지게 하는 수입니다. 약수인지 아닌지 판별하려면 'a'를 1씩 증가시키면서 '숫자'를 나누면 됩니다. 이때 나머지가 0이면 'a'가 어떤 '숫자'의 약수입니다.

1   [제어] 팔레트를 클릭하고 ~까지 반복하기 블록을 가운데 코드 영역으로 드래그합니다.

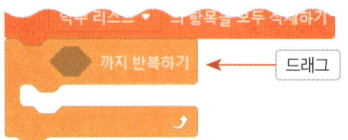

2   [연산] 팔레트를 클릭하고 ◯>50 블록을 ~까지 반복하기 블록의 조건으로 드래그합니다.

3   [변수] 팔레트를 클릭하고 a 변수와 숫자 변수를 ◯>50 블록의 항목으로 각각 드래그합니다.

> 'a'는 숫자까지만 증가시키면 됩니다. 예를 들어 4의 약수를 구할 때 '숫자÷a' 형식에서 4÷1, 4÷2, 4÷3, 4÷4 이렇게 나누어 가면서 판별하므로 'a'는 숫자의 크기가 될 때까지만 증가시키면 됩니다.

4 [제어] 팔레트를 클릭하고 `만약 ~(이)라면` 블록을 `~까지 반복하기` 블록 안쪽으로 드래그합니다.

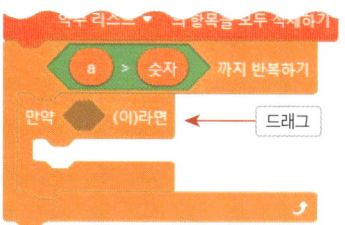

5 [연산] 팔레트를 클릭하고 `◯ = 50` 블록을 `만약 ~(이)라면` 블록의 조건으로 드래그합니다.

6 `◯ 나누기 ◯의 나머지` 블록을 `◯ = 50` 블록의 왼쪽 항목으로 드래그합니다.

7 [변수] 팔레트를 클릭하고 숫자 변수와 a 변수를 ●나누기●의 나머지 블록의 첫 번째 항목과 두 번째 항목으로 각각 드래그한 다음, '50'을 '0'으로 수정합니다.

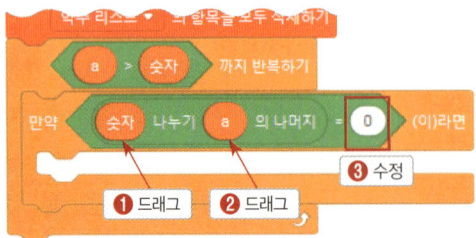

> NOTE
> ●나누기 ●의 나머지 : 앞의 수를 뒤의 수로 나눈 나머지

8 [변수] 팔레트의 항목을(를) 약수 리스트에 추가하기 블록을 만약 ~(이)라면 블록 안쪽으로 드래그합니다.

9 a 변수를 '항목' 위치로 드래그합니다.

> TIP
> '숫자'를 'a'로 나누어 나머지가 0이 되면 'a' 변수 값이 '약수 리스트'에 차곡차곡 저장됩니다.

10 `나의 변수을(를) 1만큼 바꾸기` 블록을 `~까지 반복하기` 블록 안쪽으로 드래그합니다. 목록에서 'a'를 선택합니다.

4 약수 알려 주기

약수는 '약수 리스트'에 차곡차곡 저장되어 있으므로 '약수 리스트'에 있는 모든 숫자를 말하면 됩니다. `apple와(과) banana 결합하기` 블록을 이용하여 '숫자의 약수 : …' 형태로 출력하겠습니다.

1 [형태] 팔레트를 클릭하고 `안녕!을(를) 2초 동안 말하기` 블록을 가운데 코드 영역으로 드래그합니다.

2 [연산] 팔레트를 클릭하고 <code>apple와(과) banana 결합하기</code> 블록을 '안녕!' 위로 드래그합니다.

3 <code>apple와(과) banana 결합하기</code> 블록을 'apple' 위로 한 번 더 드래그합니다.

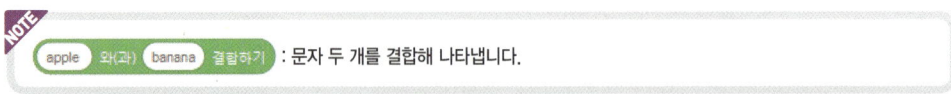

NOTE <code>apple 와(과) banana 결합하기</code> : 문자 두 개를 결합해 나타냅니다.

TIP '숫자' 나누기 'a'를 하여 나머지가 0이면 'a'는 '숫자'의 약수가 됩니다.

4 [변수] 팔레트를 클릭하고 숫자 변수를 'apple' 위로, 약수 리스트 블록을 세 번째 항목인 'banana' 위로 드래그합니다. 두 번째 항목인 'banana'는 '의 약수 : '로 수정합니다.

5 실행하고 저장하기

코드가 완성되면 시작하기 아이콘 을 클릭해 완성된 내용을 확인합니다. [파일] > [컴퓨터에 저장하기] 메뉴를 클릭합니다. 폴더를 지정하고 파일명을 '17-1'로 저장합니다.

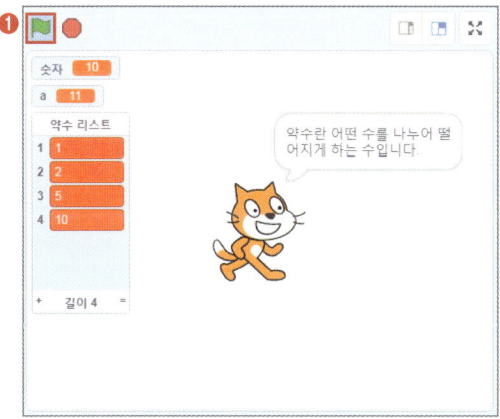

전체 코드 정리하기

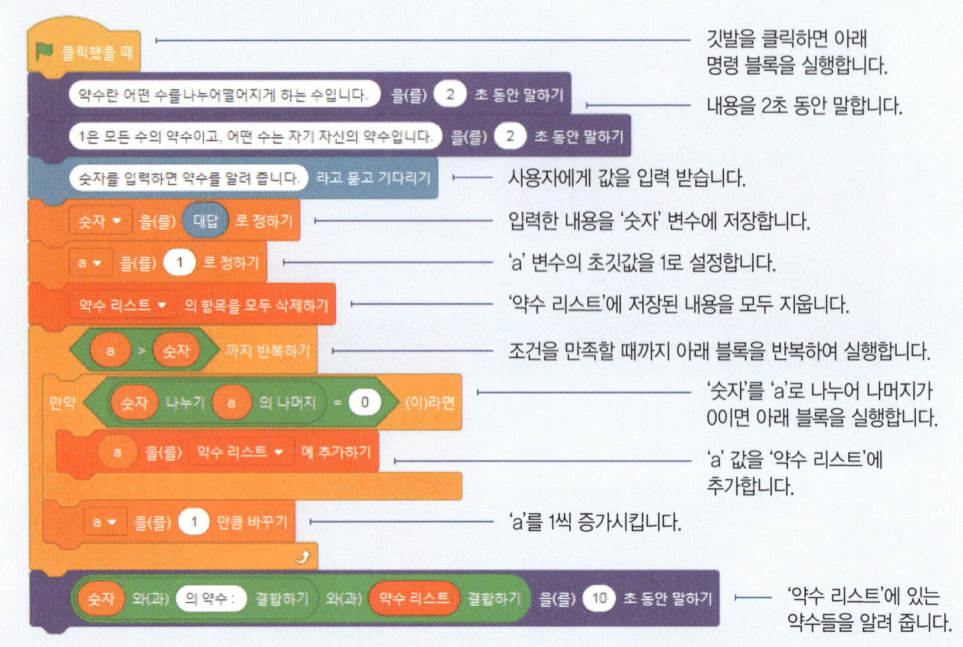

◎ « 한번 더 해 봐요 1

17장 예제에 입력된 숫자가 소수인지 판별하여 "숫자는 소수입니다." 또는 "숫자는 소수가 아닙니다."를 말하도록 작성해 보세요.

조건

입력된 숫자의 약수를 구합니다.

약수의 개수가 2이면 소수입니다.

약수의 개수가 2가 아니면 소수가 아닙니다.

 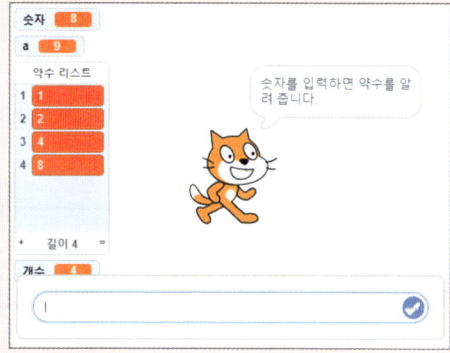

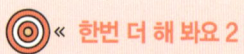 **한번 더 해 봐요 2**

사용자에게 숫자를 입력 받아서 이 숫자의 약수 개수를 알려 주고 약수 개수만큼 하늘에서 오렌지가 떨어지게 만들어 보세요.

조건

'숫자' 변수, 'a' 변수, '약수 리스트'는 모두 화면에서 숨깁니다.

오렌지 스프라이트

- x는 −240~240의 난수, y는 180의 위치에서 내려옵니다.

계단 오르내리기

학습 목표

계단을 오르내리는 나만의 블록을 만듭니다.
나만의 블록을 호출해서 사용합니다.

실습 과정

배경과 스프라이트 준비하기
▼
계단 오르기 나만의 블록 만들기
▼
계단 내려가기 나만의 블록 만들기
▼
나만의 블록 호출하기

P R E V I E W

계단 오르기와 계단 내려가기를 나만의 블록으로 만들어 여러 번 호출하면 계단 오르내리기를 반복할 수 있습니다.

익히기 **나만의 블록 만들기, 나만의 블록 호출하기**

코드

- '계단 오르기' 나만의 블록 정의하기
- 45° 방향을 보면서 걸어가기
- 다른 모양으로 바꾸기

- '계단 내려가기' 나만의 블록 정의하기
- −135° 방향을 보면서 걸어가기
- 다른 모양으로 바꾸기

- 왼쪽에서 오른쪽으로 회전한 다음 처음 위치로 이동하기
- 계단 오르기를 5번 반복하기
- 계단 내려가기를 5번 반복하기

1 배경과 스프라이트 준비

계단 오르기와 내려가기에 어울리는 배경과 스프라이트를 준비하겠습니다.

1 첫 화면에서 '고양이' 스프라이트를 삭제하기 위하여 '스프라이트 1'의 ❌ 부분을 클릭합니다. 스프라이트 고르기 아이콘 을 클릭합니다.

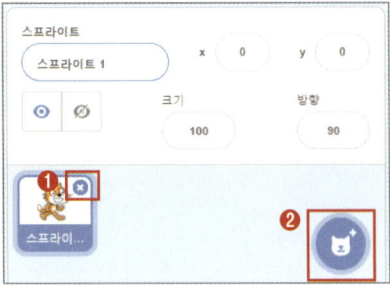

2 스프라이트 고르기 화면에서 [사람들] > [Avery Walking]을 클릭합니다.

3 배경을 삽입해야 하므로 배경 고르기 아이콘 을 클릭합니다. 배경 고르기 화면에서 계단이 있는 [실외] > [Greek Theater]를 클릭합니다.

2 계단 오르기 나만의 블록 만들기

나만의 블록은 사용자가 필요한 블록을 만들어 이용할 수 있는 기능으로, 일종의 사용자 정의 블록입니다. [나만의 블록] 팔레트에 있는 [블록 만들기]를 이용해 새로운 기능을 가진 블록을 만들 수 있습니다.

1 'Avery Walking' 스프라이트가 선택된 상태에서 [코드] 탭에 보이는 [나만의 블록] 팔레트를 클릭하고 [블록 만들기]를 클릭합니다. 블록 이름을 '계단 오르기'로 입력하고 [확인]을 클릭합니다.

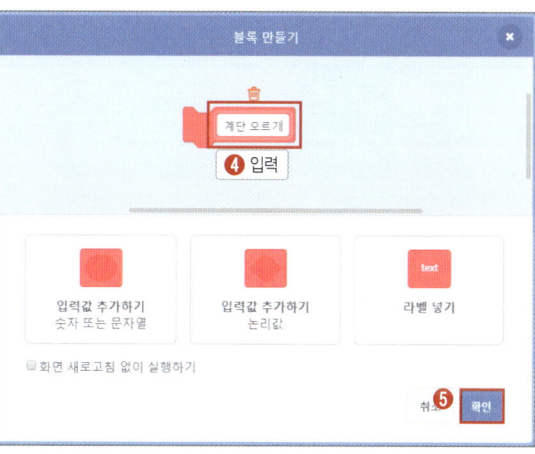

18장 계단 오르내리기 329

2 [동작] 팔레트를 클릭하고 90도 방향 보기 블록을 가운데 코드 영역으로 드래그합니다. 계단을 비스듬한 방향으로 올라가기 위하여 '90'을 '45'로 수정합니다.

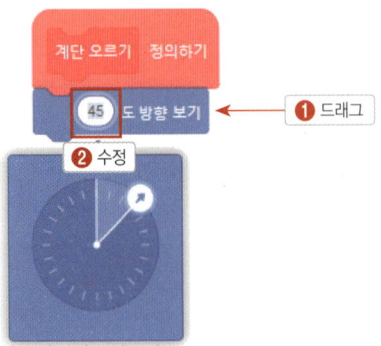

3 [동작] 팔레트의 10만큼 움직이기 블록을 가운데 코드 영역으로 드래그합니다. '10'을 '30'으로 수정합니다.

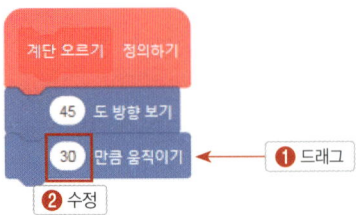

4 [형태] 팔레트를 클릭하고 다음 모양으로 바꾸기 블록을 가운데 코드 영역으로 드래그합니다.

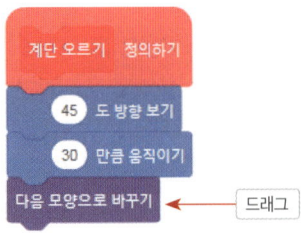

> **TIP 나만의 블록**
>
> 스크래치는 다양한 블록을 기본으로 제공하지만 프로젝트를 만들다 보면 필요한 블록이 없는 경우도 있습니다. 이럴 때는 사용자가 직접 블록을 만들어서 사용할 수 있습니다.

5   [제어] 팔레트를 클릭하고 1초 기다리기 블록을 가운데 코드 영역으로 드래그합니다.

3 계단 내려가기 나만의 블록 만들기

'계단 오르기'와 같은 방식으로 '계단 내려가기' 나만의 블록을 만들겠습니다.

1   [코드] 탭에서 [나만의 블록] 팔레트를 클릭하고 [블록 만들기]를 클릭합니다. 블록 이름을 '계단 내려가기'로 입력하고 [확인]을 클릭합니다.

2 계단 오르기 정의하기 나만의 블록의 45도 방향 보기 블록을 마우스 오른쪽 버튼으로 클릭하고 [복사하기]를 선택합니다. 복사된 블록들을 계단 내려가기 정의하기 나만의 블록 아래로 드래그하여 붙여 넣습니다. 계단을 비스듬한 방향으로 내려가기 위하여 '45'를 '-135'로 수정합니다.

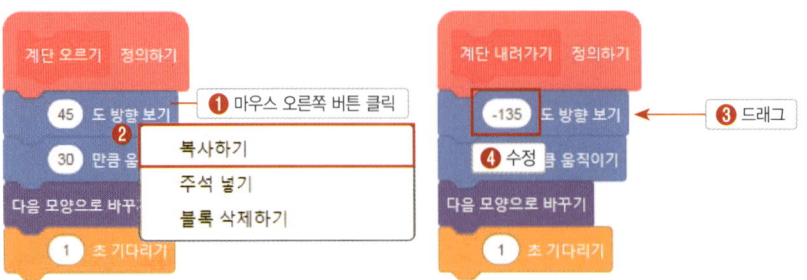

4 추가 블록 호출하기

계단 오르기 정의하기 와 계단 내려가기 정의하기 블록을 호출해 계단 오르기와 내려가기를 완성하겠습니다.

1 [코드] 탭에서 [이벤트] 팔레트를 클릭하고 클릭했을 때 블록을 가운데 코드 영역으로 드래그합니다.

2 [동작] 팔레트를 클릭하고 회전 방식을 왼쪽-오른쪽(으)로 정하기 블록을 가운데 코드 영역으로 드래그합니다.

3 [동작] 팔레트의 `x: 0 y: 0(으)로 이동하기` 블록을 가운데 코드 영역으로 드래그합니다. x좌 푯값을 '80'으로 수정합니다.

4 [제어] 팔레트를 클릭하고 `10번 반복하기` 블록을 가운데 코드 영역으로 드래그합니다. '10'을 '5'로 수정합니다.

5 [나만의 블록] 팔레트를 클릭하고 `계단 오르기` 블록을 `5번 반복하기` 블록 안쪽으로 드래그합니다.

6 [제어] 팔레트를 클릭하고 `1초 기다리기` 블록을 가운데 코드 영역으로 드래그합니다. 계단을 오른 후 1초 기다립니다.

7 `10번 반복하기` 블록을 가운데 코드 영역으로 드래그합니다. '10'을 '5'로 수정합니다.

8 [나만의 블록] 팔레트를 클릭하고 계단 내려가기 블록을 두 번째 5번 반복하기 블록 안쪽으로 드래그합니다.

9 [제어] 팔레트를 클릭하고 무한 반복하기 블록을 다음과 같이 드래그해서 블록들을 감쌉니다. 계단 오르기와 계단 내려가기가 무한 반복되도록 설정했습니다.

5 실행하기

코드가 완성되면 시작하기 아이콘 을 클릭해 완성된 내용을 확인합니다.

6 저장하기

[파일] > [컴퓨터에 저장하기] 메뉴를 클릭합니다. 폴더를 지정하고 파일명을 '18-1'로 저장합니다.

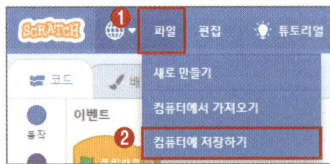

전체 코드 정리하기

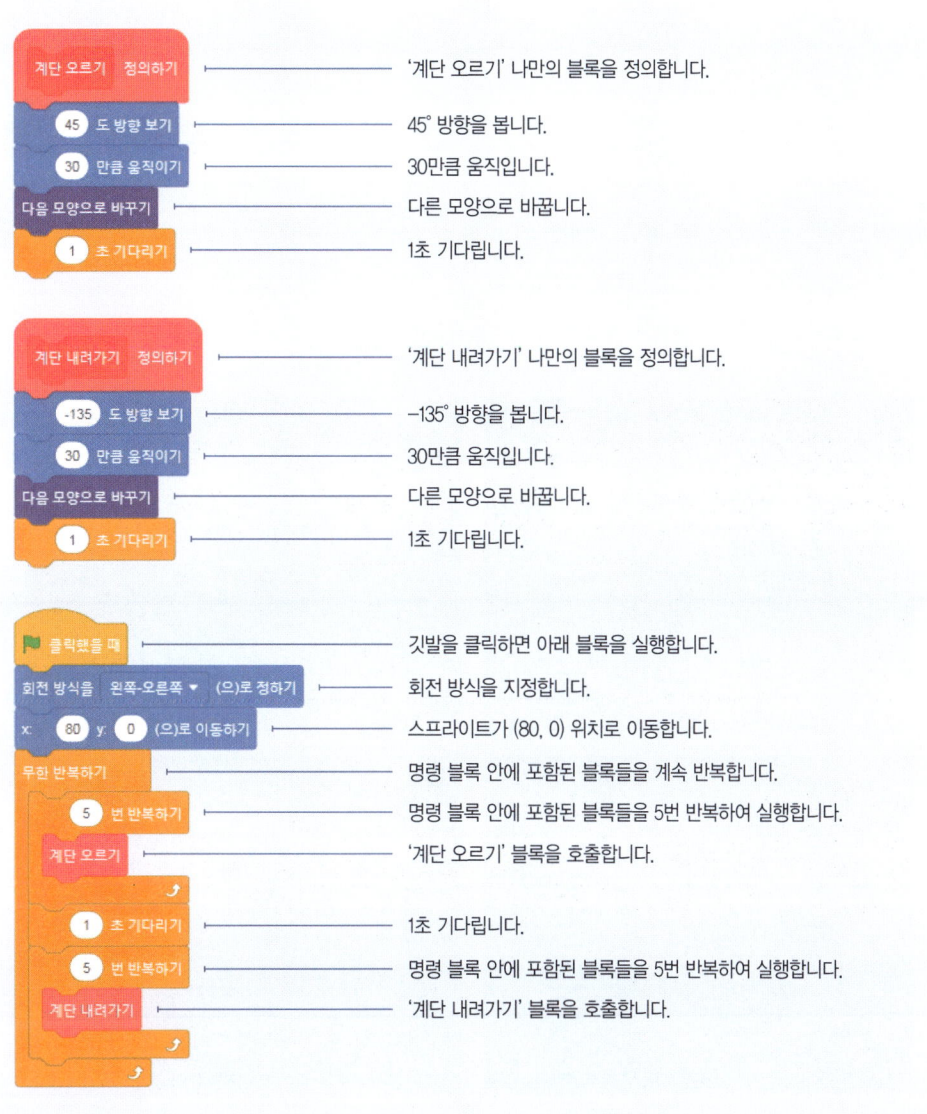

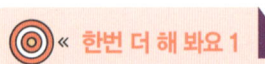 « 한번 더 해 봐요 1

나만의 블록을 이용해 숲속에서 딱정벌레(Beetle)가 나무를 오르내리는 것을 반복하도록 만들어 보세요.

조건

'나무 오르기'에 대한 나만의 블록을 정의합니다.

'나무 내려가기'에 대한 나만의 블록을 정의합니다.

'나무 오르기'와 '나무 내려가기' 나만의 블록을 호출해서 반복합니다.

◎ « 한번 더 해 봐요 2

나만의 블록을 이용해서 사람(Football)이 볼(Beachball)을 오른쪽과 왼쪽으로 반복해서 몰고 갑니다. 이때 볼은 소용돌이 효과를 내면서 사람과 같은 속도로 움직이도록 만들어 보세요.

조건

사람(Football) 스프라이트에서 '사람 왼쪽'과 '사람 오른쪽'에 대한 나만의 블록을 정의합니다.

사람(Football) 스프라이트에서 '사람 왼쪽'과 '사람 오른쪽' 나만의 블록을 호출해서 반복합니다.

볼(Beachball) 스프라이트에서 '공 왼쪽'과 '공 오른쪽'에 대한 나만의 블록을 정의합니다.

볼(Beachball) 스프라이트에서 '공 왼쪽'과 '공 오른쪽' 나만의 블록을 호출해서 반복합니다.

사람 오른쪽 스프라이트: x : -170, y : -30으로 이동하기, 10번 반복하여 오른쪽으로 30만큼 움직이기

사람 왼쪽 스프라이트: x : 180, y : -30으로 이동하기, 10번 반복하여 왼쪽으로 30만큼 움직이기

공 오른쪽 스프라이트: x : -100, y : -90으로 이동하기, 10번 반복하여 오른쪽으로 30만큼 움직이기, 소용돌이 효과를 25만큼 바꾸기

공 왼쪽 스프라이트: x : 110, y : -90으로 이동하기, 10번 반복하여 왼쪽으로 30만큼 움직이기, 소용돌이 효과를 -25만큼 바꾸기

거미줄 만들기

학습 목표

삼각형을 만드는 나만의 블록을 만듭니다.
삼각형을 이용해 거미줄을 만듭니다.

실습 과정

- 스프라이트 준비하기
- 삼각형 한 개 그리기
- 삼각형 여섯 개 그리기
- 거미줄 만들기

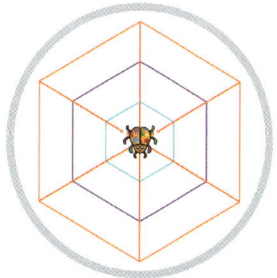

PREVIEW

정삼각형을 한 개 그립니다. 방향을 회전해 정삼각형을 추가로 다섯 개 그립니다. 길이를 늘여서 다시 정삼각형 여섯 개를 그립니다. 이런 식으로 진행하면 거미줄 모양이 됩니다.

익히기 삼각형을 그리는 나만의 블록 만들기, 나만의 블록 여러 번 반복하기

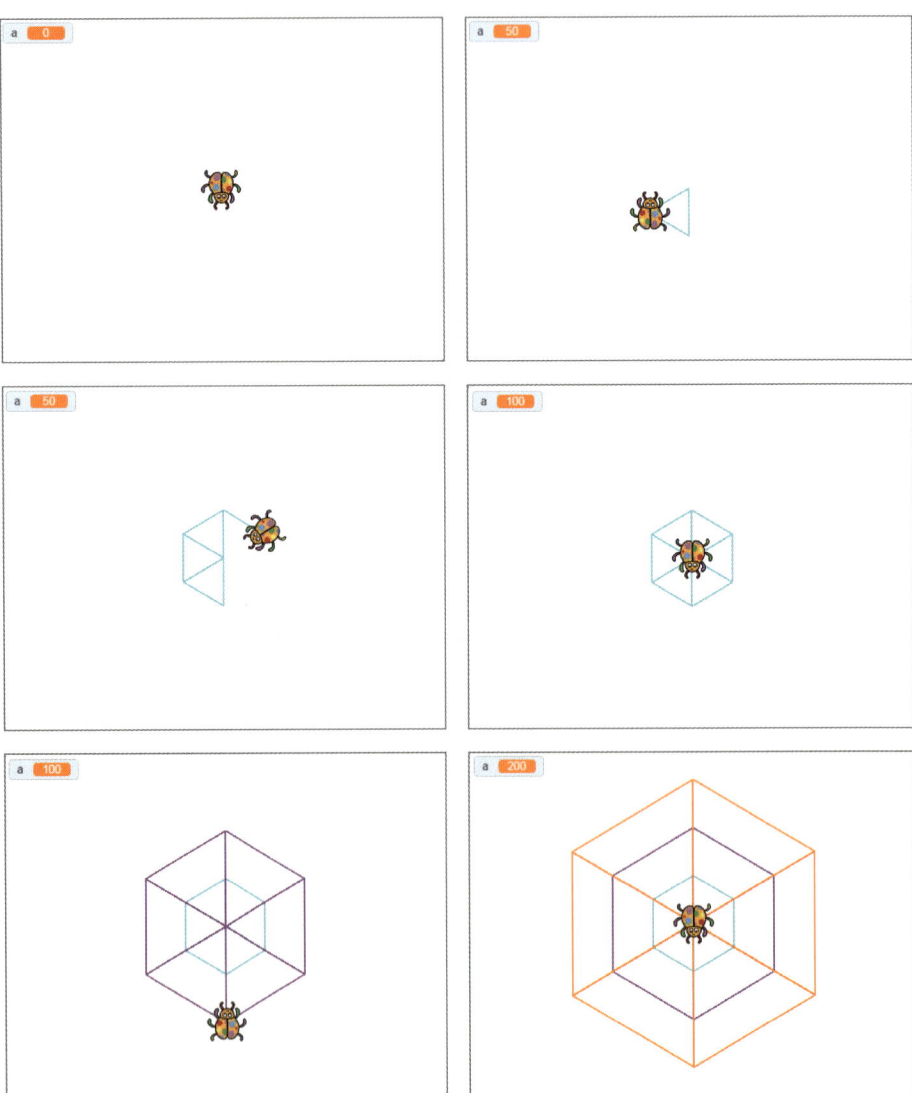

코드

- 펜 색 정하기
- 화면을 모두 지우고 시작 위치 지정하기
- 한 변의 길이를 50으로 정하기
- 길이를 정하고 아래 내용을 3번 반복하기
- 삼각형 한 개를 6번 반복해서 그리기
- 한 변의 길이 늘리기
- 펜 색 바꾸기

- '삼각형' 나만의 블록 정의하기
- 삼각형을 3번 반복해서 그리기
- 모두 그리면 더 이상 그리지 않게 하기

스프라이트 준비하기

삼각형 그리기를 반복해 거미줄을 만들 수 있습니다. 반복되는 삼각형 그리기를 나만의 블록으로 설정하겠습니다.

1 첫 화면에서 '고양이' 스프라이트를 삭제하기 위하여 '스프라이트 1'의 ⓧ 부분을 클릭합니다. 스프라이트 고르기 아이콘 을 클릭합니다.

2 [동물] > [Ladybug1]을 클릭합니다.

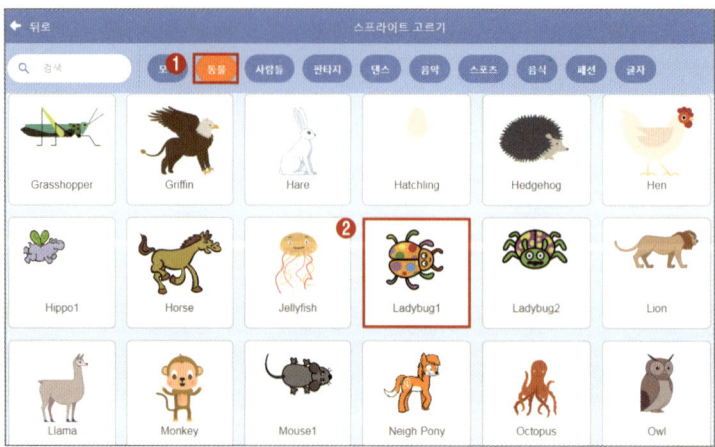

3 화면 오른쪽 아래에 있는 스프라이트 영역에서 'Ladybug1' 스프라이트의 크기를 '50'으로 수정하세요.

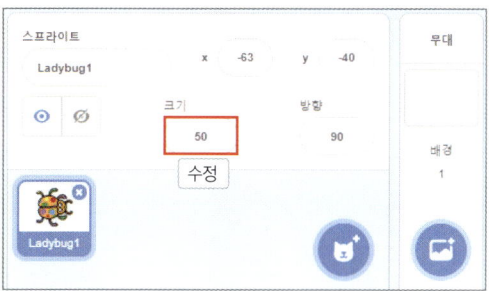

2 삼각형 나만의 블록 만들기

1 [코드] 탭에서 [나만의 블록] 팔레트를 클릭하고 [블록 만들기]를 클릭합니다. 블록 이름을 '삼각형'으로 입력하고, [입력값 추가하기(숫자 또는 문자열)]를 클릭한 다음 [확인]을 클릭합니다.

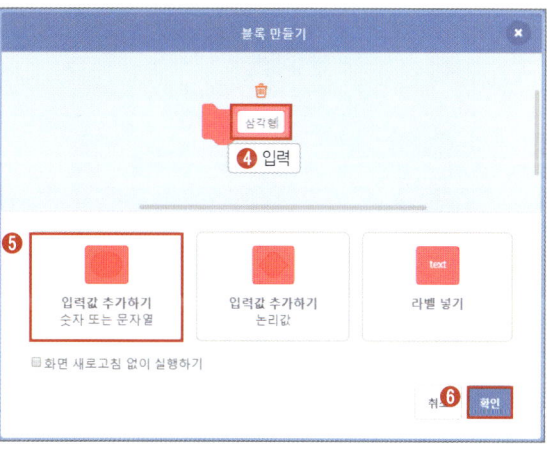

2 새로운 블록 만들기 화면에서 'number or text'를 '한 변의 길이'로 수정한 다음 [확인]을 클릭합니다.

3 [펜] 팔레트를 추가하겠습니다. 팔레트 하단에 있는 확장 기능 추가하기 아이콘 을 클릭한 후 확장 기능 고르기 화면에서 [펜]을 클릭합니다.

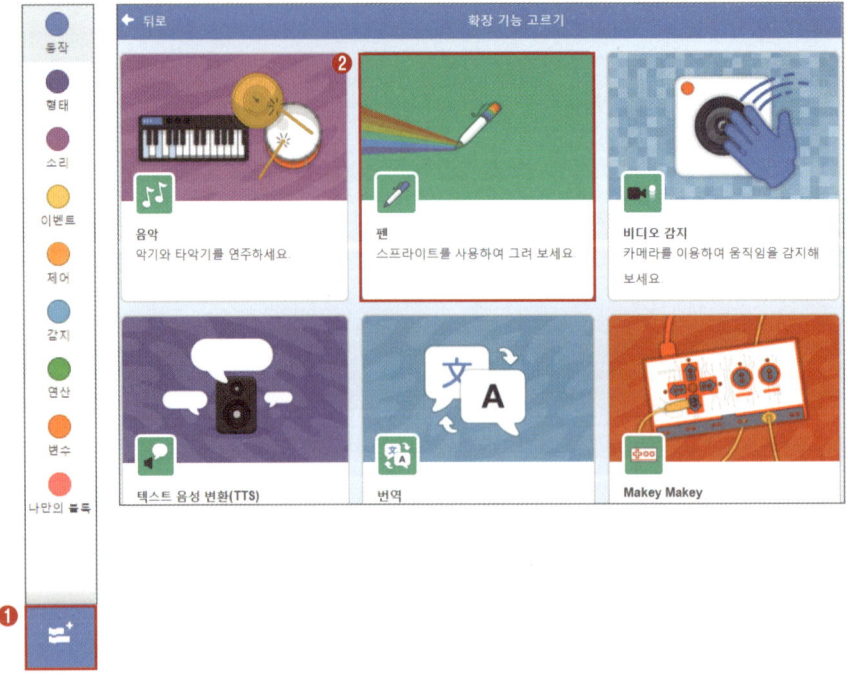

4 새로 추가된 [펜] 팔레트를 클릭하고 펜 내리기 블록을 가운데 코드 영역으로 드래그합니다.

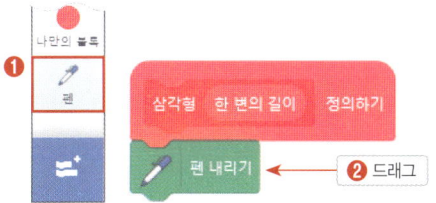

5 [제어] 팔레트를 클릭하고 10번 반복하기 블록을 가운데 코드 영역으로 드래그합니다. '10'을 '3'으로 수정합니다.

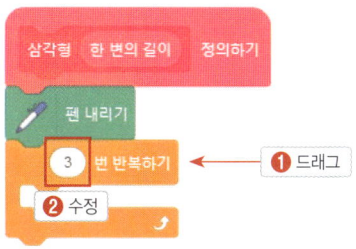

6 [동작] 팔레트를 클릭하고 10만큼 움직이기 블록을 3번 반복하기 블록 안쪽으로 드래그합니다. 위에 있는 한 변의 길이 블록을 '10' 위로 드래그합니다.

7   `방향으로 15도 회전하기` 블록을 `3번 반복하기` 블록 안쪽으로 드래그합니다. '15'를 '120'으로 수정합니다.

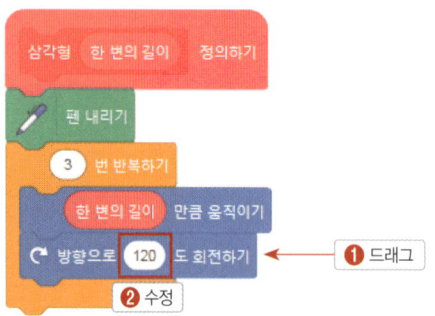

> **TIP**
> 정삼각형을 그릴 때는 외각의 크기만큼 회전하면 됩니다. 외각은 '180°−내각'이므로 정삼각형의 외각의 크기는 180°−60°=120(°)입니다.
>
>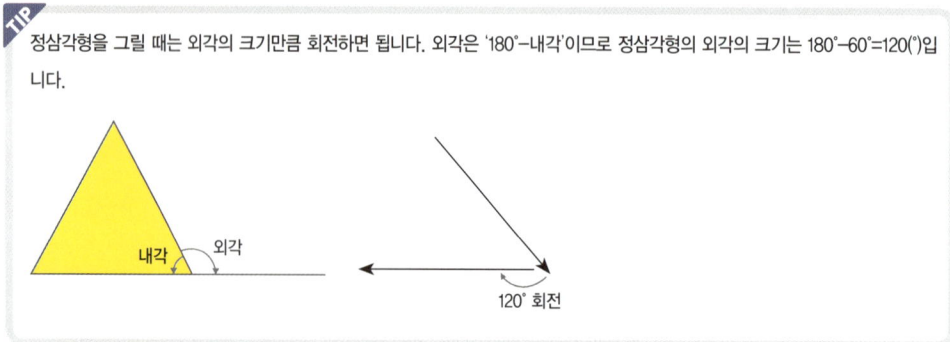

8   [제어] 팔레트를 클릭하고 `1초 기다리기` 블록을 `3번 반복하기` 블록 안쪽으로 드래그합니다. '1'을 '0.3'으로 수정합니다.

9 [펜] 팔레트를 클릭하고 펜 올리기 블록을 가운데 코드 영역으로 드래그합니다.

3 삼각형 한 개 그리기

1 [코드] 탭에서 [이벤트] 팔레트를 클릭하고 클릭했을 때 블록을 가운데 코드 영역의 빈 곳으로 드래그합니다.

2 [펜] 팔레트를 클릭하고 펜 색깔을(를) 50(으)로 정하기 블록을 가운데 코드 영역으로 드래그합니다.

3 [펜] 팔레트의 모두 지우기 블록을 가운데 코드 영역으로 드래그합니다.

4 [동작] 팔레트를 클릭하고 x: 0 y: 0(으)로 이동하기 블록을 가운데 코드 영역으로 드래그합니다. x좌푯값과 y좌푯값이 0인지 확인합니다.

5 90도 방향 보기 블록을 가운데 코드 영역으로 드래그합니다. '90'을 '180'으로 바꿉니다.

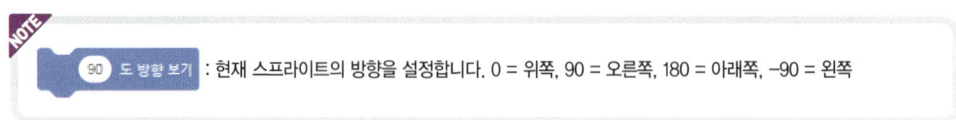

NOTE
90 도 방향 보기 : 현재 스프라이트의 방향을 설정합니다. 0 = 위쪽, 90 = 오른쪽, 180 = 아래쪽, -90 = 왼쪽

6 삼각형 한 변의 길이를 저장하는 'a' 변수를 만들겠습니다. [코드] 탭의 [변수] 팔레트를 클릭하고 [변수 만들기]를 클릭합니다. 변수 이름을 'a'로 입력하고 [확인]을 클릭합니다.

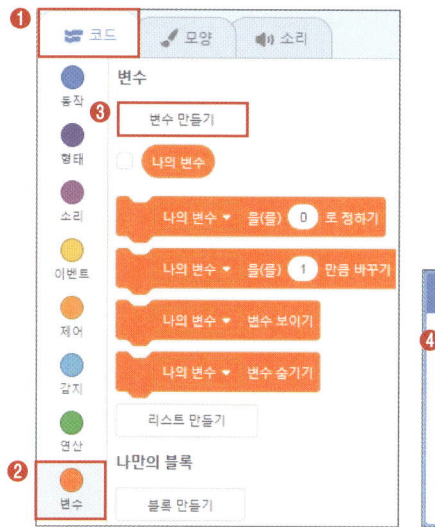

7 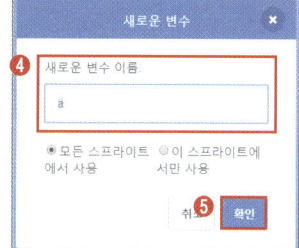 블록을 가운데 코드 영역으로 드래그합니다. 목록 버튼을 클릭한 후 '나의 변수' 대신 'a'를 선택하고, 숫자 '0'을 '50'으로 수정합니다.

8 [나만의 블록] 팔레트를 클릭하고 삼각형 ● 블록을 가운데 코드 영역으로 드래그합니다.

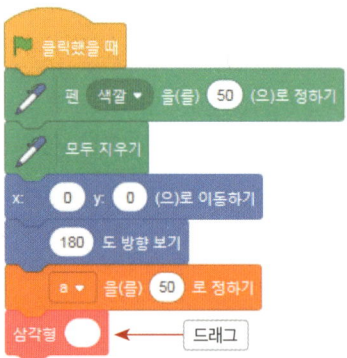

9 [변수] 팔레트를 클릭하고 a 변수를 삼각형 블록의 ● 위로 드래그합니다.

> **NOTE**
> 삼각형 a : 삼각형 나만의 블록에서 'a' 변수 값이 호출됩니다.

4 삼각형 여섯 개 만들기

삼각형 한 개를 이용해 여섯 개를 만들겠습니다.

1 [제어] 팔레트를 클릭하고 `10번 반복하기` 블록을 다음과 같이 드래그해서 `삼각형 a` 블록을 감싸도록 만듭니다. '10'을 '6'으로 수정합니다.

2 [동작] 팔레트를 클릭하고 `방향으로 15도 회전하기` 블록을 `6번 반복하기` 블록 안쪽으로 드래그합니다. '15'를 '60'으로 수정합니다.

> **TIP**
> 삼각형 그리기를 반복해 삼각형을 총 여섯 개 만들었습니다.

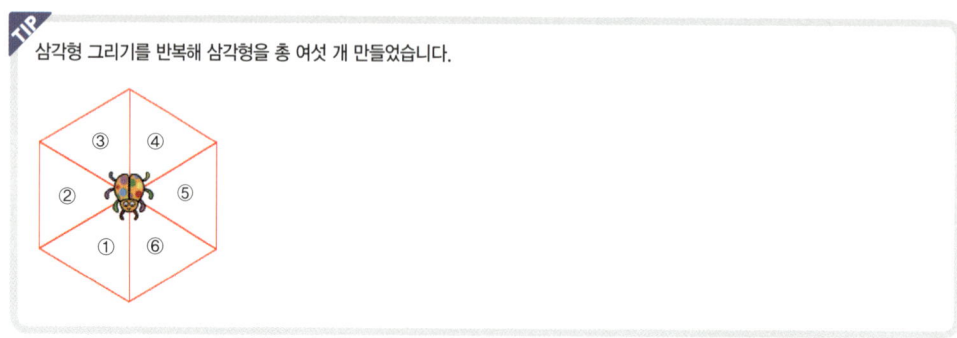

5 거미줄 만들기

세 겹으로 엮인 거미줄을 만들겠습니다.

1 [제어] 팔레트를 클릭하고 `10번 반복하기` 블록을 `6번 반복하기` 블록을 감싸도록 드래그합니다. '10'을 '3'으로 수정합니다.

2 [변수] 팔레트를 클릭하고 `나의 변수을(를) 1만큼 바꾸기` 블록을 `3번 반복하기` 블록 안쪽으로 드래그합니다. 목록 버튼을 누르고 '나의 변수' 대신 'a'를 선택하고, '1'을 '50'으로 수정합니다.

3   [펜] 팔레트를 클릭하고 `펜 색깔을(를) 10만큼 바꾸기` 블록을 `3번 반복하기` 블록 안쪽으로 드래그합니다. '10'을 '30'으로 수정합니다.

19장 거미줄 만들기

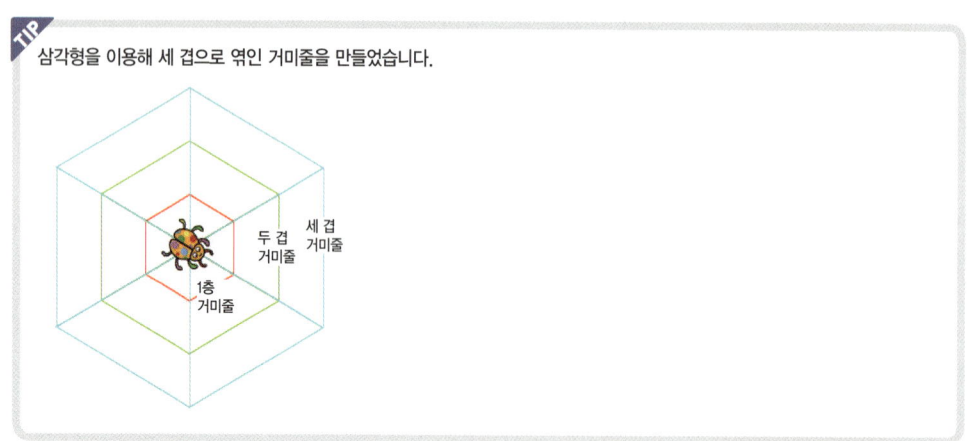

6 실행하고 저장하기

코드가 완성되면 시작하기 아이콘 을 클릭해 완성된 내용을 확인합니다. [파일] > [컴퓨터에 저장하기] 메뉴를 클릭합니다. 폴더를 지정하고 파일명을 '19-1'로 저장합니다.

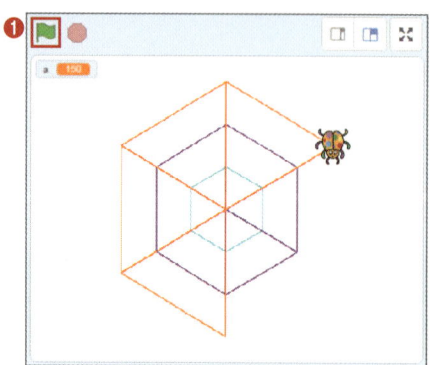

전체 코드 정리하기

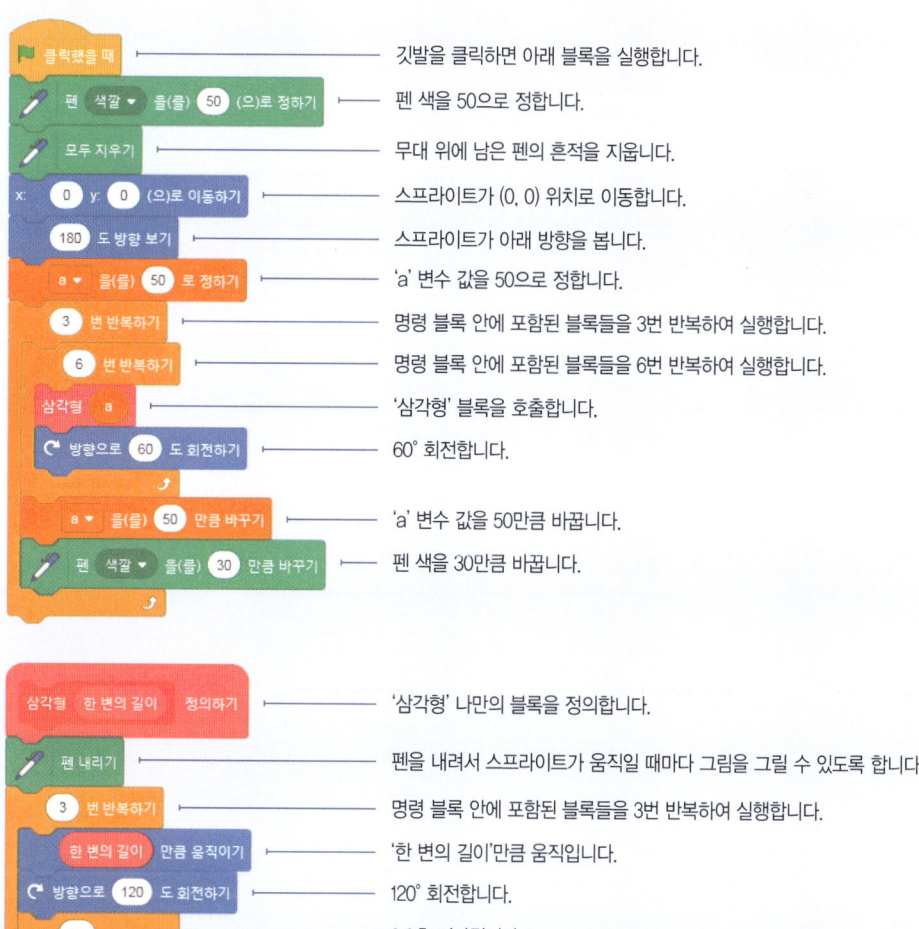

- 깃발을 클릭하면 아래 블록을 실행합니다.
- 펜 색을 50으로 정합니다.
- 무대 위에 남은 펜의 흔적을 지웁니다.
- 스프라이트가 (0, 0) 위치로 이동합니다.
- 스프라이트가 아래 방향을 봅니다.
- 'a' 변수 값을 50으로 정합니다.
- 명령 블록 안에 포함된 블록들을 3번 반복하여 실행합니다.
- 명령 블록 안에 포함된 블록들을 6번 반복하여 실행합니다.
- '삼각형' 블록을 호출합니다.
- 60° 회전합니다.
- 'a' 변수 값을 50만큼 바꿉니다.
- 펜 색을 30만큼 바꿉니다.

- '삼각형' 나만의 블록을 정의합니다.
- 펜을 내려서 스프라이트가 움직일 때마다 그림을 그릴 수 있도록 합니다.
- 명령 블록 안에 포함된 블록들을 3번 반복하여 실행합니다.
- '한 변의 길이'만큼 움직입니다.
- 120° 회전합니다.
- 0.3초 기다립니다.
- 펜을 올려 선이 그려지지 않도록 합니다.

《 한번 더 해 봐요 1

정사각형을 회전하면서 그려 사각형 거미줄을 만들어 보세요.

조건

한 변의 길이가 50인 정사각형 한 개를 그릴 수 있도록 '사각형' 나만의 블록을 정의합니다.

방향을 36도씩 회전하면서 '사각형' 블록을 이용하여 정사각형 열 개를 그립니다.

한 변의 길이를 두 배로 늘려서 36도씩 회전하면서 정사각형 열 개를 그립니다.

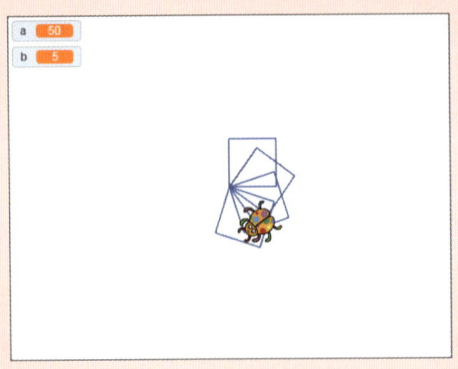
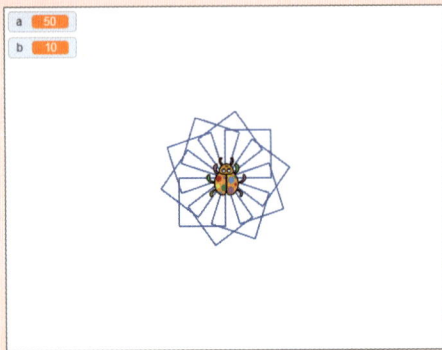
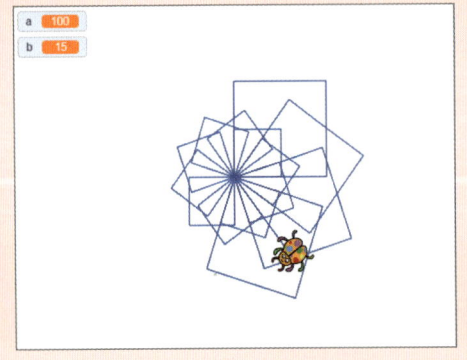
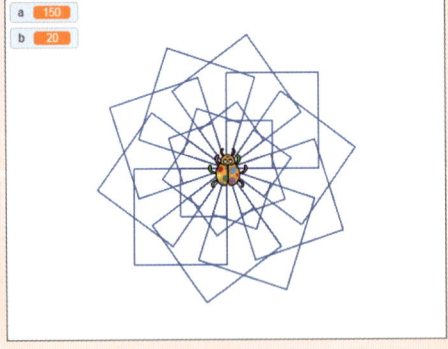

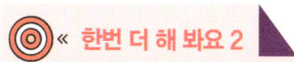 **« 한번 더 해 봐요 2**

원을 이용하여 꽃 모양을 만들어 보세요.

조건

나만의 블록을 통해 '동그라미' 블록을 만들고 동그라미를 그리기 위해 'y만큼 움직이기'와 '시계 방향으로 1도 회전하기'를 360번 반복합니다.

y의 초깃값을 1로 정합니다. 동그라미마다 색을 다르게 합니다. 90도씩 회전하면서 동그라미 네 개를 그립니다.

y를 0.5로 정의하고 한 번 더 반복합니다(y는 거미가 한 번씩 움직이는 거리입니다).

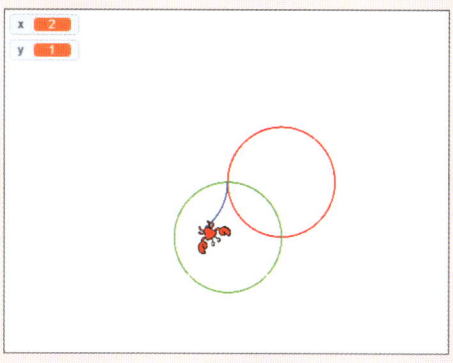
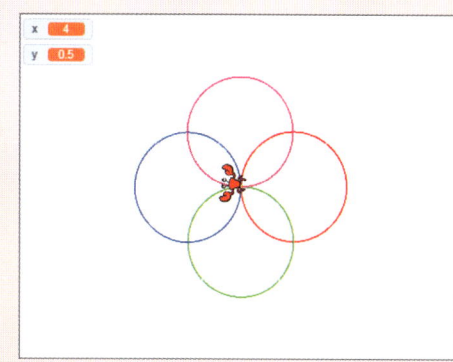
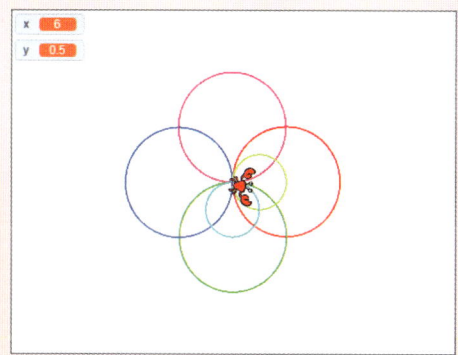
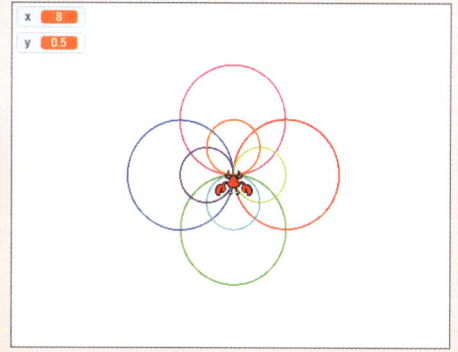

공놀이

학습 목표

두 캐릭터가 좌우로 움직이면서 공놀이를 합니다.
[SpaceBar]를 누르면 헤딩을 합니다.

실습 과정

스프라이트 준비하기
▼
머리와 몸통을 같이 움직이게 하기
▼
날아다니는 공 만들기
▼
헤딩하기

P R E V I E W

스프라이트의 머리와 몸통을 분리하여 헤딩하는 모습을 연출합니다. 머리와 몸통은 같이 움직여야 하며 머리에 공이 닿으면 공이 튕기도록 합니다.

익히기 **머리와 몸통 분리하기, 공 날아다니게 하기**

코드

머리 (Nano)

```
클릭했을 때
x: -160 y: -100 (으)로 이동하기                    ← 시작 위치 지정하기
무한 반복하기
    만약 <스페이스▼ 키를 눌렀는가?> (이)라면
        8 번 반복하기
            y 좌표를 10 만큼 바꾸기
        8 번 반복하기                              ← SpaceBar 를 누르면 점프하기
            y 좌표를 -10 만큼 바꾸기
    만약 <오른쪽 화살표▼ 키를 눌렀는가?> (이)라면
        x 좌표를 10 만큼 바꾸기                    ← → 를 누르면 오른쪽으로 움직이기
    만약 <왼쪽 화살표▼ 키를 눌렀는가?> (이)라면
        x 좌표를 -10 만큼 바꾸기                   ← ← 를 누르면 왼쪽으로 움직이기
```

몸통 (Nano2)

```
클릭했을 때
무한 반복하기
    0.02 초 기다리기                              ← 몸통이 머리의 좌표로 이동하는 데 약간의 시간차 주기
    x: (Nano▼ 의 x좌표▼) y: (Nano▼ 의 y좌표▼) (으)로 이동하기   ← 머리의 좌표 위치로 몸통 옮기기
```

공 (Soccer Ball)

```
클릭했을 때
x: 0 y: 0 (으)로 이동하기                         ← 처음 위치와 방향 정하기
10 도 방향 보기
1 초 기다리기                                    ← 1초 기다리기
무한 반복하기
    10 만큼 움직이기                              ← 보고 있는 방향으로 10만큼 움직이기
    벽에 닿으면 튕기기                            ← 벽에 닿으면 방향 바꾸기
    만약 <Nano▼ 에 닿았는가?> (이)라면
        60 부터 120 사이의 난수 도 방향 보기      ← 머리에 닿으면 다른 방향 보기
```

스프라이트 준비하기

'Nano' 스프라이트를 준비하여 머리와 몸통을 분리하겠습니다. 캐릭터를 머리와 몸통으로 분리하고, 머리의 좌표로 몸통이 따라다니게 합니다. 이때 몸통이 머리의 좌표로 이동하는 데 약간의 시간차가 생기면서 헤딩을 하면 좀 더 현실감 있게 표현됩니다.

1. 첫 화면에서 '고양이' 스프라이트를 삭제하기 위해 '스프라이트 1'의 ❌ 부분을 클릭합니다. 스프라이트 고르기 아이콘 을 클릭합니다.

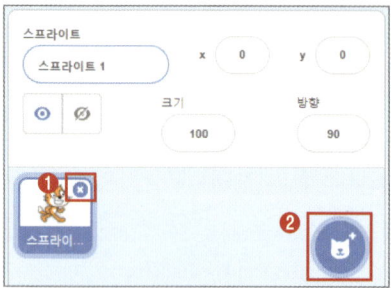

2. [판타지] > [Nano]를 클릭합니다.

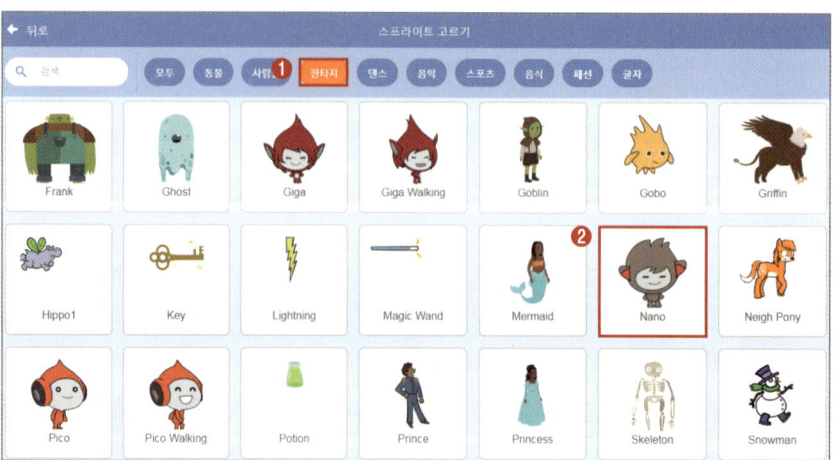

3   'Nano' 스프라이트를 마우스 오른쪽 버튼으로 클릭하고 [복사]를 선택합니다. 'Nano' 스프라이트가 선택된 상태에서 [모양] 탭을 클릭하고 [비트맵으로 바꾸기]를 클릭합니다.

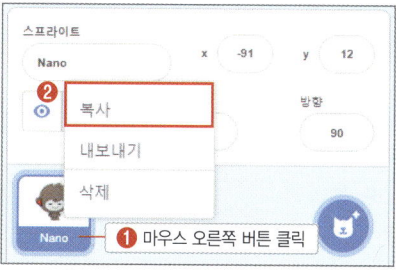

4   지우개 툴을 클릭하고 지우개 크기 '40'을 '20'으로 수정한 후 몸통을 드래그하여 지웁니다.

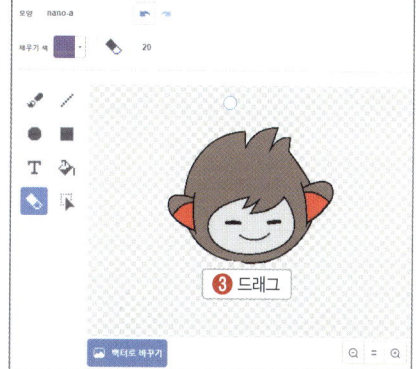

5   'Nano2' 스프라이트를 클릭합니다.

20장 공놀이   **365**

6 'Nano2' 스프라이트가 선택된 상태에서 [모양] 탭 > [비트맵으로 바꾸기]를 클릭합니다. 지우개 툴 을 클릭하고 지우개 크기를 '40'으로 수정한 후 머리 부분을 드래그하여 지웁니다.

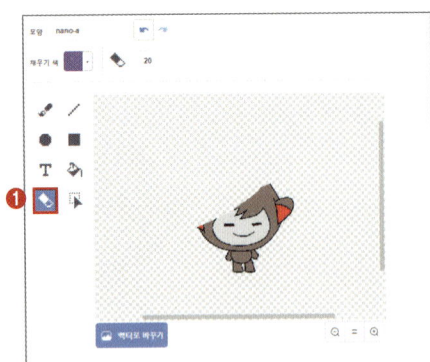

2 머리와 몸통을 같이 움직이게 하기

스프라이트의 머리와 몸통을 분리했으므로, 머리와 몸통이 같이 움직이도록 설정하겠습니다.

1 'Nano2' 스프라이트가 선택된 상태에서 [코드] 탭을 클릭하고 [이벤트] 팔레트를 클릭합니다. 클릭했을 때 블록을 가운데 코드 영역으로 드래그합니다.

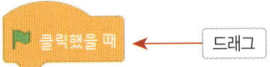

2 [제어] 팔레트를 클릭하고 무한 반복하기 블록을 가운데 코드 영역으로 드래그합니다.

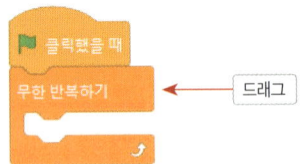

3. [동작] 팔레트를 클릭하고 x: 0 y: 0(으)로 이동하기 블록을 무한 반복하기 블록 안쪽으로 드래그합니다.

4. [감지] 팔레트를 클릭하고 무대의 배경 번호 블록을 x좌푯값과 y좌푯값에 각각 드래그합니다. 값은 각각 'Nano의 x좌표'와 'Nano의 y좌표'로 바꿉니다.

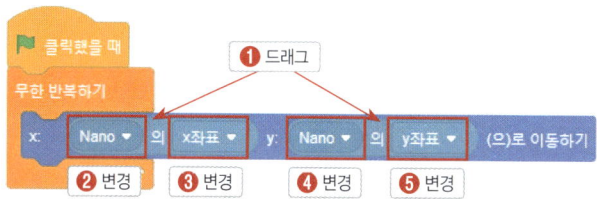

5. [제어] 팔레트를 클릭하고 1초 기다리기 블록을 무한 반복하기 블록 안쪽으로 드래그합니다. '1'을 '0.02'로 수정합니다(몸통이 머리의 좌표로 이동하는데, 약간의 시간차를 두고 헤딩을 하여 좀 더 현실감 있게 표현하기 위해서입니다).

3 날아가는 공

1 공을 추가해야 하므로 스프라이트 고르기 아이콘 을 클릭합니다.

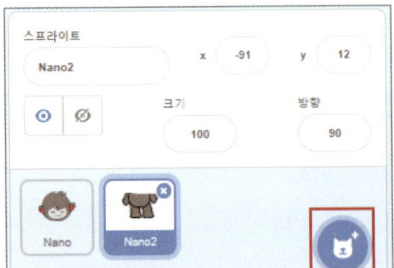

2 [스포츠] > [Soccer Ball]을 클릭합니다.

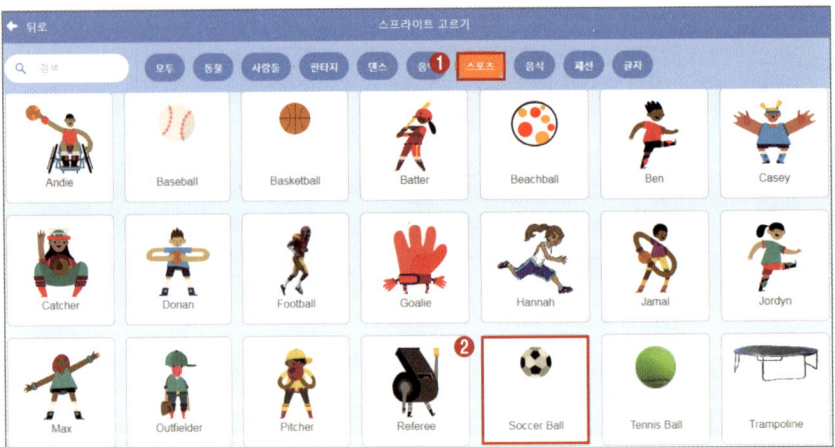

3 'Soccer Ball' 스프라이트를 선택하고 [이벤트] 팔레트를 클릭한 다음 클릭했을 때 블록을 가운데 코드 영역으로 드래그합니다.

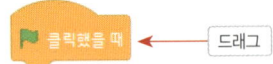

4 [동작] 팔레트를 클릭하고 `x: 0 y: 0(으)로 이동하기` 블록을 가운데 코드 영역으로 드래그합니다. x좌푯값과 y좌푯값이 0인지 확인합니다.

5 [동작] 팔레트의 `90도 방향 보기` 블록을 가운데 코드 영역으로 드래그합니다. 공이 비스듬하게 반사되어 날아가도록 '90'을 '10'으로 수정합니다. 각도는 자유롭게 지정 가능합니다.

6 [제어] 팔레트를 클릭하고 `1초 기다리기` 블록을 가운데 코드 영역으로 드래그합니다.

7 [제어] 팔레트의 `무한 반복하기` 블록을 가운데 코드 영역으로 드래그합니다.

8 [동작] 팔레트를 클릭하고 `10만큼 움직이기` 블록을 `무한 반복하기` 블록 안쪽으로 드래그합니다.

9 [동작] 팔레트의 `벽에 닿으면 튕기기` 블록을 `무한 반복하기` 블록 안쪽으로 드래그합니다.

10 [제어] 팔레트를 클릭하고 `만약 ~(이)라면` 블록을 `무한 반복하기` 블록 안쪽으로 드래그합니다.

11 [감지] 팔레트를 클릭하고 마우스 포인터에 닿았는가? 블록을 만약 ~(이)라면 블록의 조건으로 드래그합니다. 목록은 '마우스 포인터'에서 'Nano'로 바꿉니다.

12 [동작] 팔레트를 클릭하고 90도 방향 보기 블록을 만약 ~(이)라면 블록 안쪽으로 드래그합니다.

13 [연산] 팔레트를 클릭하고 1부터 10 사이의 난수 블록을 '90' 위로 드래그합니다. '1'과 '10'을 각각 '60'과 '120'으로 수정합니다. 이때 '60'과 '120'은 공이 날아가는 방향을 나타내며 이 각도는 자유롭게 지정 가능합니다.

4 헤딩하기

공을 무작위로 날아다니도록 설정하였습니다. 이번에는 SpaceBar를 누르면 스프라이트가 점프하도록 설정하겠습니다. 또한, ←와 →를 누르면 좌우로 움직일 수 있도록 하겠습니다.

1 'Nano' 스프라이트를 클릭합니다. [이벤트] 팔레트를 클릭하고 클릭했을 때 블록을 가운데 코드 영역으로 드래그합니다.

2 [동작] 팔레트를 클릭하고 x: 0 y: 0(으)로 이동하기 블록을 가운데 코드 영역으로 드래그합니다. x좌푯값을 '-160', y좌푯값을 '-100'으로 수정합니다.

3 [제어] 팔레트를 클릭하고 만약 ~(이)라면 블록을 가운데 코드 영역으로 드래그합니다.

4 [감지] 팔레트를 클릭하고 스페이스 키를 눌렀는가? 블록을 만약 ~(이)라면 블록의 조건으로 드래그합니다.

5 [제어] 팔레트를 클릭하고 `10번 반복하기` 블록을 `만약 ~(이)라면` 블록 안쪽으로 드래그합니다. '10'을 '8'로 수정합니다.

6 [동작] 팔레트를 클릭하고 `y좌표를 10만큼 바꾸기` 블록을 `8번 반복하기` 블록 안쪽으로 드래그합니다.

7 `8번 반복하기` 블록을 마우스 오른쪽 버튼으로 클릭하고 [복사하기]를 선택합니다. `만약 ~(이)라면` 블록 안의 맨 아래로 드래그하여 복사한 블록을 붙여 넣습니다. y좌푯값을 '-10'으로 수정합니다.

8 [제어] 팔레트를 클릭하고 `만약 ~(이)라면` 블록을 가운데 코드 영역으로 드래그합니다.

9 [감지] 팔레트를 클릭하고 `스페이스 키를 눌렀는가?` 블록을 두 번째 `만약 ~(이)라면` 블록의 조건으로 드래그합니다. 목록 버튼을 눌러 '오른쪽 화살표'를 선택합니다.

10 [동작] 팔레트를 클릭하고 `x좌표를 10만큼 바꾸기` 블록을 `만약 ~(이)라면` 블록 안쪽으로 드래그합니다.

11 두 번째 `만약 ~(이)라면` 블록을 마우스 오른쪽 버튼으로 클릭하고 [복사하기]를 선택합니다. 복사한 블록을 드래그하여 맨 아랫부분에 붙여 넣습니다. 목록 버튼을 눌러 '왼쪽 화살표'를 선택하고, x좌푯값을 '-10'으로 수정합니다.

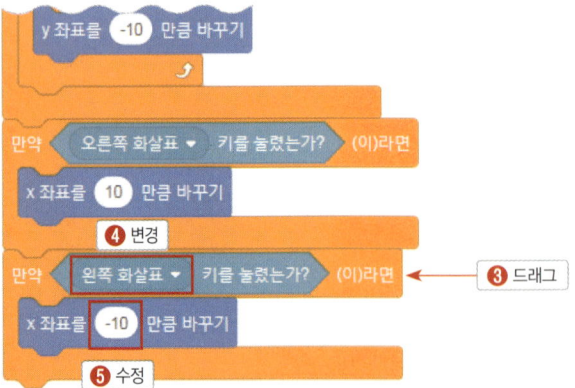

12 [제어] 팔레트를 클릭하고 무한 반복하기 블록을 세 개의 만약 ~(이)라면 블록을 모두 감싸도록 드래그합니다.

5 배경 넣기

배경 고르기 아이콘 을 클릭하고 배경 고르기 화면에서 [Beach Malibu]를 클릭합니다.

6 실행하고 저장하기

코드가 완성되면 시작하기 아이콘 을 클릭해 완성된 내용을 확인합니다. [파일] > [컴퓨터에 저장하기] 메뉴를 클릭합니다. 폴더를 지정하고 파일명을 '20-1'로 저장합니다.

전체 코드 정리하기

머리 (Nano)

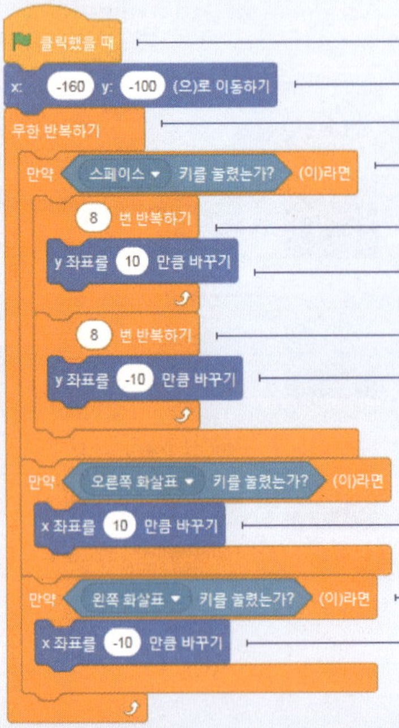

- 깃발을 클릭했을 때 → 깃발을 클릭하면 아래 블록을 실행합니다.
- x: -160 y: -100 (으)로 이동하기 → 스프라이트가 (-160, -100) 위치로 이동합니다.
- 무한 반복하기 → 명령 블록 안에 포함된 블록들을 계속 반복합니다.
- 만약 스페이스 키를 눌렀는가? (이)라면 → SpaceBar 를 누르면 블록 안에 포함된 블록을 반복합니다.
  - 8 번 반복하기 → 명령 블록 안에 포함된 블록들을 8번 반복합니다.
    - y좌표를 10 만큼 바꾸기 → y좌표를 10만큼 바꿉니다.
  - 8 번 반복하기 → 명령 블록 안에 포함된 블록들을 8번 반복합니다.
    - y좌표를 -10 만큼 바꾸기 → y좌표를 -10만큼 바꿉니다.
- 만약 오른쪽 화살표 키를 눌렀는가? (이)라면 → →를 누르면 블록 안에 포함된 블록들을 반복합니다. x좌표를 10만큼 바꿉니다.
  - x좌표를 10 만큼 바꾸기
- 만약 왼쪽 화살표 키를 눌렀는가? (이)라면 → ←를 누르면 블록 안에 포함된 블록들을 반복합니다. x좌표를 -10만큼 바꿉니다.
  - x좌표를 -10 만큼 바꾸기

몸통 (Nano2)

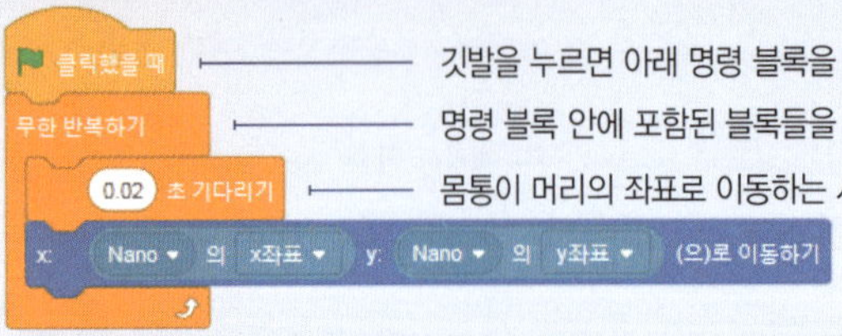

- 깃발을 클릭했을 때 → 깃발을 누르면 아래 명령 블록을 실행합니다.
- 무한 반복하기 → 명령 블록 안에 포함된 블록들을 계속 반복합니다.
  - 0.02 초 기다리기 → 몸통이 머리의 좌표로 이동하는 시간차입니다.
  - x: Nano 의 x좌표 y: Nano 의 y좌표 (으)로 이동하기 → x좌표는 'Nano'의 x좌표로 이동합니다. y좌표는 'Nano'의 y좌표로 이동합니다.

공 (Soccer Ball)

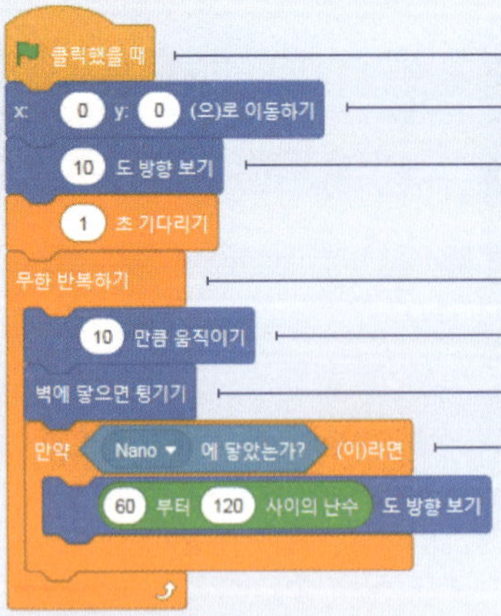

- 깃발을 클릭했을 때 → 깃발을 클릭하면 아래 블록을 실행합니다.
- x: 0 y: 0 (으)로 이동하기 → 스프라이트가 (0, 0) 위치로 이동합니다.
- 10 도 방향 보기 → 10° 방향을 봅니다.
- 1 초 기다리기
- 무한 반복하기 → 명령 블록 안에 포함된 블록들을 계속 반복합니다.
  - 10 만큼 움직이기 → 10만큼 움직입니다.
  - 벽에 닿으면 튕기기 → 벽에 닿으면 튕깁니다.
  - 만약 Nano 에 닿았는가? (이)라면 → 'Nano'에 닿으면 블록 안에 포함된 블록들을 반복합니다. 60부터 120까지의 난수 방향을 봅니다.
    - 60 부터 120 사이의 난수 도 방향 보기

◎ « 한번 더 해 봐요 1

20장에서 만든 예제에 Giga 스프라이트를 추가하여 Nano와 같이 공놀이를 하도록 만들어 보세요.

조건

Giga 스프라이트를 준비해 머리와 몸통을 분리합니다.

몸통을 머리의 좌표로 이동합니다.

[a]를 누르면 왼쪽으로 움직입니다.

[d]를 누르면 오른쪽으로 움직입니다.

[s]를 누르면 점프합니다.

« 한번 더 해 봐요 2

1분 동안 상어(Shark 2)가 풍선(Balloon 1)을 터트리면서 점수를 올리는 게임을 만들어 보세요. 상어나 풍선의 크기를 조절해 가면서 게임을 해 보세요.

조건

상어 스프라이트

- 시작하기 아이콘을 누르면 타이머는 초기화되어 0점부터 시작하도록 합니다.
- 상어는 마우스 포인터를 따라 움직이게 합니다.
- 상어가 풍선에 닿으면 모양이 잠깐 바뀌면서 점수가 10점 증가합니다. 소리가 나게 합니다.
- 60초가 지나면 모든 동작이 멈추고 점수를 5초간 말합니다.

풍선 스프라이트

- 풍선을 계속해서 난수 방향으로 움직입니다.
- 상어에 닿으면 소리를 내고 사라집니다. 0.5초 후에 다른 모양으로 나타납니다.
- 풍신이 벽에 닿으면 튕기게 합니다.

부록 한번 더 해 봐요 풀이

SCRATCH FOR EVERYONE

1장

1번 풀이

Cat / Mouse1

2번 풀이

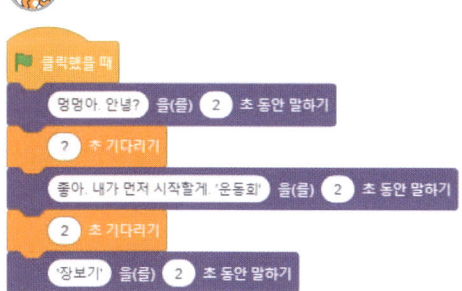

Cat / Dog2

2장

1번 풀이

오른쪽 화살표 키를 눌렀을 때
2 만큼 움직이기
모양을 펭귄1 (으)로 바꾸기

아래쪽 화살표 키를 눌렀을 때
방향으로 10 도 회전하기
모양을 펭귄4 (으)로 바꾸기

왼쪽 화살표 키를 눌렀을 때
-2 만큼 움직이기
모양을 펭귄2 (으)로 바꾸기

스페이스 키를 눌렀을 때
x: -160 y: -80 (으)로 이동하기
90 도 방향 보기
모양을 펭귄1 (으)로 바꾸기

위쪽 화살표 키를 눌렀을 때
방향으로 10 도 회전하기
모양을 펭귄3 (으)로 바꾸기

2번 풀이

스페이스 키를 눌렀을 때
꽥꽥~ 말하기
모양을 오리1 (으)로 바꾸기
크기를 100 %로 정하기
x: 0 y: 0 (으)로 이동하기
90 도 방향 보기

왼쪽 화살표 키를 눌렀을 때
회전 방식을 왼쪽-오른쪽 (으)로 정하기
모양을 오리2 (으)로 바꾸기
-90 도 방향 보기
5 만큼 움직이기

오른쪽 화살표 키를 눌렀을 때
회전 방식을 왼쪽-오른쪽 (으)로 정하기
모양을 오리1 (으)로 바꾸기
90 도 방향 보기
5 만큼 움직이기

위쪽 화살표 키를 눌렀을 때
모양을 오리4 (으)로 바꾸기
크기를 -10 만큼 바꾸기

아래쪽 화살표 키를 눌렀을 때
모양을 오리3 (으)로 바꾸기
크기를 10 만큼 바꾸기

3장

1번 풀이

 Cat

 Mouse1

2번 풀이

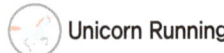 Unicorn Running

 Glass Water

4장

1번 풀이

  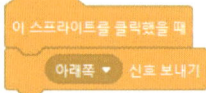 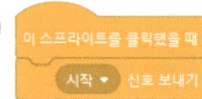

 Beetle

2번 풀이

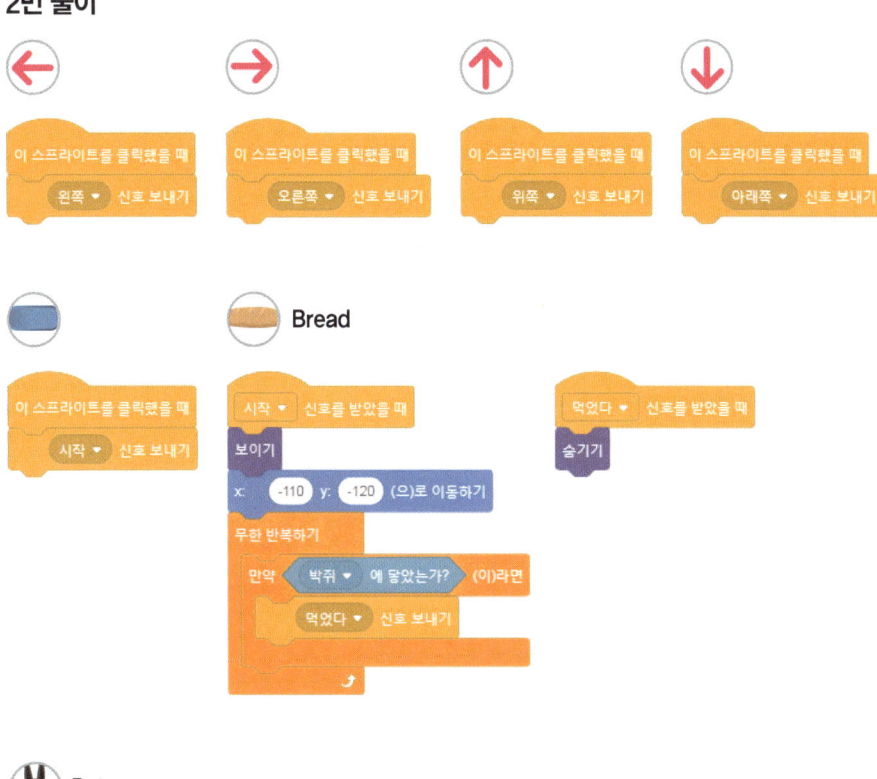

5장

1번 풀이

2번 풀이

 Cassy Dance

 Champ99

 Jouvi Dance

6장

1번 풀이

2번 풀이

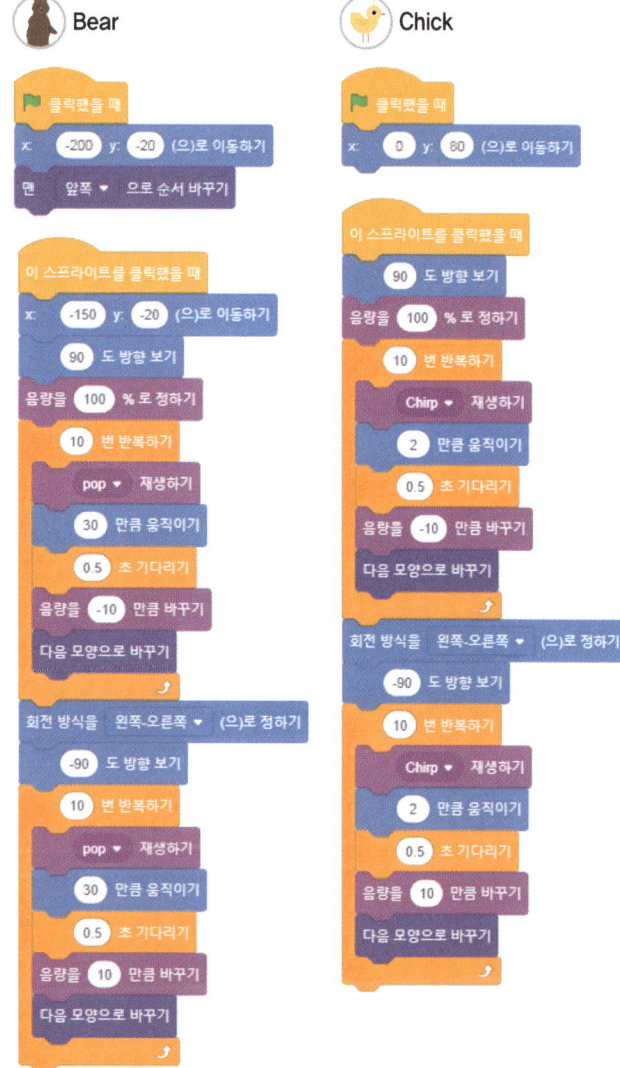

7장

1번 풀이

2번 풀이

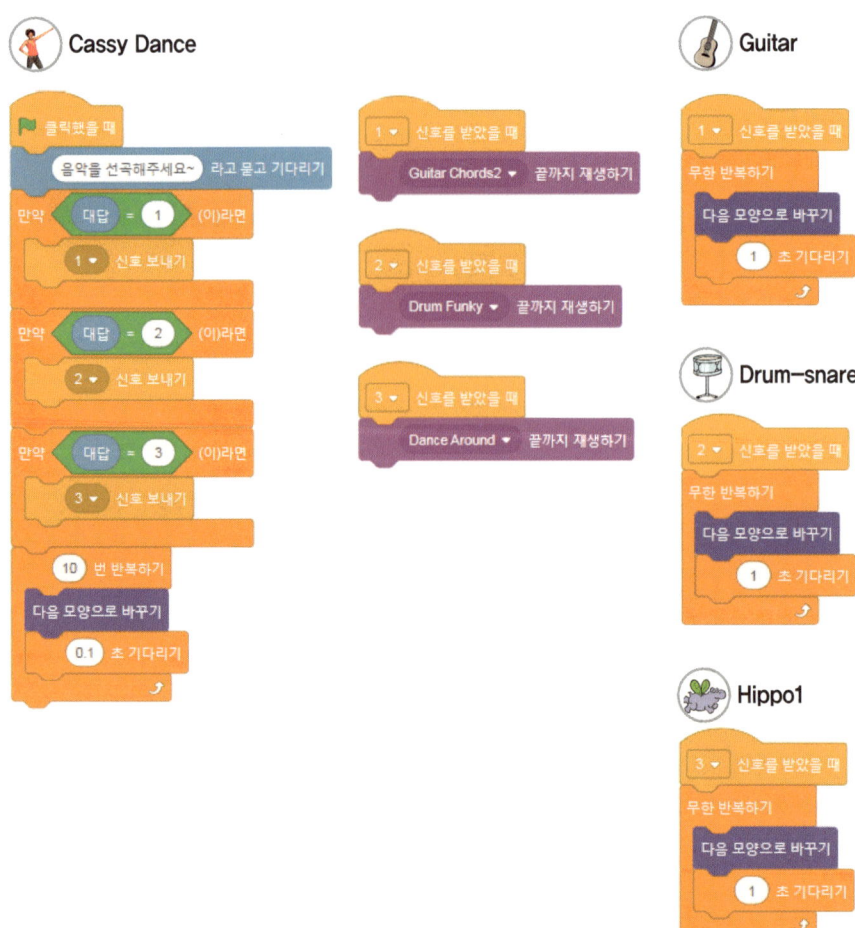

8장

1번 풀이

무대

```
클릭했을 때
그래픽 효과 지우기
20 번 반복하기
  색깔 ▼ 효과를 25 만큼 바꾸기
  0.1 초 기다리기
```

Rabbit

```
클릭했을 때
x: -120 y: -100 (으)로 이동하기
10 번 반복하기
  어안 렌즈 ▼ 효과를 25 만큼 바꾸기
  다음 모양으로 바꾸기
  0.1 초 기다리기
그래픽 효과 지우기
10 번 반복하기
  어안 렌즈 ▼ 효과를 25 만큼 바꾸기
  다음 모양으로 바꾸기
  0.1 초 기다리기
그래픽 효과 지우기
30 만큼 움직이기
```

2번 풀이

무대

```
클릭했을 때
그래픽 효과 지우기
10 번 반복하기
  소용돌이 ▼ 효과를 25 만큼 바꾸기
  0.2 초 기다리기
```

Shark 2

```
클릭했을 때
x: -150 y: -40 (으)로 이동하기
Space Ambience ▼ 재생하기
모양을 shark2-a ▼ (으)로 바꾸기
5 번 반복하기
  모양을 shark2-b ▼ (으)로 바꾸기
  어안 렌즈 ▼ 효과를 100 만큼 바꾸기
  Bite ▼ 재생하기
  50 만큼 움직이기
  0.2 초 기다리기
  모양을 shark2-c ▼ (으)로 바꾸기
  그래픽 효과 지우기
  0.2 초 기다리기
모든 소리 끄기
```

Fish

```
클릭했을 때
보이기
x: 80 y: -40 (으)로 이동하기
5 번 반복하기
  40 만큼 움직이기
  0.4 초 기다리기
  만약 Shark 2 ▼ 에 닿았는가? (이)라면
    숨기기
```

9장

1번 풀이

2번 풀이

10장

1번 풀이

2번 풀이

 Watermelon

Crystal

11장

1번 풀이

2번 풀이

12장

1번 풀이

2번 풀이

13장

1번 풀이

Beetle

```
깃발 클릭했을 때
무한 반복하기
    만약 <마우스 포인터까지의 거리> > 5 (이)라면
        마우스 포인터 쪽 보기
        3 만큼 움직이기
    만약 <Fortune Cookie에 닿았는가?> (이)라면
        Zoop 재생하기
        맛있다 을(를) 2 초 동안 말하기
```

Fortune Cookie

```
깃발 클릭했을 때
크기를 50 %로 정하기
보이기
무한 반복하기
    색깔 효과를 25 만큼 바꾸기
    만약 <Beetle에 닿았는가?> (이)라면
        숨기기
        1 초 기다리기
        보이기
        x: -200 부터 200 사이의 난수  y: -150 부터 150 사이의 난수 (으)로 이동하기
```

2번 풀이

Hare

```
깃발 클릭했을 때
점수 을(를) 0 로 정하기
무한 반복하기
    모양을 hare-a (으)로 바꾸기
    보이기
    x: -200 부터 200 사이의 난수  y: -150 부터 150 사이의 난수 (으)로 이동하기
    0.5 초 기다리기
    모양을 hare-b (으)로 바꾸기
    만약 <마우스 포인터에 닿았는가?> (이)라면
        모양을 hare-a (으)로 바꾸기
        0.5 초 기다리기
        점수 을(를) 1 만큼 바꾸기
```

14장

1번 풀이

2 번 풀이

15장

1번 풀이

```
▶ 클릭했을 때
숫자 ▼ 을(를) 1 로 정하기
개수 ▼ 을(를) 0 로 정하기
합계 ▼ 을(를) 0 로 정하기
1부터 10까지의 3의 배수를 찾아보겠습니다. 을(를) 2 초 동안 말하기
10 번 반복하기
    다음 모양으로 바꾸기
    만약 ( 숫자 나누기 3 의 나머지 = 0 ) (이)라면
        숫자 와(과) 는 3의 배수입니다. 결합하기 을(를) 2 초 동안 말하기
        다음 모양으로 바꾸기
        개수 ▼ 을(를) 1 만큼 바꾸기
        다음 모양으로 바꾸기
        합계 ▼ 을(를) 숫자 만큼 바꾸기
    아니면
        숫자 와(과) 는 3의 배수가 아닙니다. 결합하기 을(를) 2 초 동안 말하기
    숫자 ▼ 을(를) 1 만큼 바꾸기
3의 배수는 와(과) 개수 결합하기 와(과) 개 입니다. 결합하기 을(를) 2 초 동안 말하기
합계는 와(과) 합계 결합하기 와(과) 입니다. 결합하기 을(를) 2 초 동안 말하기
```

2번 풀이

 Witch

```
[깃발 클릭했을 때]
보이기
다음 모양으로 바꾸기
(숫자를 입력하세요.) 라고 묻고 기다리기
만약 <(대답) 나누기 (2) 의 나머지 = (0)> (이)라면
    (노란별▼) 신호 보내기
아니면
    (파란별▼) 신호 보내기
숨기기
```

Star

```
[깃발 클릭했을 때]
그래픽 효과 지우기
```

```
[노란별▼ 신호를 받았을 때]
(20) 번 반복하기
    (0.1) 초 기다리기
    x: (-200 부터 200 사이의 난수) y: (-150 부터 150 사이의 난수) (으)로 이동하기
    (나 자신▼) 복제하기
```

```
[파란별▼ 신호를 받았을 때]
(색깔▼) 효과를 (80) (으)로 정하기
(20) 번 반복하기
    (0.1) 초 기다리기
    x: (-200 부터 200 사이의 난수) y: (-150 부터 150 사이의 난수) (으)로 이동하기
    (나 자신▼) 복제하기
```

16장

1번 풀이

```
[깃발] 클릭했을 때
  (1부터 10 사이의 숫자에 대한 소수를 판별합니다.) 을(를) (2) 초 동안 말하기
  [숫자▼] 을(를) (1) 로 정하기
  (10) 번 반복하기
    [a▼] 을(를) (1) 로 정하기
    [개수▼] 을(를) (0) 로 정하기
    (a > 숫자) 까지 반복하기
      만약 ((숫자 나누기 a 의 나머지) = (0)) (이)라면
        [개수▼] 을(를) (1) 만큼 바꾸기
      [a▼] 을(를) (1) 만큼 바꾸기
    만약 (개수 = 2) (이)라면
      (숫자 와(과) (는 소수입니다.) 결합하기) 을(를) (2) 초 동안 말하기
    아니면
      (숫자 와(과) (는 소수가 아닙니다.) 결합하기) 을(를) (2) 초 동안 말하기
    [숫자▼] 을(를) (1) 만큼 바꾸기
```

2번 풀이

🐣 Hatchling

[클릭했을 때]
모양을 hatchling-b (으)로 바꾸기
소수는 무엇일까요? 말하기
모양을 hatchling-c (으)로 바꾸기
무한 반복하기
　10 만큼 움직이기
　0.1 초 기다리기
　벽에 닿으면 튕기기
　회전 방식을 왼쪽-오른쪽 (으)로 정하기

[스페이스 키를 눌렀을 때]
소수는 다음과 같습니다. 말하기

② Glow-2　③ Glow-3　⑤ Glow-5　⑦ Glow-7

[클릭했을 때]
보이기
무한 반복하기
　색깔 효과를 1 부터 100 사이의 난수 만큼 바꾸기
　0.5 초 기다리기

[스페이스 키를 눌렀을 때]
보이기

⓪ Glow-0　① Glow-1　④ Glow-4　⑥ Glow-6　⑧ Glow-8　⑨ Glow-9

[클릭했을 때]
보이기
무한 반복하기
　색깔 효과를 1 부터 100 사이의 난수 만큼 바꾸기
　0.5 초 기다리기

[스페이스 키를 눌렀을 때]
숨기기

17장

1번 풀이

2번 풀이

 Cat

[스크래치 블록 코드 - Cat 스프라이트]

- 깃발 클릭했을 때
- 약수의 개수만큼 오렌지가 하늘에서 내려옵니다! 을(를) 2초 동안 말하기
- 숫자를 입력하세요. 라고 묻고 기다리기
- 숫자 ▼ 을(를) 대답 로 정하기
- a ▼ 을(를) 1 로 정하기
- 약수리스트 ▼ 의 항목을 모두 삭제하기
- 숫자 ▼ 변수 숨기기
- a ▼ 변수 숨기기
- 약수리스트 ▼ 리스트 숨기기
- a > 대답 까지 반복하기
  - 만약 숫자 나누기 a 의 나머지 = 0 (이)라면
    - a 을(를) 약수리스트 ▼ 에 추가하기
  - a ▼ 을(를) 1 만큼 바꾸기
- 숫자 와(과) 의 약수 : 결합하기 와(과) 약수리스트 결합하기 을(를) 2초 동안 말하기
- 약수리스트 ▼ 의 길이 와(과) 개 입니다. 결합하기 을(를) 2초 동안 말하기
- 오렌지 ▼ 신호 보내기

Orange2

[스크래치 블록 코드 - Orange2 스프라이트]

- 오렌지 ▼ 신호를 받았을 때
- 보이기
- 약수리스트 ▼ 의 길이 번 반복하기
  - x: -240 부터 240 사이의 난수 y: 180 (으)로 이동하기
  - 2 초 동안 x: -240 부터 240 사이의 난수 y: -100 (으)로 이동하기
  - 도장찍기
  - 다음 모양으로 바꾸기

- 깃발 클릭했을 때
- 숨기기
- 모두 지우기

18장

1번 풀이

2번 풀이

19장

1번 풀이

2번 풀이

20장

1번 풀이

2번 풀이

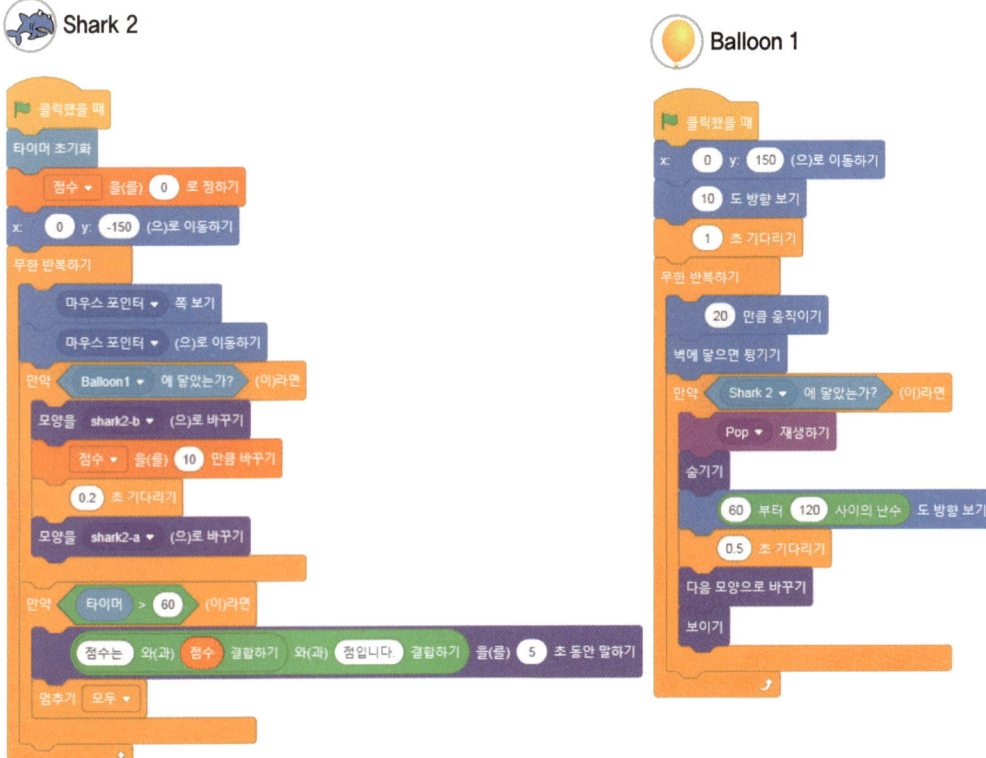

찾아보기

ㄱ

거미줄 341
거미줄 만들기 354
건반 128
검은색 건반 130
계단 325
공놀이 361
그래픽 효과 146
그룹화 적용 163
그리기 아이콘 128
그림 그리기 159
그림판 160
기다리기 33
꽃게 143
꽃게 만들기 150
꽃 모양 359
끝말잇기 42

ㄴ

나누어떨어지는 수 301
나만의 블록 329
날아가는 공 368

ㄷ

다양하게 변하는 배경 67
달걀 271
대화 23
대화 추가하기 35
도장 찍기 189
동그라미 359
동물 모양 211
동물 소리 211

동물 이름 217
떨어지는 오렌지 256

ㄹ

로봇 제어하기 59

ㅁ

마주 보기 26
말 109
말발굽 색칠 112
머리 366
모래바람 143
모래바람 만들기 146
모양 고르기 아이콘 128
모양 중심 130
몸통 366
무한 반복 335
묻고 기억하기 200

ㅂ

바나나 먹기 238
바나나 색 240
발레 기본 동작 96
발레 하기 91
방향 버튼 89
방향 보기 83
배경 넣기 38
버튼 만들기 76
변수 276, 297
변수 만들기 165
변수 설정 164

변수와 리스트 313
분리 366
블록 177
블록 만들기 180, 329
블록 실행하기 334

ㅅ

사각형 거미줄 358
삼각형 345
삼각형 그리기 344
상하좌우 움직이기 186
색 바꾸기 49
소리 내기 101
소리 넣기 190
소리를 넣는 방법 101
소수 293, 296, 323
소수 판별 299
소용돌이 효과 144, 339
숨 고르기 119
스크래치 10
신호 보내기 80
실행하기 39

ㅇ

약수 309, 312
약수 리스트 319
약수 판별 316
어안 렌즈 효과 144
오렌지 252
오프라인 18
온라인 16
외각 348
우아하게 점프 98

운전하기 43
움직이게 하기 366
움직이기 265
움직이는 로봇 62
웹 브라우저 10
유령 193
윤곽선 181
음량 조절 113
음 설정 134
이메일 주소 13
인사말 30
입력값 추가하기 345

최솟값 165
추가 블록 332
출발 위치 지정 52

ㅋ

코끼리 252

ㅌ

터지는 오렌지 259

ㅈ

저장하기 39
전진 46
전체 코드 40
정다각형 195
정답 개수 224
조종하기 73
좌우뒤집기 28
주소 창 10
준비 자세 94
중심점 163, 198
중심점 설정 162
중심축 163
직사각형 툴 129
짝수 273, 277
짝수의 개수 282
짝수의 합계 284

ㅍ

판별 273, 293
팔레트 346
피아노 125

ㅎ

한번 더 해 봐요 41
헤딩 372
화살표 키 71
확장 기능 고르기 346
확장 기능 추가하기 346
회원 가입 10
회전 29
회전 각도 205
회전하기 189
효과 설정 132
후진 48

ㅊ

채우기 색 조절 129
채우기 색 툴 129
처음 위치 지정 66
최댓값 165